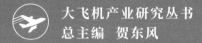

大飞机产业研究丛书

总主编 贺东风

冲突与妥协

空中客车与美欧贸易关系

Airbus Industrie

**Conflict and Cooperation
in US-EC Trade Relations**

【英】史蒂文·麦奎尔 / 著
（Steven McGuire）

张 小 光

黄 祖 欢 /等译

上海交通大学出版社
SHANGHAI JIAO TONG UNIVERSITY PRESS

内容提要

本书从国际合作的角度,梳理了从 1970 年空客公司成立到 1992 年美欧达成大型民用飞机贸易协议的 20 多年间,因空客公司发展而引发的美国和欧洲的贸易冲突。作者采用国际合作的三种理论框架——新自由主义、新现实主义和国内政治,来解释为什么这一系列可能引向贸易战的冲突最终走向了 1992 年的妥协与合作。

图书在版编目(CIP)数据

冲突与妥协:空中客车与美欧贸易关系／(英)史蒂文·麦奎尔(Steven McGuire)著;张小光等译. 一上海:上海交通大学出版社,2022.11
(大飞机产业研究丛书)
书名原文:Airbus Industrie:Conflict and Cooperation in US-EC Trade Relations
ISBN 978-7-313-27158-7

Ⅰ.①冲… Ⅱ.①史… ②张… Ⅲ.①民用飞机—航空工业—工业发展—研究—欧洲②对外贸易关系—研究—美国、欧洲 Ⅳ.①F450.65②F757.128.5

中国版本图书馆 CIP 数据核字(2022)第 168621 号

First published in English under the title
Airbus Industrie:Conflict and Cooperation in US-EC Trade Relations
by S. McGuire,edition:1
Copyright © Palgrave Macmillan, a division of Macmillan Publishers Limited,1997
This edition has been translated and published under licence from Springer Nature Limited.
Springer Nature Limited takes no responsibility and shall not be made liable for the accuracy of the translation.
上海市版权局著作权合同登记号:09-2022-863

冲突与妥协:空中客车与美欧贸易关系
CHONGTU YU TUOXIE:KONGZHONG KECHE YU MEI-OU MAOYI GUANXI

著　者:	〔英〕史蒂文·麦奎尔(Steven McGuire)	译　者:	张小光　黄祖欢　等	
出版发行:	上海交通大学出版社	地　址:	上海市番禺路 951 号	
邮政编码:	200030	电　话:	021-64071208	
印　制:	上海万卷印刷股份有限公司	经　销:	全国新华书店	
开　本:	710 mm×1000 mm　1/16	印　张:	18	
字　数:	221 千字			
版　次:	2022 年 11 月第 1 版	印　次:	2022 年 11 月第 1 次印刷	
书　号:	ISBN 978-7-313-27158-7			
定　价:	88.00 元			

丛书编委会

本书译校团队

张小光　黄祖欢　周　华
张　乐　张　婧　张沛宇
王晓怡　王　依　史廉隅

总　序

　　飞翔是人类共同的梦想。从中国神话的列子御风、古希腊神话的伊卡洛斯飞天，到圣本笃修会僧人艾尔默的翅膀、明朝万户的火箭，人类始终未能挣脱地面的束缚。20 世纪初，美国莱特兄弟驾驶自己制造的飞行者 1 号飞上天空，第一次实现了重于空气的动力飞行器可操纵、可持续飞行，人类文明一举迈入航空时代。从两次世界大战期间军用飞机大爆发，到和平年代商用飞机大发展，全球航空产业历经百年演进，孕育出大型客机（以下简称"大飞机"①）这一人类工业的皇冠。

　　大飞机的发展，是一部追逐梦想的不懈奋斗史。

　　几个世纪以来，无数科学家、梦想家、实践家用智慧、奋斗、奉献、冒险、牺牲铺就了人类飞天之路。从第一个开展飞行科学研究的达·芬奇，到开创流体动力学的丹尼尔·伯努利，从提出现代飞机布局思想的乔治·凯利，到首次将内燃机作为飞机动力的塞缪尔·兰利，经过前赴

---

　　①　大飞机这一术语并没有严格的定义。在本丛书中，学者们用到了商用飞机、民用飞机、大飞机等术语，商用飞机、民用飞机往往是相对于军用飞机而言的，民用飞机的概念相对宽泛，不仅包括航空公司用于商业运营的商用飞机，而且包括各种小型的民用飞机。大飞机一般指 100 座以上特别是 150 座以上的喷气式商用飞机。

后继的探索，经过两次工业革命的积淀，到 20 世纪初，飞机已经呼之欲出。继莱特兄弟之后，巴西的杜蒙、法国的布莱里奥、加拿大的麦克迪、中国的冯如、俄国的西科斯基，先后驾驶飞机飞上蓝天，将梦想变为现实。

百年来，从科学家、工程师到企业家，大飞机行业群星璀璨，英雄辈出。英国德·哈维兰研制了全球首款喷气客机，将民用航空带入喷气时代。美国比尔·艾伦领导波音公司推出波音 707、727、737、747 系列喷气客机，奠定了波音大飞机的霸主地位。法国伯纳德·齐格勒应用数字电传操纵和侧杆技术打造空客公司最畅销的机型 A320，奠定空客崛起的坚实基础。苏联图波列夫研发世界首款超声速客机图-144，安东诺夫推出世界上载重量最大、飞行距离最长的安-225 超重型运输机，创造了苏俄民用航空的黄金时代。

大飞机的发展，是一部波澜壮阔的科技创新史。

天空没有边界，飞机的发展就永无止境。战争年代的空天对抗、和平年代的市场竞争，催动大飞机集科学技术之大成，将更快、更远、更安全、更舒适、更经济、更环保作为始终追求的目标，不断挑战工程技术的极限。飞机问世不久，很多国家就相继成立航空科学研究机构，科学理论探索、应用技术研究、工程设计实践、产品市场应用的紧密结合，使得飞机的面貌日新月异。

从双翼机到单翼机，飞机的"体态"愈加灵活；从木布、金属材料到复合材料，飞机的"骨骼"愈加轻盈；从传统仪表驾驶舱到大屏幕玻璃驾驶舱，飞机的"眼睛"愈加清晰；航空电子从分散连接到一体化高度集成，飞机的"大脑"愈加高效；飞行控制从机械液压到电传操纵，飞机的"肌肉神经"愈加敏锐；发动机从活塞式到涡喷式再到大涵道比、高推力的涡扇式，使人类的足迹从对流层拓展至平流层。现代经济高效、安全舒适的大飞机横空出世，承载着人类成群结队地展翅于蓝天之上，深刻改变了人类交通出行的方式,创造出繁荣的全球民用航空运输市场。

大飞机的发展,是一部追求极限的安全提升史。

安全是民用航空的生命线,"不让事故重演"是这个行业的基本准则。据不完全统计,20 世纪 50 年代以来,全球民用航空发生九千余起事故,其中致命事故近两千起,造成六万余人遇难。事故无论大小,民用航空都会进行充分的调查、彻底的反思,一次次的浴火重生,换来一系列持续扩充、高度复杂、极为严苛、十分宝贵的适航条例,让大飞机成为世界上最安全的交通工具。今天,世界民用航空百万小时重大事故率低于 1,相当于人的自然死亡率,远远低于其他交通工具,但仍然不是零,因此,确保安全永远在路上。

适航性①是大飞机的基本属性、不符合适航条例要求、没有获得适航认证的飞机,不允许进入市场。美国是世界上第一个拥有系统适航条例和严格适航管理的国家,美国联邦航空管理局(FAA)历史悠久,经验丰富,其强大的适航审定能力是美国大飞机成功的关键因素之一。1990 年,欧洲国家组建联合航空局(JAA),后发展为欧洲航空安全局(EASA),统一管理欧洲航空事务,力促欧盟航空业的发展,为空客的崛起发挥了重要的支撑保障作用。我国自 20 世纪 80 年代以来,已逐步建立完备的适航体系,覆盖了从适航法规、航空营运到事故调查等民用航空的方方面面。今天,适航条例标准不断提升、体系日益复杂,不仅维护着飞行安全,也成为一种极高的技术壁垒,将民用航空显著区别于军用航空。

大飞机的发展,是一部激烈竞争的市场争夺史。

大飞机产品高度复杂,具有显著的规模经济性、范围经济性和学习经济性,促使飞机制造商努力扩大规模、降低成本。虽然大飞机的单价

---

① 适航性,指航空器能在预期的环境中安全飞行(包括起飞和着陆)的固有品质,这种品质可以通过合适的维修而持续保持。

高,但全球市场容量较为有限,相比智能手机年交付上十亿台、小汽车年交付上千万辆,大飞机年交付仅两千架左右,不可能像汽车、家电等行业容纳较多的寡头企业。大飞机的国际贸易成为典型的战略性贸易,各国飞机制造商纷纷以客户为中心、以技术为手段、以产业政策为支撑,在每个细分市场激烈角逐,谋求占据更大的国际市场份额。很多研制成功的机型没能通过市场的考验,而一款机型的失利,却可能将一家飞机制造商带向死亡的深渊。

20 世纪 50 年代,波音 707 力压道格拉斯 DC-8,打破了道格拉斯在客机市场近 30 年的垄断。60 年代,波音 747、麦道 DC-10 和洛克希德 L-1011 争雄,L-1011 不敌,洛克希德退出客机市场。70 年代,欧洲联合推出 A300,在可观的财政补贴下,逐步站稳脚跟,空客公司成为大飞机领域的二号玩家。80 年代,空客推出 A320,与波音 737 缠斗数十年,而麦道 MD-80/90 在竞争中落败,导致企业于 90 年代被波音公司兼并。进入 21 世纪,加拿大庞巴迪力图进军大飞机领域,曲折艰难地推出 C 系列飞机并获得达美航空 75 架订单,引发波音公司诉讼而止步美国市场,遂将 C 系列出售给空客公司,彻底退出商用飞机领域。

大飞机的发展,是一部全球协作的产业变迁史。

早期的客机,技术相对简单、成本相对较低,有着众多的厂商。伴随着喷气飞机的出现,产业集中度快速提升。美国的马丁、洛克希德、康维尔、道格拉斯等一大批飞机制造商在激烈的厮杀中一一退出,最终仅波音公司一家存活。欧洲曾经孕育了一大批飞机制造商,如德·哈维兰、英宇航、达索、法宇航、福克、道尼尔等,最终或退出市场,或并于空客公司。今天,全球大飞机产业形成了波音、空客双寡头垄断格局,波音覆盖 150~450 座,空客覆盖 100~500 座,两家公司围绕全产品谱系展开竞争。在两大飞机制造商的牵引下,北美和欧洲形成两个大飞机产业集群。

在产业格局趋于垄断的同时，大飞机的全球分工也在不断深化。出于降低成本、分担风险以及争夺市场等方面的考虑，飞机制造商在全球化的时代浪潮下，通过不断加大业务分包的比例，建立和深化跨国联盟合作，形成飞机制造商—供应商—次级供应商的"金字塔"产业格局，将企业的边界外延到全球，从而利用全球的科技、工业、人才和市场资源。在此过程中，新兴经济体通过分工进入产业链的低端后，不断尝试挑战旧秩序，逆势向飞机制造商的角色发起了一次次冲锋。然而无论是采取集成全球资源、直接研制飞机的赶超战略，还是选择成为既有飞机制造商的供应商、切入产业链后伺机谋求发展的升级战略，以塑造一家有竞争力的飞机制造商的目标来衡量，目前成功者依然寥寥。

大飞机研制投入大、回报周期长、产品价值高、技术扩散率高、产品辐射面宽、产业带动性强，是典型的战略性高技术产业。半个多世纪以来，各国学者围绕大飞机产业的发展，形成了琳琅满目、浩如烟海的研究成果，涉及大飞机产业发展历程、特点规律、战略路径、政策效果等方方面面，不仅凝聚了从大量失败案例中积累的惨痛教训，也指引着通往成功的蹊径，成为后发国家汲取智慧、指导实践以及开展理论创新的重要参考。相比之下，中国的研究相对较少，可以说凤毛麟角。为此，我们策划了这套"大飞机产业研究丛书"，遴选、编译国外相关研究，借他山之石以攻玉，帮助更多的人了解大飞机产业。

我们的工作只是一个开始，今后将继续努力推出更多优质作品以飨读者。在此，感谢参与本丛书出版工作的所有编译者，以及参与审校工作的专家和学者们，感谢所有人的辛勤付出。希望本丛书能为相关人员提供借鉴和启迪。

译者序

　　一直以来各界关于大型民用飞机贸易争端的研究，主要以国际规则、产业发展以及公司战略等角度为主。本书作者麦奎尔教授从国际合作的角度，仔细梳理了从 1970 年空客公司成立到 1992 年美欧大型民用飞机贸易协议的达成，这 20 多年间因空客公司发展而引发的美国和欧洲的贸易冲突，并采用国际合作的三种理论框架——新自由主义、新现实主义和国内政治来解释为什么这一系列可能引向贸易战的冲突最终走向了妥协与合作。

　　空客公司是欧洲重振大型民用飞机制造业的关键，是欧洲的荣耀。虽然欧洲飞机制造商拥有先进的技术，但是他们被困在各自的国家，市场狭小、力量分散，无力与强大的美国飞机制造商竞争。欧洲国家无法容忍由美国制造的飞机垄断欧洲乃至全球的航空市场，当他们意识到在民用飞机制造业中，合作比各自为战更容易成功，空客公司就应运而生了。以英国、法国、德国、西班牙四国的政府为主，欧洲国家对空客公司倾注了大量的国家资源。

　　在美国人的质疑和不屑中，空客公司快速成长。为应对来自欧洲的威胁，美国开始指责空客公司收到来自欧洲各国政府的不正当补贴。

当然，在欧洲人看来，美国通过国防采购和 NASA 科研项目补贴飞机制造商的行为本身就创造了一个不公平的竞争环境，因此欧洲所做的一切完全是反击美国的不正当行为，是为了获得一个公平竞争的机会。

随着大型民用飞机市场竞争格局的不断变化，美欧贸易争端的焦点不断演变。20 世纪 70 年代，航空运输市场开始发生一系列变化，特别是美国航空运输放松管制后，航空运输市场的竞争愈发激烈。航空公司的竞争格局发生巨大变化，老牌的大型航空公司陷入财务困境，急于压低飞机的引进成本和财务成本。空客公司敏锐地抓住了市场格局变化带来的机遇，通过提供极具诱惑力的解决方案，与处于财务困境的美国东方航空公司等合作，将空客的首款产品 A300 飞机打入美国市场，这在当时美国航空界引起了极大的轰动。而出口融资支持作为重要的大型民用飞机贸易政策也成为各方关注的焦点。在出口金融政策方面的分歧最终以 1979 年《民用航空器贸易协定》的签署告一段落，并且在 20 世纪 80 年代初保持了相对平静。

20 世纪 80 年代中期的大型民用飞机市场，主要是空客公司和美国麦道公司围绕 A330/A340 和 MD-11 在长航程小座级宽体飞机领域的竞争。到了 20 世纪 80 年代末期则主要是空客公司和美国波音公司在超大型飞机领域的竞争。波音公司除了担心空客 A340 可能会侵蚀波音 747-400 的市场，还担心空客公司可能会研发出新型超大型飞机，从而危及其在超大型飞机领域的长期垄断地位。为了阻止空客公司研发能够与美国制造商直接竞争的产品，双方贸易争端的矛盾焦点转移到了研发补贴方面，经过多轮谈判，最终以 1992 年的《美欧大型民用飞机贸易协议》收尾。这份协议一方面认可了补贴的存在，并且继续允许补贴存在；另一方面对于补贴行为进行了规范，限制了补贴的额度。

围绕空客公司的成长梳理了贸易冲突的演变历程后，麦奎尔教授提出了三种影响美欧大型民用飞机贸易关系的关键变量：公司贸易偏好、联盟关系和国际规则。采用国际合作的三种理论作为框架，对这三种变量进行分析，深入揭示了为什么美欧之间长达 20 年的激烈冲突没有演变成贸易战，而是最终在妥协中达成合作。麦奎尔教授清晰地指出，麦道和波音等美国企业因担心激烈的贸易冲突会招致欧洲的报复，进而影响其在欧洲的市场拓展和关键客户关系的维系，而这一顾虑对于避免冲突升级并最终走向妥协与合作起到了关键作用。随着空客公司占据 30% 的全球大型民用飞机市场份额目标的实现，欧共体在谈判中的立场发生了改变，美国市场也变成了空客公司的重要市场，冲突升级也不符合欧洲的利益。跨大西洋联盟关系的存在，使得空客公司的崛起对美国所造成的战略与安全威胁被削弱了。而大型民用飞机贸易、出口金融以及补贴与反补贴等国际规则框架的存在，则牵引双方的贸易关系在一个可控的规则框架内发展。

大型民用飞机贸易高度复杂，在政治、经济以及技术等多重因素的复杂交织下，无法用传统贸易理论来解释。从 1978 年空客公司和美国东方航空公司的销售案，到桨扇发动机技术与传统涡扇发动机技术之争，再到一两个关键谈判人员的任命，貌似偶然的决策就足以影响全球大型民用飞机贸易的格局。在本书中，30% 的全球大型民用飞机市场份额是一个被反复强调的数字，它是空客公司在成立之初就设定的市场目标，也是欧洲政府对空客公司不断倾注国家资源的目标。也许，欧洲政府和空客公司都认为 30% 的全球大型民用飞机市场份额才可以让空客公司获得一个公平竞争的起点，才是空客公司更多依靠自身力量去搏击市场的开始。

1997 年，波音公司正式收购麦道公司，美国航空制造业进入了新一轮的重组，诞生了更加强大的波音公司。随后，空客公司也在政府的指导下进行了重组，于 2000 年成立了欧洲宇航防务集团（EADS），正式进入了实体公司时代。2003 年以后，空客公司在飞机订单和交付等方面逐步超过波音，美国与欧洲围绕大型民用飞机的贸易争端最终演变成了长达 10 多年的贸易大战，世界贸易组织（WTO）裁决双方均获得过非法补贴，随后都采取了加征关税等贸易制裁措施，围绕美欧大型民用飞机贸易的争端达到了顶点。直到 2021 年 6 月，双方对外宣布暂停相关的贸易制裁措施，以便更好地应对崛起中的中国大型民用飞机制造业所带来的挑战。

或许麦奎尔教授应该在本书的结语中加上四个字：未完待续……

目　录

一

概　述

本书研究了美国和欧洲共同体（以下简称"欧共体"）之间一项重要的产业贸易争端，即所谓的"空客争端"。空客公司自 1970 年开始运营，并在整个 20 世纪 80 年代引发美国政府和产业官员的担忧日益加剧。围绕空客公司的美欧双边贸易外交最终解决了这个争端，双方于 1992 年签署了《美欧大型民用飞机贸易协议》。我们想从根本上研究清楚为什么这场持续了 20 年的、围绕民用飞机的争端没有上升到贸易战的程度，而贸易战将意味着采取包括使用关税和反补贴税等在内的贸易保护主义措施。事实上，经过 10 多年艰难的外交努力，美国和欧共体不仅避免了一场公开的飞机贸易战，而且成功地为该产业制定了一套规范的国际贸易规则体系。通过审视美欧为什么能够避免贸易战而且还建立起这样一套规则，本书希望能为更好地理解国际合作做出贡献。

长期以来，除了农业和电信等产业外，以空客公司为代表的航空产业贸易一直是跨大西洋贸易关系的固定议题。空客公司是由以下四家公司组成的联合体：英国宇航公司、法国宇航公司、德国宇航公司（Deutsche Aerospace，DASA）①和西班牙宇航公司（Construcciones Aeronauticas S. A. ，CASA）。空客公司成立于 1970 年，其目的是通过制造喷气式客机来与美国三大飞机制造商——洛克希德公司、麦克唐

---

① 自 1995 年起，德国宇航公司（DASA）母公司戴姆勒-奔驰公司将德国宇航公司重命名为戴姆勒-奔驰宇航公司，公司的缩写 DASA 保持不变。由于本书研究的事件均发生于 1992 年之前，因此本书中依然使用德国宇航公司这一名称。

纳·道格拉斯公司(以下简称麦道公司)以及波音公司竞争,以恢复欧共体在民用航空市场的地位。经过 20 年的运营,空客公司取得了惊人的成功,到 1992 年,它已经占据了全球大型民用飞机(100 座级以上)市场 30%的份额。

空客公司获得这一成就的方式不是没有争议的。因为空客公司并不是一个由私有航空航天企业组成的联合体。其中两家成员企业(法国宇航公司和西班牙宇航公司)属于国有企业,并且四个参与空客公司组建的国家都派驻了代表参加空客公司政府间委员会。从政府和产业界之间的密切互动不难看出,空客公司的功能更像是一家国有企业,而不是一家私有企业。正如后文将要论证的那样,空客公司的成功和其每家成员企业以及参与其中的每一个国家都存在重大的利益关系。欧共体的航空产业需要空客公司,因为之前欧共体国家以单一国家市场为基础研发飞机的尝试均以失败告终。对于一个想在民用飞机市场存活的企业而言,合作是唯一具有商业可行性的途径。欧共体国家需要空客公司,因为合作是确保其航空产业维持国际竞争力的唯一途径。各相关国家政府向空客公司提供了各种产业支持政策,包括提供项目启动补贴以支持民用飞机的研发和生产,以及提供出口信贷以支持空客公司的海外销售。

从欧共体的角度来看,通过成立空客公司来应对美国在民用飞机产业的主导地位是非常合理的选择。空客公司的价值不仅仅在于它本身是一个高技术产品的出口商,更是一个技术发展的驱动者。空客公司作为许多处在产业下游位置的欧共体零部件分包企业的客户,事实上带动了欧共体民用飞机产业链的整体发展。它也成为欧共体政治和经济领域合作成果的实力象征。欧共体官员还指出,空客公司按照科学的商业规律进行运作,只有在确定市场收益可以覆盖所支出的成本后才着手研发特定型号的飞机。

美国对这个问题则持不同的看法。美国政府和产业界将空客公司视为欧共体通过推行不公平和掠夺性的贸易及产业政策并损害美国相关产业的实例。空客公司具有类似于日本半导体公司所成功推行的"促进经济利益转移"政策的所有特征。航空产业是第二次世界大战后美国经济成功的典范之一，保护其不受欧共体不公平竞争的影响是美国政策制定者的重要目标。美国拥有世界上最强大的航空产业，在全球范围内处于完全主导地位，到1970年美国控制了全球80%以上的市场。然而，美国始终没有采取强有力的措施来阻止空客公司侵蚀它的地位。鉴于航空产业对美国经济的重要性，美国政府不愿对欧共体采取贸易措施确实是一件令人难以理解的事情。

美国和欧共体都有充分的经济和政治理由捍卫或促进其航空产业的发展。然而，在行动层面却从未出现废除现有的贸易协定或使用单边贸易保护主义措施的现象。事实上，总体而言，全球航空产业贸易比以往任何时候都要更加规范，亦或说更加开放。贸易关税已被取消，一系列协定对诸如提供政府补贴和政府采购等事项制定了规则。为什么会这样？

各方抵制贸易保护主义取得的明显成功，以及贸易保护主义可能引发的贸易战风险，都表明了对"空客争端"的分析有助于我们理解国际合作。因此，我们可以将对"空客争端"的分析作为一种手段来探索、完善或扩展三种主要的国际合作理论：新现实主义、新自由主义和国内政治。

要做到这一点，我们必须详细研究民用飞机贸易争端的始末。尽管民用飞机贸易争端由来已久，但是学术界对这一问题并不重视。该争端虽然已经成为一些书籍中的章节主题，但主要是有关航空产业或公司战略的出版物，内容也不过六十页的长度。其中，唯一的学术文献是穆勒（Muller）于 1989 年出版的法语著作①。争端的实际过程并不为人所知，在争端被贴上"波音公司诉空客公司"的标签后，人们的关注可能就只停留在了法律层面上。这一标签对描述争端的某些方面来说可能很方便，但它过于简单化，忽略了部分关键因素。后续我们将会讲到，争端的实际过程通常比所描述的更为复杂。

这一贸易争端持续了 10 多年，在此过程中，美欧双方就补贴和出口融资问题进行了定期谈判。为了更好地理解"空客争端"，我们将通过三个变量来审视这个过程，它们分别是企业贸易偏好、国际规则和联盟关系。本研究的论点是，每一个变量都可能是塑造和影响双方合作倾向的重要驱动力。例如，关税与贸易总协定（以下简称"关贸总协定"）是否能通过降低一方对遭受另一方欺骗的恐惧而促进合作？在限制采取侵略性贸易行为方面，企业的角色是否重要？如果是的话，特定企业的角色（或特定类型的企业）是否重要？欧共体与美国的联盟关系发挥了什么作用？它是否减少了美国关于空客公司发展可能对美国的安全造成影响的担心？出于维护跨大西洋联盟关系和谐稳定的需要，是否必须解决空客公司争端？

前面所提到用于分析的三个变量从性质上来讲属于思想和影响力的范畴，抑或如格里菲斯（Griffiths）所说的思想表达模式②。使用变量分析法，而不是强调利益集团或官僚机构作用的结构性研究框架，是有充分理由的。首先，思想确实具有持续的影响力，并且独立于特定的政治主体而存在。可以这样来理解美国传统的"自由贸易"承诺：政策制

① Pierre Muller, *Airbus Industrie*, *L'Ambition Européenne: Logique d'Etat*, *Logique de Marché*, Paris: Commissariat Général du Plan and L'Harmattan, 1989; Mathew Lynn, *Birds of Prey: Boeing vs Airbus*, London: Heinemann, 1995; Ian McIntyre, *Dogfight: The Transatlantic Battle Over Airbus*, Westport: Praeger, 1992.

② Franklyn Griffiths, "A tendency analysis of Soviet policy-making" in G. Skilling and F. Griffiths (eds), *Interest Groups in Soviet Politics*, Princeton: Princeton University Press, 1971, pp. 335 - 377.

定者将它作为参照，围绕它来制定政策[①]。换句话说，这些思想持续影响着特定主体关于利益的计算，且不受任何特定利益集团、个人或机构的影响。因此，就空客公司而言，我们似乎可以认为，维系一个强大的跨大西洋联盟的意愿影响了欧共体和美国的政策。同样，另外两个变量从性质上来讲属于影响力的范畴。

其次，这种变量分析法也有助于将研究的重点放在有关空客公司的双边贸易外交上。本书不是针对欧共体和美国政策制定的比较研究，但这并不意味着政治机构和组织架构不重要，因为它们是理解某些政策选择的关键。只是在本书中，我们将政府和企业的偏好视为客观条件，并且将重点放在探讨这些偏好如何在"空客争端"中影响美欧双方的贸易政策。

在本书研究所覆盖的时间跨度内，欧共体和美国共同合作达成了关于民用飞机贸易的一些国际共识。然而，这种政策的相互调整都是暂时的。1979 年，双方在关贸总协定框架下达成了一项国际协定，旨在规范一系列事项，特别是政府对民用飞机产业的补贴。然而，1980—1988 年，双方的关系主要还是分歧而不是合作。美国和欧共体在空客补贴问题上存在着严重的分歧。欧共体坚定地拒绝废除为支持空客公司运营而提供的项目启动资金支持体系。到了 1986 年，双方谈判破裂，美国依据自己的贸易救济措施开展贸易救济的情况一触即发。但这种后果最终被避免了，双方继续谈判并且在 1992 年缔结了一项双边协定。虽然它并没有解决争端，但为未来解决分歧提供了基础。

为了解释这一合作成果，有必要解释两个难题：第一，美国人不愿意使用他们可以使用的贸易制裁手段；第二，欧共体转而接受对空客公

① Judith Goldstein, The impact of ideas on trade policy: The origins of US agricultural and manufacturing policies, *International Organization*, 43(1), Winter 1989, pp. 31 - 71.

司支持的限制。

在整个 20 世纪 80 年代,毫无疑问美国一直都致力于推动解决第一个难题。而欧共体则处于一种防御的姿态,从它的角度来看,维持现状也是可以接受的。欧共体方面认为 1979 年的关贸总协定认可了其对空客公司的直接国家援助政策。因此,不需要再进行调整国际规则。美国方面则认为,根据国际贸易法律规则,欧共体所采取的产业政策缺乏合法性基础,而美国的航空产业正是这种掠夺性产业政策的受害者。既然美国是受害者,那它为什么仍然抵制贸易保护主义是我们要回答的关键问题。

在分析相关证据时,我们发现了一个有力的论据,说明了"企业对于避免贸易战和协议的签署至关重要"。海伦·米尔纳(Helen Milner)认为,随着企业开拓海外市场,它们的贸易偏好会向自由贸易发展,因为企业担心国内市场的保护主义会招致海外市场的报复,这将损害企业的发展。我们发现了支持米尔纳观点的强有力的论据,这种观点在美国的飞机制造商身上体现得十分明显。麦道公司和波音公司都担心美国的贸易保护主义会将其排除在欧共体飞机市场之外。在这一点上,欧共体和美国的受访者都同意:无论是麦道公司还是波音公司都不愿意支持美国在空客公司问题上对欧共体采取单边贸易行动,这是美国政府克制采取贸易保护主义的主要原因。

对于一方的市场支配地位有助于推动合作的这一观点,本书持保留意见。美国在卷入"空客争端"时,美国的民用飞机制造企业控制着 80% 以上的全球民用飞机市场。同时,美元是飞机贸易的首选货币,而且美国市场是全球最大的市场。然而,这种市场支配地位并没有阻止空客公司的发展。事实上,我们认为正是美国的支配地位坚定了欧共体通过政治以及资金等方式支持空客公司不断发展的决心。

第二个难题涉及 1992 年协议的谈判。在强烈抵制美国关于取消政府支持的压力之后，欧共体在 1988 年左右开始重新评估其所采取的防御性立场。有迹象表明，米尔纳的工作价值在此时得到了体现。随着空客公司的成功，其对外国订单的依赖程度不断增加，这使得它更不愿意引起争论。空客公司的销售成功也让欧共体政府有机会减少对该企业的资助，这不仅减轻了国库负担，而且化解了美国对其支持空客公司的愤怒情绪。此外，我们也发现欧共体想要维持其拥护关贸总协定规范和规则的形象，从而使其在继续支持空客公司方面变得勉强。这种遵守国际规则的压力对于理解 1992 年协议的谈判至关重要。

一、空客公司：战略产业和竞争资本主义

为什么要研究空客公司？正如我们所看到的，一个原因是"空客争端"的历史没有得到很好的记录。然而，人们对空客公司的兴趣主要来自这样一种信念，即该联合体所代表的新型经济竞争让人强烈地联想到 17 世纪的重商主义，那时候国家之间对经济利益的竞争和企业之间的竞争大体相同。而这种新型的竞争则以各国经济发展方式的冲突为主要特点[①]。尽管一些经济学家对这种"竞争"动向一直持强烈的保留意见，但不可否认它对许多政策制定者和学者的吸引力[②]。在"新贸易理论"（下面章节将进行讨论）的支持下，这种"竞争"使得各国为了争夺市场份额而陷入一场"零和斗争"。"新贸易理论"特别关注高科技产

---

① 近来研究国家竞争力的学术著作包括 Michel Albert，*Capitalism Against Capitalism*，London：Whurr，1993；Jeffrey Hart，*Rival Capitalists：International Competitiveness in the United States，Japan and Western Europe*，Ithaca：Cornell University Press，1992；Lester Thurow，*Head to Head：The Coming Economic Battle Among Japan，Europe and America*，London：Nicholas Brealey，1993；Laura D'Andrea Tyson，*Who's Bashing Whom? Trade Conflict in High-Technology Industries*，Washington：Institute for International Economics，1992。

② 关于"国家竞争力"这一概念的批评见 Paul Krugman，Competitiveness：A dangerous obsession，*Foreign Affairs*，73(2)，March/April 1994，pp. 28 - 44。

业,如飞机、计算机和电信等。学者们把这些产业称为"战略产业"或"高附加值产业",以强调它们对现代经济的重要性。"空客争端"无论对错,都被认为是这种新型经济竞争的缩影,这也是为什么"空客争端"对经济学家和国际关系学者如此重要的原因。

为了将"空客争端"置于当前的国际政治经济中进行思考,我们可以通过对三种理论的简要梳理来审视"战略产业"这一概念:新重商主义、新古典贸易理论以及新贸易理论。

二、新重商主义

新重商主义,如字面意思一样,是 17 世纪至 18 世纪流行于欧洲的重商主义思想在当代的复兴。重商主义是一种认识政治经济的方式,它强调经济活动在确保国家安全方面的作用①。这里的"安全"包含经济和军事两个方面。重商主义采纳了这样的一种国际关系学派观点:国家所处的是一个无政府和暴力的世界。在这样一个环境中,权力是一种关键资源。重商主义认为,经济活动是国家权力的基础。通过积累财富,国家可以负担起保卫自己所需的陆军和海军的费用。重商主义者还强调了经济自治的重要性,国家必须在某些产业自给自足,特别是那些与武器制造以及会招致其他国家打压的相关产业。重商主义的现代表现形式主张,政府应当有选择性地干预那些被认为是维护经济和政治主权的关键经济产业。航空产业就是这样一个产业。

政治家们认为工业能力对于国家的实际生存必不可少,这种理念由来已久。弗里德里希·利斯特(Friedrich List)是最早提出工业对国家生存至关重要的思想家之一。在利斯特看来,国家权力建立在对生

---

① Robert Gilpin, *The Political Economy of International Relations*, Princeton: Princeton University Press, 1987, pp. 31 - 34.

产权力，即制造业的自给自足之上[1]。利斯特深刻认识到现代工业有能力促进国家的整体繁荣，而不仅仅是商业阶层的繁荣。工业的巨大生产力能够使国家从战争或疾病等各种挫折中恢复。利斯特对工业重要性的深刻认识，并不是出于对国家军事安全的狭隘关注。工业（尤其是制造业）的好处是多方面的。利斯特当时非常正确地推测：机械化会提高而不是损害农业生产[2]。

利斯特的观点一直传承到现代，在那些担心工业衰退会损害国家安全的学者的著作中可以看到，利斯特的声音以现代形式继续出现。这个学派认为，为了国家安全，一个国家必须保留部分经济产业。没有这些产业，一个国家就会丧失自主权，在极端情况下会变得更加容易受到其他国家的攻击。克莱德·普雷斯托维茨（Clyde Prestowitz）认为，机床行业正是这样一个关键产业。作为里根政府时期的贸易官员，他强烈主张努力防止日本在先进机床领域取得主导地位[3]。他的观点源自这样的一个认识：一个国家在危机时期可以呼吁（或要求）国内企业为国家安全的利益而改变其产出。普雷斯托维茨用第二次世界大战来论证这一观点，他认为美国对于这场战争最重要的贡献是其大量采购机床的能力[4]。但是，据推测，美国政府对日本企业不会有这样的影响力。

约翰·齐斯曼（John Zysman）指出，只要美国忽视去工业化的危害性后果，它就不能将经济和军事的安全当作是理所当然的[5]。通过强调

---

① Friedrich List，*The National System of Political Economy*，New York：Augustus M. Kelley，1966，[1885]，Ch. 12.

② 同上，p. 141。

③ Clyde V. Prestowitz，*Trading Places: How We Are Giving Our Future to Japan and How to Reclaim It*，New York：Basic Books，1989，pp. 374 - 375，380.

④ 同上，p. 375。

⑤ 美国商务部似乎对此表示赞同。关于维持美国技术基础能力以确保国家安全的论述可见 *An Assessment of US Competitiveness in High-Technology Industries*，Washington：US Government Printing Office，1983，p. 4。

技术创新不断变化的性质，齐斯曼建立起了工业实力和国家安全之间的联系①。技术变革十分重要，不仅因为它有助于改善国家经济健康和军事安全状况，还因为技术变革的过程已经被改变了。具体来说，不再是军事研究和研发成果最终进入民用领域的这种途径。相反，最初针对民用市场的技术在军事用途中找到了自己的定位。录像机中使用的滚珠轴承比军事应用所要求的精度更高。事实上，导弹控制系统所需的高精度，现在在许多情况下也只能在民用领域找到应用②。事实上，齐斯曼和柯亨（Cohen）认为，因为免去了军用领域单独研究和开发一些项目的需要，领先的民用部门实际上有效地补贴了军事项目③。越来越多地使用先进材料和计算机技术的航空产业也不能避免陷入这种趋势。

此外，随着技术变革步伐的加快，在竞争激烈的民用市场中经营的企业在利用技术方面处于优势地位④。齐斯曼认为，如果这些趋势继续下去，欧洲和日本都将拥有更大的军事潜力，并将获得相应的国家实力⑤。因此，国家安全与其说取决于目前拥有的武器，不如说取决于拥有能够迅速生产下一代武器的技术基础。为此，国内的高技术产业至关重要。

杰·斯托夫斯基（Jay Stowsky）提出了一个类似的但更复杂的论点。他反对目前许多关于论述高新技术产业的文章中隐含的观点，即民用领域的应用只是在最近一段时间才成为比军事应用更重要的技术驱动力。相反，他认为民用领域的应用一直都很重要。对斯托夫斯基来

---

① John Zysman，US power，trade and technology，*International Affairs*，67（1），Jan. 1991，pp. 81 - 106；John Zysman and Stephen S. Cohen，*Manufacturing Matters*，New York：Basic Books，1987.

② 同上，p. 99. 在所引用的著作中，这部分是重点。

③ Zysman and Cohen，*Manufacturing Matters*，p. 25.

④ Zysman，"US power，trade and technology"，p. 100.

⑤ 同上，p. 104。

说，有趣的是军民关系在不同的产业中产生了截然不同的结果。例如，尽管美国军方在第二次世界大战后不久就对集成电路的发展产生了浓厚的兴趣，并资助了大部分的研究和开发工作，但斯托夫斯基认为，在 20 世纪 60 年代中期的商业化才是美国在军事和民用市场上主导该产业的关键[①]。随着电路设计的规模不断扩大和美国军方不愿意指导相关技术发展，美国的半导体产业得到发展并在民用和军事市场上都具有高度竞争力。相比之下，斯托夫斯基认为，美国在数控机床方面的衰落是由于军事设计需求过于复杂和专业化，不适合民用市场，结果形成了一个工业孤岛，只对五角大楼销售，从而与民用产业的重要技术发展隔绝[②]。

对斯托夫斯基来说，最重要的一点是要了解军事需求、生产企业和民用市场之间的关系，这种关系对塑造高科技产业的竞争力起着至关重要的作用。民用产业的技术发展并没有在最近几年变得更加突出，民用和军事市场的交融对于美国的技术领导地位一直是至关重要的。

三、新古典主义贸易理论

虽然新重商主义思想对政策制定者仍有吸引力，但许多经济学家完全拒绝接纳此种观点。新古典主义贸易理论坚决反对新重商主义思想的基本前提，即在一些工业产业中劳动和资本投入的产出会高于将他们投入别的产业所获得的产出，这种差别证明了对特定产业制定政策的合理性[③]。从形式上看，新古典主义经济学家认为不存在所谓的

[①] Jay Stowsky, From spin-off to spin-on: Redefining the military's role in American technology development, in Wayne Sandholtz et al., *The Highest Stakes: The Economic Foundations of the Next Security System*, New York: Oxford University Press, 1992, p. 122.

[②] 同上，pp. 122 - 126。

[③] Avinash Dixit, International trade policy for oligopolistic industries, *Economic Journal* p. 94, (supplement), p. 3。在该文中，"租金""超额利润""净利润""剩余利润"等名词所指代的含义是相同的。

"战略产业",因为在充分竞争的市场条件下,边际成本等于所有投入生产的价格总和,而且没有超额利润可言。"如果市场机制运作良好,分配给每个产业的最后(也就是边际)一美元的资源对经济带来的收益则完全相同。投资于制造汉堡包的一美元将与投资于计算机的一美元产生相同的经济回报和相同的社会效益①。"

关于完全竞争的假设是新古典主义为自由市场规则辩护的理论基础,其特点是认为在一个特定产业中不存在有效的准入门槛。只要企业可以自由进入一个产业并生产商品,竞争会迅速消除这个产业能够带来的利润②。但当产业结构不是完全竞争时,就会引发问题。随着越来越多的人认识到许多产业不是完全竞争的,很多人指出新古典主义经济学家没有掌握国际贸易的新现实③。企业家们长期以来一直认为,政府政策可以塑造一个产业的最终发展结果,日本的经济增长为这一论点提供了一些支持。然而,新古典主义理论家往往认为这一论点不可理喻④。新古典主义贸易理论与现代贸易现实之间的明显差距,破坏了人们对于自由贸易有效性的信心,并导致了新的经济学术流派的产

---

① Robert Z. Lawrence and Charles L. Schultze, "Evaluating the options", in Robert Z. Lawrence and Charles L. Schultze (eds), *An American Trade Strategy: Options for the 1990s*, Washington: The Brookings Institution, 1990, p. 14, 括号中为原文。

② Paul Krugman, "Introduction: New thinking about trade policy", in Krugman (ed.), *Strategic Trade Policy and the New International Economics*, Cambridge, MA: MIT Press, 1986, pp. 14 - 15.

③ James A. Brander, "Rationales for strategic trade and industrial policy", in Krugman (ed.), *Strategic Trade Policy and the New International Economics*, p. 43.

④ Paul Krugman, "Import protection as export promotion: International competition in the presence of oligopoly and economies of scale", reprinted in Paul Krugman (ed.), *Rethinking International Trade*, Cambridge, MA: MIT Press, 1990, p. 185, 198. 吉恩·格罗斯曼(Gene Grossman)虽然是新贸易理论的批评者,但他承认新古典主义理论排除了诸如不完全竞争之类的假设现象,这些现象与商人和政府一样。Krugman, "Strategic export promotion: A critique", in Paul Krugman (ed.), *Strategic Trade Policy and the New International Economics*, pp. 47 - 48.

生，该流派试图研究现代贸易事实上是如何运转的。

四、新贸易理论

新贸易理论最初的分析对象是不完全竞争、寡头横行的市场。在不完全竞争市场中，经营企业的特点是具备巨大的规模经济，陡峭的学习曲线（即成本因生产经验累积而大大降低）以及大规模的研发需求[1]。这三个因素合力使一个特定经济产业被寡头垄断，新竞争者很难进入。在寡头垄断的市场中运营的企业在两个方面被认为是有益的：一方面，它们可以产生经济收益，从而增加整个产业的财富总量；另一方面，这些产业能够产生巨大的外部性，也就是说，这些企业的活动使该产业以外的大量个人或企业受益。

如果经济收益确实存在，那么就很容易联想到政府应该通过促进本国企业在这些产业的发展来助力国民经济的整体发展，或者制定政策以确保本国企业进入市场。新贸易理论中的经济收益，实际上是指将产业中的利润从外国企业转移到本国企业[2]。政府对本国企业的补贴可以产生这种收益转移的效果，对经济的好处（国内福利）大于补贴的成本[3]。

如果一个国家的本国企业不在这个产业怎么办？根据一些学者的观点，政府应该采用几百年前重商主义者提出的关于幼稚产业保护论的观点。克鲁格曼（Krugman）认为，保护本国市场不受进口影响，可以

---

① Helen Milner and David Yoffie，Between free trade and protectionism：Strategic trade policy and a theory of corporate trade demands，*International Organization*，43（2），Spring 1989，p. 244.

② James A. Brander and Barbara I. Spencer，'Export subsidies and international market share rivalry'，*Journal of International Economics*，vol. 18（1985），p. 83。两位作者认为企业所有者的国籍是区分本国企业和外国企业的标准。

③ 同上，pp. 87 - 89。

使本国企业获得在其他市场竞争所需的规模经济基础[①]。这种做法与第二次世界大战后日本的经济政策有着密切的联系。与新古典主义贸易理论不同的是,由比较优势支配的国际贸易本质上是互利的,新贸易理论承认,一国将会因为他的贸易伙伴采取补贴或进口保护政策而遭受损害。所以,促进经济利益转移的相关政策可能会导致相当大的贸易摩擦,并可能招致报复。美国指责欧共体正是通过空客公司实施了这种促进经济利益转移的政策[②]。

"战略产业"的第二个吸引力在于其所谓的外部性。对于其他国家而言,它们需要拥有一家像波音公司一样的企业,其吸引力不仅仅在于它是一家有利可图的公司,能够创造财富和就业机会,还在于波音公司会要求其供应商生产高质量的零部件。波音公司的设计团队需要强大的计算机和高质量的机床。复杂的组装过程需要训练有素的制造工人和现代化的交通基础设施。最后,波音公司的研究可能会走出飞机工厂,进入其他产业,这是一种知识外溢。"战略产业"是好的产业,因为它们能帮助其他产业达到更高的发展水平。

新贸易理论为引入非常古老的重商主义做法提供了新的论据[③]。然而,即使是那些为新贸易理论奠定基础的学者,也对其应用于政策制定的可能性持保留意见。克鲁格曼也许是该领域最知名的人物,他认为新贸易理论虽然改进了新古典主义贸易理论的缺点,但也没有足够的说服力去支持保护主义(关税)或产业政策(补贴企业)的应用与广泛

[①] Krugman, "Import protection as export promotion: international competition in the presence of oligopoly and economies of scale", Rethinking International Trade, Cambridge, MIT Press, 1990, pp. 186 - 192.

[②] Paul R. Krugman and Maurice Obstfeld, *International Economics: Theory and Policy*, (2nd edn), New York: Harper Collins, 1991, pp. 269 - 272.

[③] Robert E. Baldwin, 'Are economist's traditional trade policy views still valid?', *Journal of Economic Literature*, 30(2), June 1992, p. 804.

制定①。

五、美国和欧共体的竞争

尽管一些经济学家持保留意见,美国和欧共体的政策制定者都采纳了新贸易理论。在美国,许多研究都对控制美国经济政策的"自由放任主义"进行了批评②。这一主义的核心是认为,不受约束的自由企业是确保经济增长的最有效手段。源自"自由放任主义"的美国贸易政策表现出了对自由贸易的公开倡导以及不愿意制定产业政策的特点。这种认为非干预性的政府是首选、投资决策最好由企业确定的理念,受到了库特纳(Kuttner)等人的猛烈批评。美国自由市场主义的批评者同时也质疑即使其他国家不是自由贸易者,自由贸易仍然是美国的最佳政策这一假设的正确性。

大卫·雷克(David Lake)的研究成果在一定程度上说明了以上质疑是有理有据的。雷克指出,19世纪末的美国正是通过设置关税壁垒完成了工业化,并从英国的自由贸易政策中获得了巨大的好处。只要英国坚持自由贸易并放弃保护主义政策,美国就可以保护当时正不断成长的高回报产业,制定适当的关税壁垒以开发庞大的本土市场,并在继续将出口货物总量的一半运往英国的同时,扩大与拉丁美洲这一传统英国商品市场的贸易往来③。

---

① Paul R. Krugman, 'Strategic sectors and international competition', in Robert Stem (ed.), *US Trade Policies in a Changing World Economy*, Cambridge, MA: MIT Press, 1987, pp. 230 - 231. 另见 Krugman and Obstfeld, *International Economics*, p. 271.

② Robert Kuttner, *The End of Laissez-Faire*, New York: Alfred A. Knopf, 1991; Robert Reich, Beyond free trade, *Foreign Affairs*, 61(4), Spring 1983, p. 773 - 804; Robert Reich, *The Work of Nations: Preparing Ourselves for 21st Century Capitalism*, London: Simon & Schuster, 1991.

③ David Lake, *Power, Protection and Free Trade: International Sources of US Commercial Strategy, 1887—1939*, Ithaca: Cornell University Press, 1988, p. 11.

美国贸易政策的批评者指责美国正在犯一个错误，这与英国人在一个世纪前犯下的错误一样，即推行消极的贸易政策，而其他国家正在利用其获利。一些人认为解决问题的方法是建立一个制度架构以制定和实施合适的产业政策。另一部分批评者则认为，美国应该积极地与日本等国家签订可控的贸易协定①。

航空产业也许是唯一一个美国仍然占据主导地位的高技术产业。1991年，航空产品为美国的国际收支平衡贡献了172亿美元②。此外，在一些关键的下游产业，如航空电子设备领域，美国企业仍然保持着明显的技术领先地位。尽管如此，美国在该产业的统治力已经被削弱。在大型民用飞机市场上，波音公司的市场份额在过去20年里已经从大约70%下降到大约50%③。洛克希德公司在经历了严重亏损后于1981年彻底退出了民用飞机市场。麦道公司则面临广为人知的财务问题。而当时已经获得了大量市场份额的空客公司成了美方释放因自身企业表现不佳而产生的愤怒情绪的"出气筒"。除了与空客公司的生产经营行为相关之外，麦道公司近来所面临的现金流困境也可能与美国国防采购合同价值的降低和 C‐17 军用运输机研发过程中遇到的瓶颈有一定联系④。但是，就波音公司而言，空客公司的成功也许是其市场份额下降的唯一原因。

---

① Laura Tyson, Managing, trade by rules and outcomes, *California Management Review*, 34(1), Autumn 1991, p. 115‐143. 具体的批判性分析可见 I. M. Destler, *American Trade Politics: System Under Stress*, Washington and New York: Institute for International Economics and the Twentieth Century Fund, 1986, Part III.

② 本书中关于"十亿"的用法参照美国的标准（即1 000百万）。United States Department of Commerce, US Industrial Outlook 1992, pp. 21‐26. See also Keith Hayward, *The United States Aerospace Industry* (Whitehall Paper No. 5), London: Royal United Services Institute for Defence Studies, 1990, p. 1.

③ *The Financial Times*, 10 July, 1992, p. 21. 计算民用飞机市场份额的一个问题是，由于航空公司倾向于批量购买飞机，因此市场份额每年可能会有很大差异。

④ *The Financial Times*, 28 October 1992, p. 28.

欧洲也经历过经济不安全的阵痛，从而塑造了其当前关于贸易政策的态度。对于欧洲而言，指导经济政策制定的理论并不存在问题。欧洲各国政府有着悠久的干预和监管市场的历史，而日本的成功似乎也证明了这种做法是明智的①。问题是，在国家层面所采用的干预性经济政策似乎并不奏效。在 20 世纪 60 年代，一些欧洲国家已经发展了一些"国家队企业"，即承载着欧洲参与市场竞争希望的大型国有企业或由政府主导的企业。然而，到了 20 世纪 80 年代，很显然这些"国家队企业"在国际市场中并没有取得成功②。许多欧共体成员国震惊地发现欧共体在全球制造业贸易中的份额从 1973 年的 45% 下降到 1985 年的 36%③。此外，欧共体正在失去其在电子产业等领域的优势地位，而这些产业被认为是推动未来经济增长的关键产业④。

柯曾·普莱斯(Curzon Price)等经济学家认为，在欧共体内部建设一个不受约束的自由市场是欧洲保持产业竞争力的关键所在。早期的欧共体一体化进程的确聚焦降低区域内部的非关税壁垒。然而，也许是在观察到日本的情况之后，一些人提出欧共体应该加倍重视制定出能够促进高技术产业发展的产业政策⑤。里绍尼耶(Richonnier)对所谓"看不见的手"在欧洲经济增长中发挥了作用这一观点嗤之以鼻。他认为美国和日本的经济增长都应归功于积极有为的政府。在美国，政

① Hans van der Groeben, *The European Community: The Formative Years*, Luxembourg: Office for Official Publications of the European Communities, 1986, p. 21.

② Margaret Sharp and Keith Pavitt, Technology policy in the 1990s: Old trends and new realities, *Journal of Common Market Studies*, 31(2), June 1993, p. 134.

③ Victoria Curzon Price, "*1992: Europe's Last Chance? From Common Market to Single Market*", Occasional Paper No. 81, London: Institute of Economic Affairs, p. 11. 另见 GATT, *Trade Policy Review: The European Communities*, (volume 1), Geneva: General Agreement of Tariffs and Trade, 1991, p. 1.

④ Marc Humbert, Strategic industrial policies in a global industrial system, *Review of International Political Economy*, 1(3), Autumn 1994, p. 446.

⑤ Michel Richonnier, 'Europe's decline is not irreversible', *Journal of Common Market Studies*, 22(3), March 1984, pp. 237–239.

府赞助的军事研究项目对民用消费领域的技术创新给予了补贴①。而在日本,通商产业省的干预行为是日本在电子工业领域取得主导地位的原因②。

20世纪70年代和80年代初的经济衰退似乎对推动欧共体接受产业政策,尤其是在高技术产业方面的政策起到了决定性的作用③。这种新的导向有两个特点:第一,随着欧共体降低成员国政府的影响力并将自身的主导权延伸至产业政策制定方面,各成员国间的监管壁垒持续被移除,这有助于推动形成跨企业的联盟④。只有通过联盟,欧洲企业在研发支出方面才能够追赶上美国和日本的企业。此外,"泛欧"企业的成长将创造规模经济效应,这也是发展高技术产业的另一个关键性条件⑤。第二是更加强调对新兴产业的补贴,主要是对技术研发的财政支持⑥。其中也包括出台旨在通过支持大学的基础研究和加强产业界与学校的联系,以强化国家科技基础的政策⑦。

对于衰退的恐惧似乎已经影响了欧共体对国际贸易规则的态度。正如格里科(Grieco)在其关于关贸总协定中合作与合规情况的研究中指出的那样,欧共体对能否保留补贴的担忧,在一定程度上是出于对在

---

① 类似这种形式的说法构成了空客公司指控美国企业收到政府补贴的基础。有大量证据显示,美国军事技术项目在美国早期民用运输飞机的研发中起到了关键作用。David Mowery and Nathan Rosenberg, *Technology and the Pursuit of Economic Growth*, Cambridge: Cambridge University Press, 1989, ch. 7, p. 184 - 186。

② Richonnier, "Europe's decline is not irreversible", p. 235.

③ Victoria Curzon Price, 'Competition and industrial policies with an emphasis on industrial policy', in A. M. EI-Agraa, *Economics of the European Community*, 3rd edn, London: Philip Allan, 1990, pp. 168 - 174.

④ Sharp and Pavitt, 'Technology policy in the 1990s', p. 135.

⑤ Michael Emerson *et 01.*, *The Economics of 1992: The EC Commission's Assessment of the Economic Effects of Completing the Single Market*, Oxford: Oxford University Press, 1988, pp. 11 - 13.

⑥ Curzon Price, 'Competition and industrial policies with an emphasis on industrial policy', pp. 179 - 180.

⑦ Sharp and Pavitt, 'Technology policy in the 1990s', pp. 135 - 136.

经济增长竞争中落后的恐惧①。因此，欧共体并不支持关贸总协定框架下关于提高政府采购和补贴信息透明度的规则。与欧共体相反，美国从自由市场原则出发，提出加强相关信息的透明度，并以此来限制关贸总协定成员国制定产业政策。

六、小结

本书研究了一场（有幸）被避免的美欧因空客公司而起的民用飞机贸易战。试图了解双方为何又是如何避免了挑起贸易战，以及双方是如何通过谈判形成一套可控的大型民用飞机贸易规则。为此，本书重点关注从 1970 年空客公司成立到 1992 年欧共体和美国达成协定的这段时间内关于双边贸易外交的历史。我们将通过对可能影响政策制定的三个变量进行分析来研究这一系列的谈判：第一，企业贸易偏好；第二，国际规则，主要是关贸总协定；第三，联盟关系。在详细研究了"空客争端"之后，本书在最后总结了解读"空客争端"对于发展国际合作理论的启示意义。

本书第 1 章对国际合作理论做了文献综述，并说明了"空客争端"如何在这些文献中得到体现。第 2 章概述了欧共体和美国航空产业的发展历史，从而将"空客争端"置于相关的历史背景之下。第 3 章研究了"空客争端"的第一阶段，分析了出口金融政策的作用和经济合作与发展组织（以下简称"经合组织"）框架下的《出口信贷安排》的谈判过程。第 4、第 5、第 6 和第 7 章分别讨论了欧共体与美国就空客问题进行的四轮谈判。第 8 章总结了从本书中得出的结论及其对国际合作理论的影响。

---

① Joseph Grieco, *Cooperation Among Nations: Europe, America and Non-tariff Barriers to Trade*, Ithaca: Cornell University Press, 1990, pp. 202 - 209.

第 1 章
国际政治
经济中的合作

国际关系学者是如何理解"合作"一词的？尽管现实主义者和新自由主义者对国际合作的重要性有不同意见，但他们对"合作"的定义有广泛的共识①，即：当一国通过一个政策协调的过程，根据他国的实际情况或预期偏好调整自己的行为时，合作就产生了②。空客案例中的合作表现为欧共体和美国双方贸易政策的调整。

前述是罗伯特·基欧汉（Robert Keohane）对于合作的定义，该定义尽管非常有影响力，但仍然也没有逃脱被批评的命运。可以说，合作不是一个独立的变量，而如安德鲁·莫拉维切克（Andrew Moravcsik）指出的那样是一种变量的集合。其中，每一个变量可能都需要单独的合作理论来进行解释③。这些理论包含解释国家合作偏好的理论、解释国家间谈判结果的理论和解释遵守制度规范的理论④。莫拉维切克由此提出的论点是，关于合作的理论不应依照学术惯例相互印证，而应当将其独立地应用于解释合作为何形成⑤。

批评指出，基欧汉过分强调了合作是一个积极的政策调整过程。基欧汉在他的著作中将合作（指积极的政策调整过程）与纷争（指主权

---

① Helen Milner，International theories of cooperation among nations：Strengths and weaknesses，*World Politics*，44（3），April 1992，p. 467.

② Robert Keohane，*After Hegemony：Cooperation and Discord in the World Political Economy*，Princeton：Princeton University Press，1984，pp. 51 - 52.

③ Andrew Moravcsik，Disciplining trade finance：The OECD export credit arrangement，*International Organization*，43（1），Winter 1989，p. 175.

④ 同上，p. 175。

⑤ 同上，p. 175。

国家认定他国是其实现目标过程中的阻碍)进行清晰的划分。他的论点暗示一旦某一国家发现自己处于一个"纷争"的状态,就会试图摆脱这种境地,并在外界的刺激下走向合作。但他并没有对选择保持"纷争"状态这一可能性进行太多的论述。

也许,合作也可以被理解为一个各国遵守它们所加入的国际协议中的规定,并且避免采取单边行动来解决共同的问题的过程。这一认识与莫拉维切克把合作等同于遵守制度规范的观点相似。

正如本书在引言中所提到的那样,将新贸易理论和新重商主义思想相结合,就可以为政府支持高技术产业的行为提供强有力的理论支撑。因此,在这些产业领域进行合作,以及维持贸易关系的前景并不乐观。民用飞机产业普遍被认为是"战略产业"的最佳范例。巨大的规模经济效应意味着市场只能容纳两家,也有可能是三家飞机制造商[①]。研究和开发民用飞机的成本是高昂的。研发一款新机型可能耗资 50 亿美元以上,而在这之后的长期研发投入每年也将耗费数百万美元[②]。最后,新重商主义者注意到了航空企业在军事生产中所发挥的重要作用。这就意味着,出于对国家安全的考虑,各国政府都将努力遏止那些可能会破坏本国航空企业商业生存能力的竞争威胁。

美国和欧共体都制定了各种产业政策以支持其本土的民用飞机制造商。空客公司的成立是欧共体在汲取各成员国在国家层面的许多航空产业政策失败教训后在民用飞机领域的又一次尝试。在美国,军方

---

① Paul Krugman and Maurice Obstfeld,*International Economics: Theory and Policy*,2nd ed.,New York:Harper Collins,1991,p. 278。截至本书出版时,只有三家制造商还在生产这类客机,它们分别是空客公司、波音公司和麦道公司。

② 事实上,美国商务部的报告显示麦道公司和波音公司仅 1991 年在研发上花费了超过 20 亿美元的费用。见 US Department of Commerce,*US Industrial Outlook 1992*,Washington:US GPO,1992,pp. 21 - 27。

赞助的军机研发项目加快了民用飞机的研发过程①。尽管如此，以上这些支持政策并没有使得局面恶化至引爆双方的贸易战。虽然美国的贸易官员对空客公司的成功感到担忧，并偶尔威胁要采取惩罚性行动，但总体上民用飞机的贸易壁垒是在不断下降，而非上升。事实上，1979年《民用航空器贸易协定》降低了关税水平，而此时也正值空客公司首次大举进入美国市场②。那么为什么各国会在一个对国家利益如此重要的产业中选择进行合作？

目前，在关于国际合作问题的学术辩论中，主流的理论有三种：新现实主义、新自由主义和国内政治③。前两种是对国际合作的经典解释，多年来这两种理论哪种更为有力一直是该领域学术辩论的焦点。第三种理论，即国内政治，则试图通过研究经济关系解释国际合作问题，因此自然被纳入本书的研究框架之内。"国内政治"一词在本质上是指企业在塑造国家贸易政策方面所发挥的作用。关于国内政治的解释，主要有三种版本：第一种侧重出口导向型企业的作用，第二种侧重将国家贸易政策与全球化产业结构联系起来，最后一种侧重货物进口商的作用。

---

① David Mowery and Nathan Rosenberg，"The Commercial Aircraft Industry，1925 - 1975"，pp. 170 - 171，in Nathan Rosenberg（ed.），*Inside the Black Box: Technology and Economics*，Cambridge：Cambridge University Press，1982.

② Gilbert Winham，*International Trade and the Tokyo Round Negotiation*，Princeton：Princeton University Press，1986，pp. 237 - 240.

③ 有关国际合作的理论还存在第四种方向，即强调心理因素对决策者态度的影响。尽管这种说法很有趣，但是无法与其他流派相提并论，因此我们在本书中没有考虑这种理论。关于这种理论，见 Janice Stein and Louis Pauly（eds.），*Choosing to Cooperate: How States Avoid Loss*，Baltimore：Johns Hopkins University Press，1993.

1.1　新现实主义：无政府主义和国际合作

国际关系的两个主要的经典理论——新现实主义和新自由主义都对合作产生的大环境进行了研究。新现实主义对主权国家体系中出现合作的可能性持悲观态度。这是因为新现实主义强调无政府状态是当前国际体系最典型的环境特点。在没有一个中央当局维持秩序的情况下，各国间的关系是由"自助"原则决定的，因此各国只能依靠自身力量来保护自己。

在新现实主义的概念中，国家间的合作并不是国际关系的一种典型特征。由于处于现有国际体系中的国家在本质上是自私的，合作是在体系的强迫下进行的，因此合作不可能成为现有国际体系的长期特征。在一个"自助"的体系中，国家从合作中获取了可能的最大利益之后，总会受到诱惑而背离合作。事实上，国际体系中国家关系的基本特征是国家间的竞争而非合作。各国为争夺资源而竞争，同时会不断比较自身与其他国家的能力。这也使得各国对其他国家的相对收益非常关注。当一个国家相较于另一个国家的相对实力提升后，那么实力较强的国家可能会得出一个结论，即攻击较弱国家可能会取得胜利。至少，相对更强大的国家可以胁迫较弱的国家。各国总是担心相较于自己得到的好处，合作会对其合作伙伴更加有利。因此，国家会倾向于仅仅利用合作以满足自身的利益诉求，在从合作中获得好处后就会立即从合作之中抽身撤出。在新现实主义的世界里，出于对相对收益、产生背叛和国家安全的担忧，国际体系中的合作往往是短暂的、转瞬即逝的。

但新现实主义者确实承认，无论合作的持续时间多么短暂，合作是可以存在的。那么在什么情况下合作会出现呢？一种结构性的解释是霸权稳定理论。新现实主义者认为由于能够充分利用其优势，占主导地位的经济体会倾向于参与开放的贸易体系。霸权国家会利用其实力说服或者迫使其他国家遵守自由市场制度。① 在这种情况下，新现实主义与马克思主义在许多关于霸权行为的假设上存在类似的观点。马克思主义学者认为美国是在利用一种"结构性权力"，即制定国际经济游戏规则的能力来为本土企业争取利益。因此，美国需要确保全球经济环境对美国的资本主义是安全的②。

航空产业是美国占压倒性优势的一个产业。在本书所研究的时间跨度内，美国制造商占据了大型民用飞机市场 70%～90% 的份额。此外，美国的零部件供应商也主导着相应的市场。因此，航空产业为测试霸权稳定理论解释国际合作的有效性提供了一个完美的环境。美国应该能够制定并施行一套以美国为中心的国际航空产业贸易规则体系，虽然这些规则也可能有利于其他国家的航空产业，但其根本目的是确保美国在该产业的持续主导地位。

新现实主义者还提出了其他的个体层面的合作原因。形成合作的核心前提条件是必须减少参与方对相对收益的担忧。各国必须不担心（或至少减少担心）他们的合作伙伴会从合作中获得不均衡的收益。只有这样，各国才会放下戒心，才有可能考虑共同达成一种持久、稳定的合作协议。

格里科在其对美国与欧共体在关贸总协定框架下合作的新现实主

---

① Andrew Wyatt-Walter，"The United States and Western Europe: The theory of hegemonic stability"，in N. Woods (ed.)，*International Relations Since 1945: Theory and History*，Oxford：Oxford University Press，1995，p. 6，in mimeo.

② Jill Hills，Dependency theory and its relevance today：International institutions in telecommunications and structural power，*Review of International Studies*，20(2)，April 1994，pp. 171-175.

义分析中指出,当合作关系的回报在各国家之间达到平衡时,合作的前景就会明朗起来。实际上,当合作的预期收益更加均衡时,相对收益问题就不会那么大了。当然,主要的分析难点在于难以计算收益平衡。

除了收益平衡之外,是否还有其他方法可以减少对于相对收益不均衡的担忧呢? 军事联盟偶尔也会被当作候选方案。正如任何形式的合作协议一样,联盟对现实主义者而言依然是一个麻烦。然而,在有些情况下,通过与其他国家的合作来追求自身利益才是最好的选项。事实上,在有些情况下,"自助"原则会积极引导一个国家与其他国家结成联盟①。权力平衡理论为此提供了一个很好的范例。在独自面对一个强大的国家时,各国可能会感受到威胁。在这种情况下,与其他国家结成联盟以"平衡"强国的力量是符合它们的国家利益的。这种联盟可能仍然只是一种出于实际需要的联合,因此各国都会寻求尽早脱离这种联盟的机会。但在联盟还能够维持时,各国对其联盟伙伴的恐惧应该小于它们对于敌对强国的恐惧②。

联盟理论可能为国家间在安全领域上的合作提供了一种合理的解释,但它在解释国际贸易等问题时可以发挥什么作用呢? 乔安娜·高娃(Joanne Gowa)认为,在考虑国家合作问题时不能忽视安全外部性,亦即贸易对国家安全的影响。她和曼斯菲尔德(Mansfield)认为,西方的贸易自由化是由贸易伙伴(北约和日本)之间的军事联盟促成的。联盟对双边贸易流动产生了直接的、具有统计学意义的、巨大的影响③。军事联盟减少了安全方面的担忧,这样一来相关国家就可以进入自由贸易体系,而不必担心贸易伙伴所获得的经济收益会给自身国家安全

① Milner,"International theories of cooperation among nations",p. 484.

② Arthur Stein,*Why Nations Cooperate: Circumstance and Choice in International Relations*,Ithaca:Cornell University Press,1990,p. 152.

③ Joanne Gowa and Edward Mansfield,Power,politics and international trade,*American Political Science Review*,87(2),June 1992,p. 416.

带来威胁①。在迈克尔·韦伯（Michael Webb）和斯蒂芬·克拉斯纳（Stephen Krasner）看来，安全和贸易之间的关联则有些不同。他们认为，美国容忍盟国偏离自由贸易准则的前提条件是这些国家接受美国对西方世界的领导地位②。美国对空客公司的态度是否受到了这种考量的影响是一个耐人寻味的问题。

那么，新现实主义理论会对"空客争端"的结局做出怎样的预测呢？新现实主义者将面临这样一个他们无法解释的现象：无论多么勉强，欧共体和美国还是通过一个协调的过程调整了它们各自在航空领域的政策，双方之间似乎已然形成了国际合作。然而，新现实主义者可以回答的一个问题是：这种合作是在怎样的情况下产生的？为了解释欧共体的行为，新现实主义者可能会指出国家相对能力变化的影响。1979—1987年，总体上欧共体都在极力抵抗来自美国要求取缔空客补贴的压力，之所以这样做，是担心欧洲航空产业的基础相比美国比较薄弱。新现实主义者将会预测随着空客公司在商业上的成功，欧共体对与美国的合作相对收益的担忧会减少，从而就会为达成1992年这份为补贴设置国际规则的协议创造客观条件。因此，新现实主义者对美欧"空客争端"的解释在很大程度上就会是：欧洲对自身相较于美国处于弱势地位这一看法发生了转变。

采用新现实主义者来解释美国方面的政策就比较困难了。他们可以援引联盟关系减少参与方对相对收益的关切这一论点来解释美国为什么能长期容忍空客公司的存在。美欧达成合作的本质原因是为了维护联盟关系的稳定。目前，有一些证据可以支持以上观点。比如普雷

---

① Joanne Gowa，Bipolarity，multipolarity and free trade，*American Political Science Review*，83(4)，December 1989，p. 1253.

② Michael Webb and Stephen Krasner，Hegemonic stability theory：An empirical assessment，*Review of International Studies*，15(2)，April 1989，p. 185。Jagdish Bhagwati 也有相似的观点，见 *Protectionism*，Cambridge，MA：MIT Press，1988，p. 39。

斯托维茨就认为,美国政府对美法关系的重视程度使空客公司免受贸易保护主义措施的打击①。

近期,有一些关于美日关系的研究对美国为何能够容忍盟友构建能与自身开展竞争的高技术产业的原因进行了分析。正如黛博拉·斯帕尔(Debora Spar)指出的那样,美国国防部是美日合作研发日本新型战斗机(Fighter Support Experimental,FSX)的主要推动者②。尽管美国人的理想方案是让日本人购买现有的美国飞机,但在了解到日本决心在必要时自行研发战斗机的情况后美方的态度就发生了变化③。通过与日方共同研发飞机,美方保留了部分技术转移方面的主导权,并保障了美国企业在该项目中的参与度。然而,也有许多美国政策制定者担心美国正在给予对手一个"搭便车"的机会,而且这最终会削弱美国的技术领先地位。斯帕尔指出,美国国务院和国防部在承认对技术转移的担忧的同时,也担心破坏这项交易会"威胁到美国和日本之间的全面联盟关系"④。

然而,用新现实主义对国际合作问题进行解释仍然存在一个问题,那就是对联盟团结程度的依赖性。一言以蔽之,联盟团结就意味着在多领域与盟友保持良好关系以促进合作关系的形成。问题是,由于这种观点强调了连锁效应的重要性,听上去就更接近新自由主义者对合作的解释。

---

① Clyde Prestowitz, *Trading Places: How We Are Giving Our Future to Japan and How to Reclaim It*, New York: Basic Books, 1989, p. 405.

② Debora Spar, Co-developing the FSX fighter: The domestic calculus of international cooperation, *International Journal*, volume. 47(2), Spring 1992, pp. 265 - 292.

③ 同上, p. 274;另见 David Mowery and Nathan Rosenberg, *Technology and the Pursuit of Economic Growth*, Cambridge: Cambridge University Press, 1989, p. 228.

④ Debora Spar, "Co-developing the FSX Fighter", p. 285; emphasis added;另见 Michael Mastanduno, Do relative gains matter? America's response to Japanese industrial policy, *International Security*, 16(1), Summer 1991, pp. 86 - 93.

1.2　新自由主义：国际规则与合作

新自由主义者与新现实主义者在对国际合作重要性的认识上存在很大的分歧。简单来说，新自由主义者所认为的国际合作比新现实主义者所认知的更加频繁和稳定。新现实主义者强调国家的自主性，而新自由主义者则点出了国家之间相互依存的关系，他们认为国际合作对实现国家目标至关重要。全面实行独立自主的战略，无论是在安全还是经济事务方面，对大多数国家而言都是不可行的。与上述观点相似，有对于新现实主义理论的批评指出：新现实主义学者更倾向于关注大国之间的关系，并在研究国际体系中的其他国家时简单地沿用这一分析框架。

与新现实主义者相比，新自由主义者在国际关系研究中给予了国际组织更高的地位。国际组织通过降低国家间的交易成本、提高透明度和制定调节国家间关系的规则与标准来促进国际合作。无政府状态的负面影响将被这些行为规范所缓解。关税及贸易总协定（关贸总协定）是本研究中主要涉及的国际组织（经合组织居其次），这是因为该组织的具体运作与本研究息息相关。在"空客争端"期间，关贸总协定逐渐在民用飞机的国际贸易中扮演了越来越重要的角色。1979 年《民用航空器贸易协定》是关于民用飞机贸易的第一个国际性协议。"乌拉圭回合"谈判达成的最终共识中也沿用了这种为民用飞机产业制定单独国际协议的做法。

为了验证新自由主义理论能否解释"空客争端"这样的国际贸易问题，我们必须要分析关贸总协定在多大程度上影响了合作相关方对各自收益的计算。新自由主义者声称，像关贸总协定这样的国际体系可以通过规则和标准管理国家的行为,从而促进合作。此外,出于维护国际规则体系权威性的考量,国家会克制自身的不合作行为。简而言之,参与国际规则体系的国家认为遵守国际规则和标准本身就很有价值。

新自由主义者并不完全依赖国际规则体系来解释国际合作。事实上,他们强调对合作问题的研究应该被置于更加广泛的国际关系背景之下。这种关系通过国家间互动的次数(迭代)或它们会相遇的问题领域的广度(联系)来体现[①]。但是这两个概念的含义在本质上是相同的,国家之间预期互动的次数越多,它们就越不愿意违背合作的协议[②]。由此可见,连锁效应似乎特别有助于我们理解国际贸易关系。它的基本观点是,在一个问题领域(比如客机)违背合作协议可能会在另一个领域(比如农产品)受到贸易报复行为的惩罚。因此,欧共体与美国贸易关系的广度为验证新自由主义理论创造了良好的条件。

欧共体和美国之间存在大量的经济联系。1990年,北美和西欧之间的贸易额为2 530亿美元,其中大部分属于美国与欧共体间的贸易往来[③]。美国是欧共体最重要的贸易伙伴。1989年,美国占欧共体对外出口和进口商品总额的19%[④]。二者之间的贸易价值高、范围广。考

---

① 关于此中的关联,见 Robert Keohane and Joseph Nye, *Power and Interdependence*, 2nd ed., New York: Harper Collins, 1989, p. 30 - 32; Lisa Martin, Institutions and cooperation: Sanctions during the Falklands Islands conflict, *International Security*, 16(4), Spring 1992, p. 145, and Michael Artis and Sylvia Ostry, *International Economic Policy Coordination*, London: Routledge & Kegan Paul, 1982, p. 13。关于合作可能性随国家互动深入而上升的观点,见 Robert Axelrod, *The Evolution of Cooperation*, London: Penguin Books Edition, 1990, 特别是第九章。

② Kenneth A. Oye, "Explaining cooperation under anarchy", in Kenneth A. Oye (ed.), *Cooperation Under Anarchy*, Princeton: Princeton University Press, 1986, p. 17。

③ 数据来自 GATT, *International Trade, 1990—1991*, volume II, Geneva: GATT, 1991, Tables 3.7 and 3.27。Stephen Woolcock 估计美欧贸易额在1990年已达到1 900亿美元,见 *Market Access Issues in EC-US Relations: Trading Partners or Trading Blows?*, London: RIIA and Pinter, 1991, p. 7。

④ 见 GATT, *Trade Policy Review*, p. 3。

虑到双方贸易的广度，如果民用飞机贸易战爆发，就可能会导致其他贸易领域的摩擦升级。这种"政策溢出"意味着政府在了解贸易战不会局限在某一领域的情况下不会冒险去发动一场贸易战①。

1.3 国内政治：企业和国际合作

新自由主义和新现实主义都是以研究主权国家为中心的国际关系理论。虽然这两个学派在某些问题上分歧很大，但实际上都认可国家在国际体系中的中心地位以及国家作为国际合作中的行为者的基本属性。它们都认为国家是国际合作中单一的、理性的行为者，能够形成偏好并对所有选项进行排序。但是，这两种学派在很大程度上都忽略了国内因素，例如企业贸易偏好的影响。然而，我们有充分的理由相信，航空领域全球化的企业结构会引发企业政策偏好和国家政策偏好之间的矛盾②。

许多关于贸易政治的研究都对有关利益集团在这个过程中发挥的作用进行过分析。在航空领域，一个清楚的事实是波音公司和麦道公司都曾对美国政府进行游说。然而，如果我们仅仅关注美国制造商或空客公司与决策层之间的联系，就无法了解这些企业的贸易偏好。贸易政策制定和贸易全球化的学术研究为我们提供了可以用于分析企业贸易偏好的方法。首先，一个企业对海外销售的依赖程度可能会影响

---

① 关于连锁政治的本质，见 John Conybeare, *Trade Wars: The Theory and Practice of International Commercial Rivalry*, New York: Columbia University Press, 1987, pp. 276 - 278。

② Robert Gilpin 将这种全球化称为"新多民族主义"，见 Robert Gilpin, *The Political Economy of International Relations*, pp. 252 - 260。本书延续并深化了 Robert Gilpin 在 *US Power and the Multinational Corporation: The Political Economy of Foreign Direct Investment* 中关于国家和企业间关系的研究。

其贸易偏好;其次,高度全球化的产业结构同样可能会影响企业对相关贸易问题的态度。最后,飞机等产品的主要买家也可能对贸易政策的制定产生相当大的影响。

海伦·米尔纳提出的论点是,当出口货物在企业销售额中占比达到一定的高度时,企业就会倾向于支持自由贸易[1]。在回顾了20世纪20年代到70年代这一美国国内保护主义情绪明显降温的时期之后,她发现并得出结论:本土企业与海外市场之间日益增长的相互依存关系使得本土企业更加依赖海外市场,因此不愿意支持可能招致他国报复从而妨碍商品销售的贸易保护主义政策[2]。

然而,企业的贸易偏好也可以以其他方式发生变化。像航空这样的高技术产业的产业结构的核心特征是企业的高度全球化,而企业间的高度合作正是高技术产业特征的体现[3]。近来,"联盟"的发展形式已经成为企业间合作的主基调[4]。这类合作形式多样,其中包括许可生产、共同赞助研发项目或者更加正式的股权交换和创建合资企业。由于这些联盟是由不同国家的企业共同成立的,因此也可能对贸易政策产生巨大影响。

航空领域的企业联盟数量正在激增,空客公司可能是其中最著名的案例。在我们撰写本研究时,有五家主要的发动机制造商向本研究中的飞机制造商供货。然而,在这五家企业中,有两家是以合资企业的

① Helen Milner, *Resisting Protectionism: Global Industries and the Politics of International Trade*, Princeton: Princeton University Press, 1988。

② 同上,p. 290。

③ Sylvia Ostry, "Beyond the border", p. 82, 以及 Michael Porter, Changing patterns of international competition, *California Management Review*, 23(2), Winter 1986, pp. 9-40。

④ John Stopford and Susan Strange with John S. Henley, *Rival States, Rival Firms*, Cambridge: Cambridge University Press, 1991, p. 92.

形式存在，而其他三家企业都是这两家企业的大股东①。麦道公司也深度融入了中国大陆的航空产业体系，正在与中方企业合作组装麦道公司的中程飞机②。众所周知，由于担心会将技术转移给未来的竞争对手，波音公司向来反对与别的企业组成联盟。即便如此，波音公司也承认无法独立完成下一代大型民用运输飞机的研制。波音公司与日本航空产业界之间若即若离的关系可能会在未来进一步发展成一种更正式的联系③。

企业之间"你中有我、我中有你"的关系使政府在制定贸易政策时面临着一个问题。简而言之，在难以区分本土企业和海外企业的情况下，又如何能够制定出有利于本国企业的政策④？发动机制造商 CFM 国际公司由美国 GE 公司和法国斯奈克玛公司共同出资组建，同时向空客公司和波音公司出售发动机。罗-罗公司在向波音公司和空客公司出售自己的发动机的同时也是 IAE 公司的股东之一。IAE 公司是由来自五个国家的企业出资组建的联合体，而它同样也是波音公司和空客公司的供应商。

抛开正式的企业联盟给政府带来的问题不谈，设计和生产民用客

---

① 这五家发动机制造商分别是美国普惠公司、美国通用电气公司（以下简称"GE 公司"）、英国罗尔斯-罗伊斯公司（以下简称"罗-罗公司"）、CFM 国际公司（由 GE 公司和法国斯奈克玛公司组建）和国际航空发动机公司（以下简称"IAE 公司"）（由普惠公司母公司联合技术公司、罗-罗公司、MTU 公司、菲亚特艾维欧公司和日本航空发动机公司组建）。日本航空发动机公司本身就是由三家日本企业组成的。

② *Flight International*，21 October 1992，pp. 32 - 35.

③ 同上，p. 44。

④ Robert Reich，Who is us?，*Harvard Business Review*，68(1)，Jan. /Feb. 1990，p. 53 - 154，以及 Kenichi Ohmae，*The Borderless World*，London：Fontana，1990。反对观点见 Yao-Su Hu，Global or stateless corporations are national firms with international operations，*California Management Review*，34(2)，Winter 1992，p. 107 - 126。Yao-Su Hu 的研究中没有考虑到企业联盟，而是仅仅研究了传统意义上的跨国企业，即在不同国家有业务的但注册地为单一国家的企业。这样一来，该研究就忽略了一些在高技术行业中比较普遍的商业模式。

机的复杂性和高昂的成本都要求企业必须从世界各地采购零部件①。以飞机各部件的价值计算,空客公司早期的机型有超过 30% 的价值来自美国。波音公司后期机型中类似波音 767 这样的飞机,其零部件在数个国家分包生产,包括日本和加拿大等。波音 777 则有包括日本企业在内的,大约 40 个主要供应商,这些供应商将共同生产大约 20% 的飞机零部件②。分包商通常会向所有的飞机主制造商供货。例如,英国道蒂航宇公司(Dowty Aerospace)同时为波音公司、麦道公司和空客公司供应飞机起落架③。我们可以从许多分包企业的资产负债表中观察到大西洋两岸客户的这种依存关系。类似英国马可尼公司和法国汤姆逊集团这样的欧共体企业依靠北美市场获得了 10%~15% 的收入④。霍尼韦尔公司和罗克韦尔公司这样的美国企业也与欧共体客户有着广泛的联系⑤。

因此,如果美国决定对空客公司生产的飞机征收关税,就将面临损害美国本土航空产业的风险。同样,欧共体也可能会发现自己处于一种矛盾的境地——妨碍美国飞机的销售反过来也会损害自己精心培育的航空产业。由此,我们似乎就可以得出一个结论:航空企业,特别是零部件供应商,会有反对保护主义的贸易偏好。因此,可以解释美国和欧共体在航空领域合作的一个变量是下游零部件供应商对自由贸易的偏好。因为这些企业与"空客争端"的双方都有利益关联,所以很可能会游说欧共体和美国在贸易战这个问题上悬崖勒马。

---

① 关于主制造商与供应商之间越来越紧密的联系,见 David Mowery and Nathan Rosenberg,"The commercial aircraft industry 1925—1975",p. 168。

② *Flight International*,1 July 1992,pp. 27 - 32。在 IAE 中的日本企业 JADC 本身也是一个联合体,由三菱重工、富士重工和川崎重工组成。

③ Dowty Aerospace,*Dowty Aerospace*(corporate publication),1992,p. 2。

④ Thomson-CSF,*Annual Report*,p. 4. and GEC-Marconi,*GEC-Marconi*(corporate publication),1992,p. 6。

⑤ Hayward,*The United States Aerospace Industry*,p. 39。

最后，在国内层面上，我们还需要关注购买飞机的企业。1997 年前，这个群体中最重要的企业是美欧双方的大型航空公司。它们引进飞机的决定可以产生巨大的商业影响。如像美国联合航空公司和英国航空公司这样的大型航空公司，可能会一次性签署价值 10 亿～50 亿美元的订单。随着时间的推移，采购飞机的模式已经变得更加复杂，航空公司并不倾向于只购买一家制造商的产品。尽管如此，考虑到交付的周期以及维持备件库存的成本，航空公司一旦选择了一家或两家供应商，他们通常会在很长一段时间内与之保持联系。在最近与美国联合航空公司签下大单之后，空客公司现在向美国所有的主要航空公司供货。波音公司也一直在向欧共体的客户供货。出现这种现象的部分原因是波音 747 是当时 400～500 座级市场上的唯一机型。

部分证据显示，航空公司的贸易偏好在争端中也很重要。普雷斯托维茨认为，美国的航空公司欢迎受到补贴的空客产品进入美国市场，因为这样就能压低飞机的价格[1]。在"空客争端"期间，一些飞机的销售案引起了很大的争议，并因此增加了贸易摩擦。例如，美国西北航空公司在 1987 年购买空客 A320 和空客 A330 飞机的决定就引发了本国飞机制造商的强烈反应[2]。总体而言，我们预计航空公司会反对保护主义关税。由于每架飞机的成本高达 4 000 万美元，加征关税可能会使这个产业微薄的利润空间受到进一步的挤压。

1.4　小结

就研究国家间的合作而言，"战略产业"显然是一个极具挑战性的

---

[1]　Prestowitz, *Trading Places*, p. 406.

[2]　Bill Gunston, *Airbus*, London: Osprey Books, 1988, p. 205.

研究对象。国家有强大的经济和政治动机来维护和促进本土企业在航空等战略产业上的发展。此外,在本书研究内容所覆盖的时间跨度内,美国和欧共体都有理由为其在航空领域的地位而感到不安。对于欧洲而言,对产业能力衰退的恐惧显示出航空产业是其试图追赶日本和美国经济领先地位的重要构成因素①。美国则观察到自己在航空领域的主导地位正受到空客公司及其背后的欧共体的挑战。在空客公司获得成功的同时,FSX项目的合作加剧了美国对向日本企业进行技术转移的担忧②。因此,美欧双方完全可以选择提高贸易壁垒来保护自己的产业。相反的是,双方为了结束这场贸易争端进行了持续的、相当成功的谈判。美国避免了针对空客公司采取单边贸易措施,欧共体则逐渐放弃了对空客公司补贴的全面保护,并接受了针对该产业政府援助的更为严格的国际规则。而这些政策转变背后的原因是本研究的核心问题。

① GATT, *Trade Policy Review*, p. 15.

② Jonathan Tucker, Tartners and rivals: A model of international collaboration in advanced technology, *International Organization*, 45(1), Winter 1991, p. 84.

第 2 章
欧美航空产业

2.1　引言

本章主要回顾欧洲和美国航空产业的发展历程，并分析美国从 20 世纪初到 1970 年（空客公司成立之前）在民用飞机领域占据主导地位的原因。本章还将对欧洲航空产业做进一步的分析。空客公司本身就可以被视为一种国际合作方式，事实上它出现的原因就在于欧洲各国始终未能制定出一个统一的国家战略与美国展开竞争。最后，我们将探讨自 1970 年以来国际航空市场的变化如何削弱了美国的主导地位，并在不经意间为空客公司创造了与美国企业展开竞争的机会。

2.2　一个战略性产业的演变

民用飞机产业通常被视为典型的战略产业。战略产业的以下几个特征在这个产业中得到了集中体现：巨大的规模经济效应、高昂的研发成本投入和陡峭的学习曲线。这些特征合起来形成了一个进入壁垒很高的产业，并对国民经济中的其他门类产生了明显的溢出效应。

通过研究一款新机型从项目启动到为公司创造盈利所需的时间，我们可以充分了解民用飞机产业进入壁垒的高度。在 20 世纪 80 年代,研发一款全新机型的成本在 20 亿～50 亿美元。一般情况下,项目前 7～10 年间的现金流为负。与此同时,飞机定价的下降使得盈亏平衡点继续往右上方移动。飞机制造商一般认为,售出 600 架飞机大致可以达到一款机型项目的盈亏平衡点。假设一款机型足够成功和幸运,在项目启动后的大约 10～15 年后,就可以售出第 600 架飞机。

面对来自空客公司的挑战,美国航空产业面临着巨大的金融和产业风险。美国在全球航空市场份额的下降对美国的国际收支产生了严重影响。航空制造业对美国制造业贸易顺差的贡献最大。20 世纪 90 年代时,美国一年的贸易差额约为 100 亿美元顺差,而单单 1990 年,航空制造业就为美国的贸易差额贡献了 270 亿美元的顺差[①]。波音公司和麦道公司都拥有数千名产业工人,而且他们的各级供应商又雇用了数千名工人。美国航空产业在许多领域都是美国技术优势的象征。根据经济指标——产出增长、出口增长、生产力或产品创新来判断,我们必须承认民用飞机产业是美国经济中的"明星"[②]。与欧洲关于空客公司的争端就源于保护这一"明星"产业。

1967 年,空客公司成立并没有引发华盛顿方面过多的忧虑。欧洲在商用航空领域有着灾难性的历史。诸如法国达索(Dassault)、法国南方飞机公司(Sud Aviation)和英国霍克·西德利(Hawker Siddeley)等公司都曾研发过民用飞机。但是,由于各自国内市场规模的局限性,没有任何一个型号取得商业成功。英国德·哈维兰公司(de Havilland)的"彗星"客机虽然是全球第一架商用喷气式飞机,但是其金属疲劳问题毁了整个项目,同时为包括美国企业在内的其他飞机制造商提供了

① Aerospace Industries Association, *Maintaining a Strong US Aerospace Industry*, Washington: AIA, 1991, p. 2.

② David Mowery and Nathan Rosenberg, "Technical change in the commercial aircraft industry, 1925 - 1975", in Nathan Rosenberg (ed.), *Inside the Black Box: Technology and Economics*, Cambridge: Cambridge University Press, 1982, p. 163.

重要的经验和教训。

欧洲的民用飞机制造商不是很成功的原因并不是因为其缺乏有才华的科学家或管理人员[①]，根本问题在于航空产业本身不断变化的特点。在多种因素的共同作用下，航空产业成为一个高成本、高技术行业。在高空以高速飞行的喷气式飞机的生产需要研发新的金属和其他材料。喷气发动机同样需要新的稀有金属来承受其运行时产生的高温和压力。将电子设备引入飞行系统进一步推高了成本。第二次世界大战后不久，飞机研发成本开始上升。1930—1970 年[②]，美国研发新飞机的成本平均每年增加 20%，而欧洲的增长趋势也与之相似。不仅要研发生产喷气式运输机所需的先进金属和其他材料，20 世纪 60 年代客运量的爆炸式增长也要求制造商拓展生产制造规模。以单一国家市场为基础的欧洲制造商逐渐发现他们无法与美国企业竞争。规模经济的效力开始凸显，仅仅服务于本国市场的欧洲飞机制造企业无法在价格上与美国企业竞争。各界对这些欧洲企业能否在出口市场上找到出路都持怀疑态度，而不断增长的航空出行需求仍未得到充分满足。依托巨大的国内市场，美国企业在学习曲线上能够继续前进。这些美国企业，尤其是波音公司，已经拥有了主导国际市场的基础。

2.3 美国航空产业

通过建设"三位一体"的支持体系，美国航空产业取得了国际市场

[①] 英国的飞机产业有着很强的技术基础。英国的问题在于无法将基础研究成果转化为商业成功的产品。关于英国失败的原因分析，见 David Mowery and Nathan Rosenberg, *Technology and the Pursuit of Economic Growth*, Cambridge: Cambridge University Press, 1989, ch. 5。

[②] 同上，p. 172。

的统治地位。这个体系中包括① 包括美国军方及美国航空航天局（National Aeronautics and Space Administration，NASA）等相关研究机构在内的美国政府；② 美国的航空公司；③ 主要的航空企业，包括波音公司、麦道公司、洛克希德公司、GE 公司和普惠公司。历届美国政府对飞机制造业都进行了广泛而持续的支持，以确保美国飞机制造业的良性发展。通过创造一个良好的产业环境，制造企业就可以预期不断获得稳定的现金流用于研发新的民用产品。美国航空公司则充当正在研发中的新飞机的可靠而又积极的启动客户，从另一方面维持了现金流的稳定。它们通常会支付几架飞机的押金，而这笔资金将被制造商用以覆盖部分研发成本。

美国军方在其中也发挥了重要作用。美国军方的国防采购政策，尤其是对大型运输机和轰炸机性能上的要求，创造了对大型、重型、喷气动力飞机的需求。国防采购为这些飞机制造企业提供了兜底保障：在民用飞机市场不景气时，政府可以通过国防采购保障制造企业现金流的稳定，以鼓励相关企业继续投资研发商用和民用领域的产品[1]。美国军方、美国国家航空咨询委员会（National Advisory Committee for Aeronautics，NACA）及其后继者 NASA 也开展了通用技术研究计划，而这些项目的研究成果也可以使民用产品获益。这种技术研发领域的支持手段大大减轻了制造商的负担。此外，政府赞助的研发项目还能帮助企业减少了在将新技术应用于飞机时所面临的财务风险。有时，新技术在不同情况下可能会因成本太高而无法被应用于民用产品，但政府赞助的研发项目可以让新技术在全行业更快地扩散。

制造商自身也发展了先进的生产技术以及营销和客户服务理念。

---

① 　这一政策的一个例子是美国空军购买军用版的 DC‐10，即 KC‐10 以用于空中加油的任务。军方在麦道公司扬言要关停 DC‐10 生产线时及时介入。KC‐10 的订单使得麦道公司能够在 DC‐11 出现前，继续运营 DC‐10 的生产线。

在研发优质产品方面，美国企业在行业发展早期就获得了当之无愧的声誉，也以此培育出了客户黏度，迫使空客公司在后期不得不全力追赶。部分企业的管理方式也比较激进，一些高管愿意冒险在高风险项目上进行投资。例如，波音公司在研发波音747时其实采用了"对赌"的方式。洛克希德公司为了尽早进入喷气式客机时代，对1948到1954年间①的"星际客船"（Starliner）计划倾注了大量资源，最终却无功而返。这一时期美国企业的特点是：当它们预计可以共享全行业的成果时，它们始终保持着相对激进、注重创新的运营方式。

尽管如此，到了20世纪70年代，这个"三位一体"的体系面临着巨大压力。体系健康运转的关键点是通过各种渠道向包括麦道公司、洛克希德公司和波音公司"三巨头"在内的飞机制造商供应大量的研发资金，以保证这些企业能够积极地启动技术上雄心勃勃的研发项目。但是，几个因素影响了流入飞机制造企业的现金流。航空市场自由化会破坏各企业赖以生存的启动用户关系。军事技术研发项目以及国防采购与民用市场的关联性逐渐降低，这使得美国企业失去了另一个资金来源。此外，欧洲各国政府和航空企业开始认识到民族产业政策的缺陷，并且成立了空客公司以寻求一种具备泛欧特征的解决方案。空客公司发展成为美国唯一竞争对手的过程也是值得称道的。通过不断努力追赶美国企业的商业能力，空客公司终于做到了这一点。

美国航空产业之所以成为世界第一，主要原因是其在第二次世界大战后建立的经济和军事霸权。在民用飞机需求方面，美国在战争期间形成了全球最大的单一航空市场。直到今天，美国的市场规模依然是最大的②。

---

① David Boulton, *The Lockheed Papers*, London: Jonathan Cape, 1978, pp. 67 - 68.
② 20世纪80年代末，美国市场客运量占全球航空运输市场的45%～50%，西欧占比32%。在货运市场份额上，美国市场份额为39%，西欧市场为32%。因此，空客在设计飞机时比美国制造商更侧重于货舱容量。相关数据见每年的 World Airline Report, in *Air Transport World*, issue 6，volumes 24 - 26，1986—1988。

经济社会的发展刺激航空出行需求迅速增长。与欧洲相比,美国繁荣的经济状况催生了一批有能力负担昂贵的航空出行的乘客。据伊恩·麦金太尔(Ian McIntyre)称,在 20 世纪 60 年代,美国飞机制造企业的本土销售量与海外销售量比例为 9∶1[1]。因此,航空运输在美国的兴起早于欧洲。由于飞机可以覆盖远程目的地,航空运输在早期就被证明在邮件运输方面的效率优于铁路运输和公路运输,并在之后将自身的优势带到了客运领域。

历届美国政府都非常重视发展航空产业。20 世纪 20 年代至 30 年代期间,美国政府就开始积极地干预市场,表面上宣称是为了确保邮件的顺畅流动。自 1930 年起,随着《麦克纳里-沃特斯法》的通过,邮政总署创造了一个产业政策环境,以重点支持运送乘客和邮件的大型干线运输飞机的发展。随后,包括推出政府强制承运人合并在内的一系列政策表明美国政府对市场的干预力度正在不断加大[2]。胡佛政府时期的邮政局长沃尔特·福尔格·布朗(Walter Folger Brown)负责排除干扰,全力保证这项政策的推进。布朗以不允许任何人拒绝的态度指出,一家国家航空公司的发展需要大量的资本和优质的资源。为了实现这一目标,他强制推进了一系列航空公司的合并,其结果是只有最适应市场或者最适应政策环境的航空公司可以生存下来[3]。

在推进航空公司合并的过程中,政府协助市场形成了大型的、高度组织化的航空承运人,这些航空承运人在美国各地运营着规模庞大的航线网络,而这本身就形成了先进的民用飞机市场。美国政府的做法

---

[1] Ian McIntyre, *Dog fight: The Transatlantic Battle Over Airbus*, Westport, CT: Praeger, 1992, p. 8.

[2] Artemis March, The US commercial aircraft industry and its foreign competitors, *Working Papers of the MIT Commission on Industrial Productivity*, volume 1, Cambridge, MA: The MIT Press, 1989, p. 22.

[3] Clive Irving, *Wide-Body: The Making of the 747*, London: Hodder & Stoughton, 1993, p. 31; brackets added.

是通过政府干预为产品创造市场的典型案例，而波音公司、麦道公司和洛克希德公司正在生产的新型全金属、硬壳式机体运输机正是美国政府的目标产品①。环球航空公司（Trans World Airlines，TWA）的前身环大陆和西部航空公司（Transcontinental and Western Air），在1939年洛克希德"星座"（Constellation）远程客机的研发过程中发挥了重要作用。该航空公司董事长霍华德·休斯（Howard Hughes）对新机型非常感兴趣，并为此签订了40架飞机的订单②。因此，政府、航空公司和制造商之间的密切关系确立了美国在航空运输领域早期的主导地位，而这种优势至今依然存在③。20世纪70年代时，美国的航空公司拥有或运营的商用飞机数量占全球在役商用飞机总数中的一半。

美国政府也积极干预了航空制造业的发展。政府和洛克希德公司、麦道公司、波音公司等企业都看到了军事技术应用于民用领域的潜力。20世纪初，美国高等教育水平的高速发展在军事技术转化领域给予了企业许多帮助。通过建设研究基地以对抗欧洲的技术研究中心，麻省理工学院和加州理工学院等大学为雄心勃勃的美国人提供了学习先进工程和科学的机会。波音公司早期大部分工程师就毕业于麻省理工学院④。除了建设麻省理工学院等精英学校之外，美国还形成了一个更加面向大众的大学体系。从1950年起，这种大众教育体系使美国大学培养的工程师和科学家人数急剧增加⑤。这些专业人员随后加入了

---

① Mowery，"The US commercial aircraft industry"，p. 190.

② Boulton，*The Lockheed Papers*，p. 31.

③ National Research Council，*The Competitive Status of the US Civil Aviation Manufacturing Industry*，ashington DC：National Academy Press，1985，p. 2.

④ Irving，*Wide-Body*，esp. ch. 2.

⑤ Richard Nelson and Gavin Wright，'The rise and fall of American technological leadership：the postwar era in historical perspective'，*Journal of Economic Literature*，30（4），Dec. 1992，p. 1951. 波音的用工结构体现了美国高等教育中的这两个趋势。波音的核心工程人员大多来自MIT，但是其他工程人员很多都毕业于当地的华盛顿大学，相关信息见Irving，*Wide-Body：The Making of the 747*，ch. 2。

20 世纪三四十年代蓬勃发展的制造业企业。洛克希德公司的员工人数从 1932 年的 4 人增加至第二次世界大战期间的 90 000 人①。为美国空军生产 B - 17 轰炸机的经历给波音公司提供了宝贵的大规模生产经验。在规模经济意味着一切的行业中,保持企业规模是获得成功的先决条件。

重型轰炸机的发展为大型机体的设计提供了宝贵的经验。吊舱式发动机(翼吊发动机布局)的出现完全源于美国空军执行任务时对飞机性能的需求。在新型喷气发动机 B - 47 的设计阶段,空军官员拒绝按照传统设计将发动机安装在机身上或机翼内部。以传统方式安装发动机意味着一旦发动机出现问题,整个飞机都将损坏②。因此,波音公司必须研发一套新的系统,使得发动机的损坏尽可能不会波及飞机的其他部位。将喷气式发动机悬挂在机翼下方是波音公司首创的设计,后来所有的制造商都沿用了这一设计理念。

对于美国航空产业而言,及早地将新技术投入使用是其成功的关键。事实上,美国企业并不总是技术的首创者。例如,在整个 20 世纪三四十年代,相较于美国,英国与德国在喷气式飞机技术领域都更为超前③。但是,美国成功的关键因素是将各种技术有机结合并形成成功产品的能力。除了飞机技术本身之外,注重产品研发和商业实践使美国航空产业取得了成功④。正如麦道公司董事长唐纳德·道格拉斯(Donald Douglas)所说,美国航空产业的运营方式是"飞机既要赚钱,又

---

① Boulton, *The Lockheed Papers*, p. 30.

② Irving, *Wide-Body*, p. 89.

③ E. W. Constant, *The Origins of the Turbojet Revolution*, Baltimore: Johns Hopkins University Press, 1980, in Nathan Rosenberg, *Inside the Black Box*, p. 175.

④ Irving 发现纳粹空军从未拥有过重型轰炸机,而英国和美国则有相当数量的重型轰炸机。更加以理论为导向的德国航空界侧重于研发先进的截击机,但在战场上的效果一般。相关信息见 Irving, Wide-Body: The Making of the 747, p. 82。

要成为头条新闻①"。无论如何，除去美国在商业运作上的能力，美国航空产业的成功在很大程度上归功于冷战时期航空产业的特殊地位。

虽然美国在战后用于研发的资金经历了爆炸性增长，但不同经济门类从政府得到的资金支持并不相同。航空产业则得到了政府的巨大支持，资金来源主要有两处：美国军方和 NACA/NASA②。航空航天工业协会理事会主席罗伯特·艾姆斯（Robert Ames）称，政府支持航空领域"基础研究"的选择是正确的，是"美国航空伟大的历史传统之一③"。

1945 年后，美国政府对技术研发的资金支持迅速扩大。正如莫厄里（Mowery）和罗森伯格（Rosenberg）所指出的那样："（美国）商用飞机产业在制造业中是独一无二的，这是因为作为联邦政府的组成部分，NACA（1958 年更名为 NASA）多年来一直赞助机体和推进技术方面的研究。④"联邦政府赞助的研发项目（包括军事技术项目和 NASA/NACA 的研究项目）在第二次世界大战结束后的数年间快速增加。1947 年，美国政府的研发经费总额为 7.67 亿美元。而仅仅五年后，研发支出就超过了 21 亿美元。1952—1982 年，政府在航空技术研发上的年均投入达到 26 亿美元⑤。NACA 的研究为美国航空产业提供了两个领域的关键技术：大型飞机机体技术和高涵道比喷气发动机技术。

---

① Boulton，*The Lockheed Papers*，p. 67.

② Nelson and Wright，'The rise and fall of American technological leadership'，p. 1953.

③ 航空航天工业协会理事会主席罗伯特·艾姆斯的证词：'Industrial policy'，*Hearings before the Subcommittee on Economic Stabilization*，House Committee on Banking，Finance and Urban Affairs，98th Congress，1st Session，Washington：USGPO，27 July 1983，p. 920。

④ Mowery and Rosenberg，*Technology and the Pursuit of Economic Growth*，p. 181；brackets in original.

⑤ 数据引用自 David Mowery and Nathan Rosenberg，同上 Table 7.2，p. 179。所有数字以 1972 年的美元计价。

这两个领域的专业知识将是在民用飞机市场取得优势地位的先决条件，而波音公司恰恰抓住了 NACA 为其创造的机遇。

在为美国军方生产大型轰炸机的同时，波音公司进入了民用喷气式客机时代。波音 B-47 和波音 B-52 的国防采购合同一直是波音公司稳定的资金来源。尽管如此，波音公司仍然决心留在民用飞机市场。波音公司的成果是波音 707 飞机，这是全球第一款取得商业成功的喷气式客机。波音 707 的成功在很大程度上要归功于波音公司在 B-47、B-52 和 KC-135 军用加油机研发过程中吸取的经验和教训。

政府资助的研发项目和庞大的国内市场使得波音公司、麦道公司和洛克希德公司等最成功的企业从 20 世纪 60 年代的行业洗牌中脱颖而出，并实现了相当大的规模经济[1]。此外，在一个学习效应决定成败的行业中，政府资助对美国航空产业的发展至关重要。军事技术研发资金覆盖了喷气式发动机、大型机体和机翼、先进航电设备等技术高昂的研发成本，波音公司（和麦道公司）也因此能以较少的自有资金投入，使商用飞机业务的学习曲线下降[2]。学习效应对飞机制造商的影响巨大。比如，空客公司生产第一架空客 A300 的机身需要 340 000 工时，而生产第 75 架机的机身需要 85 000 工时，并且机身生产时间最终会下降到 43 000 工时[3]。

麦道公司和波音公司成功获得了数量可观的国内客户群体。毫无疑问，它们的成功得益于几家航空公司与制造商的密切关系。20 世纪 20 年代，一些制造商就拥有了自己的航空公司。在 1934 年《航空邮件

①　道格拉斯公司于 1967 年与麦克唐纳公司合并为麦道公司。

②　引用自哈佛商学院"Collision course in commercial aircraft：Boeing-Airbus-McDonnell-Douglas"，1991；Laura D'Andrea Tyson，*Who's Bashing Whom? Trade Conflict in High-Technology Industries*，Washington：Institute for International Economics，1992，p. 170 也引用了相关信息。

③　McIntyre，*Dogfight*，p. 36.

法》通过之前，波音公司一直拥有美国联合航空公司[是美国联合航空运输公司（United Air Transport Corporation，UATC）的一部分]。自那以后，虽然反垄断法强制将制造商与航空公司进行拆分，但当时这些公司间的纽带并不会因此被完全切断①。政府对民用航空委员会（Civil Aeronautics Board，CAB）下属航空公司的监管十分重要。通过控制票价，美国民用航空委员会迫使航空公司在服务质量上展开竞争，引进新飞机则成为航空公司的营销手段之一。同时，这种关系又促使制造商与航空公司进行充分沟通以确定飞机的具体设计②。最后，关税壁垒将欧洲竞争对手排除在美国市场之外。虽然当时的关税仅为5％，但这足以增加欧洲飞机的销售价格，降低其对美国航空公司的吸引力。

总而言之，至少在20世纪70年代之前，美国民用飞机制造业相比其他国家具有许多优势，其中之一就是政府对产业的高度支持。美国政府的确通过各种技术研发项目对民用航空产业进行了补贴，并且通过民用航空委员会对航空公司票价的监管来维持本土制造商产品的国内市场。

2.4　欧洲国家的合作：失败乃成功之母

成立空客公司是欧洲国家以及有关航空企业漫长学习过程的集中体现。这个学习过程涉及两个方面：一方面，欧洲政府发现以单一国家市场为基础的民用客机项目注定会失败。这一认识也催生了跨国合

---

①　David Mowery，"The commercial aircraft industry"，pp. 190－191，以及 Anthony Sampson，Empires of the Sky，Sevenoales，Kent：Coronet Books，1985，p. 58。

②　Artemis March，"The US commercial aircraft industry and its foreign competitors"，p. 22。这种联系是被广为引用的 John Newhouse 著作的中心思想。见 The Sporty Game，New York：Alfred A. Knopf，1982。

作机制的出现。另一方面,则是选取恰当的合作方式。过往欧洲合作总是胜少败多,而空客公司的发展则从过往的教训中汲取了经验。

当然,空客公司本身也是一个政治项目。欧洲的技术合作不应仅仅被视作应对市场力量不足而作出的有计划的理性反应,也不应该仅仅被视作国家在面临高技术产业失败时的自然反应。截至 20 世纪 80 年代初,欧盟委员会在"空客争端"过程中向空客公司合作企业的政府提供了相当大的政治支持。欧共体认识到空客公司是欧洲合作的一个成功典型,其他行业可以借鉴空客公司的成功经验。同时,空客公司也是欧共体的重要象征,因为它成功地将欧共体中三个最重要的国家——法国、德国和英国联系在一起。

在第二次世界大战结束后的 20 年间,法国政府和英国政府对其飞机产业进行了重组。尽管法国政府的干预行为更为明显,但两国的行为大致相同。一方面,飞机产业将受到政府的仔细审查;另一方面,政府将提供资金援助,以保障和促进行业技术发展。同时,在生产方面,政府认识到大规模生产对提高效率的重要性。规模经济必须通过将小型企业合并为大型企业来实现。这也意味着,在这两个国家小型的独立飞机制造商实际上就不复存在了。

1977 年,英国飞机制造商在经过一系列合并后,最终成立了英国宇航公司(British Aerospace,BAe)。英国宇航公司是由英国三大飞机公司——霍克·西德利公司、英国飞机公司(British Aircraft Corporation)和苏格兰航空公司(Scottish Aviation)合并而成①。与之相似的是,1970 年 1 月 1 日,法国南方飞机公司(Sud Aviation)、法国北方飞机公司(Nord

---

① Charles Gardner, *British Aircraft Corporation: A History*, London: B. T. Batsford, 1981.

Aviation)和 Sereb 公司合并为法国宇航公司（Aerospatiale）①。第二次世界大战后的数年间，法国政府实行的是一种高度统制经济的战略。1949 年，一份关于航空产业的政府报告（"Surleau 报告"）指出，国有化是解决法国航空产业落后、资源不集中等问题的合理解决方案②。于是，法国宇航公司成为法国主要的民用飞机制造商，达索公司则负责军用飞机的研发和生产（尤其是直升机）。虽然达索公司是私有企业，但其与法国政府有着密切联系。达索公司并不涉足大型民用运输飞机市场，民用飞机业务仅局限于公务机的研发与生产。

在英国和法国，政府对航空产业进行了重组，并将航空市场划分成不同的细分市场，每个细分市场由一家或者少数几家企业负责。两国之间当然也存在差异。法国政府对各细分市场特定企业和特定产品的划分最为细致。1950 年，法国政府的重组计划形成了四家国有企业和四家私有企业。其中，六家企业是飞机制造商，两家是指定的发动机制造商③。相较于法国企业，英国宇航公司可以生产不同座级的民用飞机，同时也是英国唯一的大型飞机制造商。

德国在 20 世纪 60 年代也经历了类似的重组过程。在重组过程之初，德国政府建议企业在同地区内进行重组④。到 20 世纪 60 年代末，德国国内只剩下三家飞机制造企业和一家发动机制造商⑤。从 1980 年开始，戴姆勒-奔驰公司（Daimler-Benz）的航空子公司戴姆勒-奔驰宇航

---

① Jennings, M. G. and S. C., *The French Aircraft Industry of the 1980s*, Paris: De la Paix, 1987, p. 5.

② Emmanuel Chadeau, *De Blériot Dassault: Histoire de L'Industrie Aéro-nautique en France, 1900—1950*, Paris: Fayard, 1987, p. 405.

③ 同上，p. 408。

④ Keith Hayward, *The West German Aerospace Industry and Its Contribution to Western Security*, London: Royal United Service Institute for Defence Studies, 1990, p. 7.

⑤ 同上，p. 8。

公司(Deutsche Aerospace,DASA)逐渐成为德国航空产业的主导者①。在过去十年间,在波恩政府的鼓励下,戴姆勒-奔驰公司对德国航空企业进行了并购,市场份额不断扩大。其中就包括颇具争议的1989年对梅塞施密特-伯尔科-布洛姆公司(MBB)的收购案②。梅塞施密特-伯尔科-布洛姆公司的全资子公司德国空客公司正是空客联合体中代表德国的成员企业。

欧洲发动机制造商同样也经历了由政府主导的重组。斯奈克玛公司和罗-罗公司都主导着各自的国内市场,并实际上(法律也许是不允许的)垄断了各自国家的飞机发动机研发。德国发动机企业发动机及涡轮机联盟弗里德希·哈芬股份有限公司(Motoren Turbinen Union Friedrichshafen GmbH,MTU)在德国市场上与罗-罗公司和斯奈克玛公司在英国和法国的情况相似,尽管在小型喷气式发动机领域,宝马公司正通过与罗-罗公司合作侵蚀MTU的市场份额③。

虽然各国政府在支持本国的航空企业方面不遗余力,但是出于对经济和政治两方面因素的考虑,各国政府开始准备组建合作企业。从经济层面看,与美国一样,欧洲本土的研发和生产成本也已经上升。因此,这也使得欧洲国家必须面对的问题:只有通过国家间的合作以及放弃单一政府对武器生产的控制权才能确保防务安全,并且维持国防工业有序运转④。

① Gernot Klepper, "The aerospace industry", in David Mayes (ed.), *The European Challenge: Industry's Response to the 1992 Programme*, London: Harvester Wheatsheaf, 1991, p.196.

② 这次收购以及相关的条款成为贸易争端中重要的一部分。

③ 宝马公司持有宝马罗-罗航空发动机公司50.5%的股份,该合资企业是宝马公司和罗-罗公司为研发150座级飞机发动机而成立的。相关信息见 Air Transport World, 27 (6), June 1990, p.4。

④ William Wallace, Rescue or retreat? The nation state in Western Europe, 1945—1993, *Political Studies*, 42 (Special Issue), 1994, p.72.

欧共体的成立为各国在武器生产中开展合作提供了政治基础。1955 年，美国就曾施压德国融入欧洲防务共同体，并将问题推上政治议程。法国政府也希望德国融入欧共体，并且在同年发起了各种与德国的工业合作计划。1958 年，双方关于设立共同研究机构的协议象征着法、德武器研发合作的开始①。

尽管欧洲各国政府也意识到合作存在一定的风险，但是其国家间的防务合作并没有被视为对各自国家主权的侵害。正如华莱士（Wallace）所指出的那样，随着欧洲国家认识到距离外交政策的目标和实现这些目标所需资源的差距，防务合作得到了进一步发展②。法国开始认识到，与德国建立更加紧密的直接联系有助于法国施行独立的外交政策。对于德国而言，与法国的军事合作是恢复其欧洲强国地位的唯一途径。

然而，成功的合作并不多见，许多项目都因合作伙伴间的矛盾而破产。影响飞机研发合作的一个经常性问题是设计主导权。取得飞机研发项目的主导权不仅能为国家和企业带来极高的声望，而且还能为主导企业带来巨大的利益。这是因为主导企业可以通过掌控技术的应用方式来进一步支撑其设计理念，并根据自身的意愿引导项目的发展。反过来看，那些无法按照自己的理念在合作项目中研发产品的企业会认为合作是存在问题的。另外，企业之间的技术转移也是一个主要矛盾，由于企业不愿与合作伙伴共享关键技术，合作关系经常遭到破坏。

比如，英、法联合研发的可变后掠翼战斗机（AFVG）项目就因达索公司不愿接受英国在机体设计方面的主导权而失败。所以，即使达索

①　Lars Benecke, Ulrich Kraft, and Friedhelm Meyer zu Natrup, Franco-West German Technological Co-operation, *Survival*, 28(3), May/June 1986, p. 234.

②　William Wallace, "Defence: The defence of sovereignty, or the defence of Germany?", in Roger Morgan and Caroline Bray (eds.), *Partners and Rivals in Western Europe: Britain, France and Germany*, Aldershot: Gower, 1986, p. 227.

公司留在了 AFVG 项目中,其还是选择自主研发替代机型①。达索公司的企业结构决定了该公司无法适应合作研发的方式。在很大程度上,达索公司更像是一个设计局,而大部分飞机制造工作则由分包商负责。因此,如果达索公司在合作项目中负责制造而非联合设计,那么它从项目中获得的收益就会变得很少②。

欧洲国家合作中面临的另一个困难是,由于大多数项目都与军用飞机有关,因而不同国家的国防采购政策就会引发矛盾。各国政府签署这些合作项目的原因不仅仅是为了支持他们的制造商,也是为了满足空军对特定种类飞机的需求。在 AFVG 项目生产交付狂风战斗机之后,后继的 MRCA 项目被推迟,原因是随着项目的进展,一些项目成员国家认为产品不能满足他们的需求,因此所需承担的工作份额和资金份额必须重新进行分配③。目前,台风战斗机研发项目正面临着相同的困境。

2.5 空客公司

成立空客公司是欧洲对美国主导民用飞机市场的回应。到了 20世纪 60 年代中期,许多欧洲政策制定者和企业家都认识到,以本国市场为基础的航空产业政策已经注定走向失败。一部分政治家和航空产

---

① Roger Williams, *European Technology: The Politics of Collaboration*, London: The Croom Helm, 1973, p. 60.

② 关于台风战机的观点,见 Andrew Moravcsik, "Armaments among allies: European weapons collaboration, 1975—1985" in Peter B. Evans, Harold K. Jacobson and Robert Putnam (eds.), *Double-Edged Diplomacy: International Baragaining and Domestic Politics*, Berkeley: University of California Press, 1993, p. 142。

③ Williams, *European Technology*, p. 62.

业官员牵头启动了一系列军事和民用项目，而这些项目构成了日后欧洲合作企业的基础，而空客公司就是其中的民用项目①。英国、法国和德国出于民族自尊的考虑，都极为重视保护本国的飞机产业。德国的大学曾是先进航空技术研发的中心。德国的设计团队在第二次世界大战期间研发出了部分最为先进的军用飞机型号。英国人也为自身在飞机产业上的成就感到自豪。一系列世界最著名的航空设计均出自英国，其中包括喷火式战斗机、梅林发动机和彗星喷气客机。

法国的飞机产业在 1945 年之前并不像它的邻国们那样辉煌。历届法国政府都给予了飞机产业极大的关注。法国人更加关注国家研发高性能飞机的能力，这主要是出于对国家声望的考虑。相对而言，法国人并不十分关心产品是否能取得商业成功。协和飞机项目便印证了这一点，尽管协和飞机项目在商业上是失败的，但却是飞机技术的集大成者。正如雷顿（Layton）所指出的那样，在法国人眼中，协和飞机项目是对美国发起的技术挑战，而商业成功只是次要的。与英国截然不同，失败的超声速飞机项目并没有影响法国的飞机产业②。

法国支持空客公司及本国航空产业的另一个原因是，法国正逐渐成为主要的军火出口国家。从戴高乐政府开始，包括他的继任者们，法国人试图通过军火出口重振包括航空装备在内的国防工业。因此，法国武器装备总署（Délégation Générale de l'Armament，DGA）对法国航空制造企业的审查非常严格。与世界各地一样，法国的民用飞机技术的研发与军用飞机技术的研发紧密关联。因此，空客公司与法国武器装备总署有着密切的关系。

---

① Christopher Layton, "The high-tech triangle", in Roger Morgan and Caroline Bray (eds.), *Partners and Rivals in Western Europe: Britain, France and Germany*, Aldershot: Gower, 1986, pp. 186 - 187.

② 同上，p. 186。

英国、法国和德国于 1967 年签署了一项政府间备忘录,启动了空客公司的组建计划。至 1969 年 7 月,由于协和飞机项目的惨痛失败,英国人退出了该计划。1970 年 12 月,法国和德国根据法国法律成立了重组的空客公司[①]。1971 年,随着西班牙的国有企业卡萨公司(Construcciones Aeronauticas)宣布持有空客公司 4.2% 的股份,西班牙也加入了空客公司项目。

协和飞机项目以及其他欧洲飞机研发项目的失败造就了空客公司的成功。通过对这些失败的教训进行分析,欧洲总结出了两个问题:第一是不愿意研发以客户为中心的飞机;第二是未能研发系列化飞机,因此无法从研发实践和产品通用性所带来的成本降低中受益。在这些问题上,空客公司的理念与过往的飞机研发项目完全不同——空客公司以研发商业成功的飞机为目标。正如莫厄里(Mowery)指出的那样,空客公司在选择飞机设计和产品性能时高度依赖市场信息[②]。穆勒(Muller)的观点也与之相似,他强调空客公司以市场导向的理念完全脱离了欧洲过去研发飞机时的非商业理念[③]。

空客公司的独特之处还在于该联合体所享有的商业自由度。这源于已经形成的一个共识,即政府过去对合作项目的直接干预至少在部分程度上导致了项目的失败。空客公司及其成员企业在制定和执行商业战略方面有很大的自由度。空客公司的商业战略大致可分为两方面:一方面,空客公司的目标应该是在全球飞机市场上占据可观的份

---

① Keith Hayward, Airbus: Twenty years of European collaboration, *International Affairs*, 64(1), Winter 1987/1988, p. 13.

② David Mowery, "Does Airbus Industrie yield lessons for EC collaborative research programmes?", in M. Humbert (ed.), *The Impact of Globalization on Europe's Firms and Industries*, London: Frances Pinter, 1993, p. 51.

③ Pierre Muller, "Aerospace companies and the state in Europe", in J. Hayward (ed.), *Industrial Enterprise and European Integration: From National to International Champions in Western Europe*, Oxford: Oxford University Press, 1995, p. 166.

额，30％是最常被提及的数字；另一方面，为了达到这一市场占有率，空客公司将研发一系列以市场需求为导向的飞机。空客公司本质上代表了航空企业和政府之间达成的交易。各国政府将通过资金和政策支持来帮助空客公司发展。空客公司则承诺研发商业上可以信赖的产品。

尽管空客公司在商业事务上有自主权，但公司的决策结构仍然反映出了公司与四个合作伙伴政府之间的密切关系。空客公司实际上是一个负责飞机总装、销售和承担售后支持责任的组织。空客公司既不负责飞机设计，也不负责生产零部件，以上工作全都由各成员企业负责。关于政策问题，空客公司管理人员需对政府派驻的代表负责。其中最重要的是政府间委员会（Intergovernmental Committee，IGC），由来自各成员国负责空客事务的有关部门的高级官员组成①。关于空客公司的部长级会议每年举行两次，政府间委员会则是管理空客事务的最高机构，委员们会定期与空客公司进行沟通。政府间委员会不仅联结了各国政府、空客公司和成员企业，而且在与美国的谈判中在为空客公司参与国政府和欧盟委员会搭建沟通渠道方面也发挥了重要作用。

总而言之，空客公司的组织架构不仅体现了行业和政府之间的密切关系，更大程度上可以被视为两者的融合。空客公司及其相关商业运营部门和政府部门之间人员的大量流动和交换也印证了这一点。空客公司的法国管理人员不仅来自法国宇航公司，还来自负责管理空客公司事务的法国民用航空局（Délégation Générale de l'Aviation Civile，DGAC）。弗朗茨·约瑟夫·施特劳斯（Franz-Josef Strauss）在担任空客公司总裁的同时也是德国政界的资深人士。

政企融合形成了一个极其团结的决策层。欧洲航空企业及有关政府认为，欧洲业界必须采取措施以改变美国主导的趋势，同时达成了合

---

① Keith Hayward, *International Collaboration in Civilian Aerospace*, London: Pinter, 1986, p. 69.

作共识。随着时间的推移,这一共识逐步演变成为必须化解美国向空客公司施加的压力。这一点十分重要,欧洲对空客公司支持的根本在于企业和政府组成的强大联盟,双方均认为组建空客公司是欧洲继续在全球民用飞机市场生存下来的唯一可行的方案。

2.6 欧共体与空客公司

尽管空客公司在后来被视作欧共体机制下的产物,但是公司在创立之初完全是依托成员国的国内产业政策而得以发展的。经过10年运营后欧共体才逐步开始影响空客公司的商业决策。在20世纪60年代末空客公司成立时,欧共体在航空领域的政策依然是其更加宽泛的产业政策的一部分[1]。直到1975年,也就是空客公司成立七年后,欧共体才发布了独立的航空领域政策说明[2]。

这份题为《欧洲航空产业行动计划》的报告意在欧共体框架下,进一步整合各国的航空产业发展规划[3]。开展这项行动的理由很简单。尽管各成员国在发展航空业方面竭尽全力,同时一些成员国就相互间的合作与协调进行了独立的尝试,但是欧洲国家依然没有能够维持住市场占有率,更不用说增加市场占有率了[4]。欧盟委员会还对美国企业

① Joseph Rallo,The European Communities industrial policy revisited:The case of aerospace,*Journal of Common Market Studies*,22(3),March 1984,pp. 247 - 248.

② 这是对委员会1975年3月4日决议的回应。委员会第一次讨论该决议是在1974年12月19日。相关信息见 Commission of the European Communities,Bulletin of the European Communities volume 8(3),March 1975,p. 41。

③ Rallo,p. 250.

④ Commission of the European Communities,*Action Programme for the European Aeronautical Sector*,Luxembourg:Offices for Official Publications of the European Communities,Supplement 11/75,1975,p. 22.

在欧洲不断增长的影响力表示担忧。为了防止欧共体内部的企业陷入四分五裂的局面,欧盟委员会出台了这份报告以推进欧洲内部的企业和政府之间的合作。截至 1975 年,意大利、比利时和荷兰的企业都与美国航空企业签订了合作协议,合作内容主要是生产美式战斗机。尽管欧盟委员会承认这种类型的合作与北约内部的政治挂钩,但是欧盟委员会担心这样的合作会对欧洲飞机产业的生存产生致命的影响①。

在当时行业前景一片黯淡的情况下,《欧洲航空产业行动计划》明确了行业长期前景向好的两个理由。第一,报告指出美国企业在技术层面并不领先于欧洲企业。该报告认为,欧洲在航空领域的颓势主要源于营销能力低下,以及未能从大规模生产中获得规模经济效应。因此,欧洲企业并不需要考虑在技术上如何超越美国,而技术研发往往是最困难的一环。第二,美国以外的飞机市场的增长速度将远快于美国国内市场,欧洲企业可能不必为了生存而尝试直接针对美国市场开展营销②。

为了解决报告中所指出的问题,《欧洲航空产业行动计划》提倡采取措施以进一步重组欧洲的航空产业。其中,最主要的措施是由欧共体统一实施对航空产业的支持政策③。这意味着所有重大政策决定,包括启动飞机研发项目,都将经过欧盟委员会和欧洲理事会的批准。欧共体集资的形式也最终将替代成员国独立出资的形式④。虽然欧共体对该行业的控制将尽可能以一种非集权的方式实现,但很显然,各成员国最终将失去对国内航空产业的控制。

---

① Commission of the European Communities，*Action Programme for the European Aeronautical Sector*，Luxembourg：Offices for Official Publications of the European Communities，Supplement 11/75，1975，p. 22.

② 同上，p. 7。

③ 同上，p. 11。

④ 同上，p. 11。

在具体政策层面,报告提出设立"联合基础研究计划",以明确技术目标和推进实施技术研发项目[①]。此外,该报告还提议由欧共体官方机构或欧洲投资银行为航空产业重组提供资金[②]。针对产业结构,该报告认为空客公司可以成为后续合作项目的范本。欧盟委员会将会在促进国家和企业合作方面发挥更积极的作用[③]。最后,欧盟委员会还承诺将代表整个欧洲航空产业向外界发声。这虽然没有进行明确的表述,但明显暗示了欧盟委员会将会负责航空产品的对外贸易和商业政策的制定[④]。

之所以会有这样一份行动计划公开发布,主要是因为报告起草者们没有意识到,各成员国可能并不需要欧共体来主导航空产业的重组。尽管空客公司本身是一个合作项目,但是合作并不代表有关成员国家政府愿意放弃本国航空产业发展的主导权。空客公司的使命恰恰与之相反,这种合作模式是为了提高本国航空产业的水平,而不是对其进行削弱。正如基思·海沃德(Keith Hayward)所指出的那样,法国认为空客公司的发展与支持法国航空产业并不存在任何矛盾[⑤]。对于德国而言,空客公司是他们恢复德国航空产业荣光的一种在政治上可以接受的方式。空客公司自始至终都是为实现国家目标而形成的一个多国合作成果。

欧盟委员会还错估了各国维护国家安全的意志。与其他所有国家和地区的航空产业一样,欧洲航空产业的军用与民用部门存在很大的

---

① Commission of the European Communities, *Action Programme for the European Aeronautical Sector*, Luxembourg: Offices for Official Publications of the European Communities, Supplement 11/75, 1975, p. 29.

② 同上,pp. 32 - 33。

③ 同上,pp. 30 - 31。回过头看,欧盟委员会并没有将大部分产业并入空客公司,而是将空客公司仅仅作为一个成功的范式是难以置信的。这也体现了在 1975 年空客公司在欧盟委员会眼中仅仅是阶段性的成果。

④ 同上,p. 12。

⑤ Hayward, *International Collaboration in Civil Aerospace*, p. 37.

重叠。因此，任何针对航空产业的监管措施，都意味着对各国武器生产的限制。各成员国在当时显然没有做好准备，并且引用了《罗马条约》第 223 条以反对欧盟委员会的行动方案，这一条款将与国防有关的行业排除在欧共体的职权范围之外①。

尽管如此，该报告中还是有一项提议得以保留。欧盟委员会在代表航空产业与全球进行沟通交流方面取得了巨大成功。我们将会在之后的章节中提到，欧盟委员会官员，特别是 DG1 贸易局的官员，根据《罗马条约》第 113 条确立了他们在飞机贸易问题上的主导权，并逐步承担起执行产业贸易政策的重大责任。最重要的是，他们的任务中也包括应对美国针对空客公司的指控。

2.7 不断变化的市场和美国主导地位的衰落

在讨论美国对空客公司崛起的不安情绪时，我们必须将这一问题置于当时的全球市场背景之下。20 世纪 70 年代和 80 年代，对于传统的美国飞机制造商而言，市场环境变得愈发不友好起来。总体来看，全球民用飞机市场的竞争变得更加激烈。空客公司的出现既是激烈市场竞争的起因，同时也是美国主导地位受到侵蚀的结果。市场环境的变化包括美国航空运输放松管制、非美国航空公司的成长和壮大以及民用航空技术与军用航空技术差异的扩大化。因此，空客公司是在一个新旧交替的关键时期进入了市场。通过充分利用正在急剧变化的市场环境，空客公司加剧了当时还占据全球主导地位的美国航空产业所面临的问题。

①　Keith Hayward，European Union policy and the European Aerospace industry，*Journal of European Public Policy*，1(3)，1994，pp. 349 - 350.

2.7.1　美国航空运输放松管制

第二次世界大战后,美国飞机制造商与美国大型航空公司始终保持着密切的关系。民用航空委员会负责监管航空公司的运营情况,管理诸如航线审批以及票价水平等重要事项。实际上,航空公司被禁止在价格上开展竞争。因此,早期的干线运营商(如 TWA 或泛美航空)将机队的机型和服务的质量作为主要的营销和宣传内容。这种以企业品牌声誉为基础的营销得到了旅客的认同,当时的旅客通常非常富有。因此,美国航空公司非常热衷于引进新飞机以吸引客户,新飞机的运营成本优势反而不是最关键的因素。航空公司会敦促波音等飞机制造商研发新机型,尤其是新型喷气式客机,而运营喷气式客机能进一步提升航空公司的口碑。所以在整个 20 世纪 50 年代期,航空公司不断推动波音和麦道等飞机制造商研发具有商业可行性的新机型。航空公司在推动机体和发动机技术进步方面发挥了重要作用,有时技术水平的进步甚至超出了制造商自己的预期[1]。

然而在 1978 年,一切都改变了。民用航空委员会被撤销,航空公司自此可以通过调节票价开展竞争。此外,大型航空公司也面临着一些小型初创航空公司的挑战。在过去,引进新飞机的成本可以通过高昂的票价转嫁给消费者,但是新的市场环境并不支持这种模式。此外,航空运输放松管制后市场不再需要如波音 707、DC - 8 或波音 747 这样的大型远程客机。在过去,民用航空委员会对票价表的设计原则是保证类似跨大西洋、跨洲际等长距离航线的票价相对高于短距离运输的票价。这项政策会带来两个效果:首先是对短距离航线进行补贴,以鼓励航空公司继续向小市场提供服务;其次是对大型远程客机的运营

---

[1]　March, The US commercial aircraft industry and its foreign competitors, p. 24.

进行补贴，而飞机制造商恰恰正在研发这类机型。

票价水平自由化的同时，市场需求就会发生可预测的变化。由于航空公司现在无法将成本转嫁给消费者，长距离航线的成本将大幅上升。在短距离航线方面，大型航空公司起初将这一市场留给了支线航空公司。1978 年后的几年时间内，大型航空公司服务的小市场的数量有所下降。1978—1982 年，大型航空公司通航的机场数量下降了52％，经营的重点则是在大型机场发展枢纽运营模式①。

但是，大型航空公司发现自己终究无法完全放弃小市场。一方面，支线航空公司的数量如雨后春笋般涌现，在一些航线上发展成为大型航空公司的竞争对手；另一方面，支线网络对大型航空公司正在研发的轮辐式网络非常重要，这也导致了 1982 年民用航空市场对小型（约150 座）、中短程客机的需求激增②。在飞机制造商的所有产品中，空客A320 最符合这个市场区间的要求。

2.7.2　新客户——非美国航空公司

在第二次世界大战后的前 20 年，美国一直是全球最大的单一航空市场。然而，航空市场的日渐成熟导致其增长速度开始放缓。在 20 世纪 70年代，客英里的平均年增长率从 7％下降至 5％。与此同时，之前在绝对规模和增速上都落后于美国的其他市场开始迎头赶上。在整个 20 世纪 70 年代，非美国市场客英里的平均增长率为 9％③。因此，波音公司、麦道公司和洛克希德公司不得不在美国市场之外开展越来越多的销售活动。

美国飞机制造商习惯与现金流相对充裕的美国大型航空公司打交

---

① National Research Council, *The Competitive Status of the US Civil Aviation Manufacturing Industry*, Table 2.2, p. 33.

② 同上，p. 35。

③ 同上，p. 5。

道,而且双方拥有长期的合作关系。但是,现在它们的销售对象是数量巨大的小型非美国航空公司,这些航空公司与美国航空公司截然不同。它们可能一次只会引进少量飞机,并希望制造商能够在销售的同时充分考虑它们的财政状况。此外,飞机租赁的兴起也让美国制造商进一步进入了并不熟悉的领域。

空客公司则巧妙地开拓了这些新兴市场。大部分有关空客公司客户的报道都是关于成员国家的国家航空公司。虽然这些欧洲的国家航空公司确实是空客公司关键的启动用户,但对空客公司而言,欧美之外的市场更为重要,尤其是其中针对"丝绸之路"国家客户的销售,即中东和亚洲地区的航空公司。这些航空公司吸引空客公司的因素有两方面:第一,它们进入市场晚,因此尚未形成对美国制造商的客户黏度;第二,在客运量预计增长的地区中,这些地区的航空公司相对更加富裕。空客公司成功地完成了针对这些地区内部分重要航空公司的销售任务。早期空客公司的客户有大韩航空公司和巴基斯坦国际航空公司,后期包括新加坡航空公司、国泰航空公司、沙特航空公司和阿联酋航空公司在内的客户也都引进了空客飞机。毫无疑问,争取这一类型的客户是空客公司战略的关键。虽然未来空客公司必须进入美国市场,但从中期来看,空客公司必须先在波音、麦道和洛克希德公司没有优势的地区市场打开局面。

2.7.3 民用航空技术与军用航空技术差异的扩大化

正是喷气式客机为美国建立起全球民用飞机市场的主导地位,而喷气式客机在很大程度上是依托美国军用飞机研发项目而产生的。军用飞机研发项目的支持不仅促进了机体技术的提升,也让美国发动机制造商也从中受益匪浅。事实上,在20世纪50年代末GE公司的商用飞机发动机就是在公司为美国空军研发军用发动机的基础上研制而成的。经过一些微小的改动后，GE公司决定将该产品投入民用市场。CF-6和CFM系列是GE公司主要的民用航空发动机产品，而两个系列的核心技术都源于军用飞机的发动机技术。事实上，CF-6就是C-5A运输机上使用的TF-39发动机的"直系后代"[①]。

然而，随着民用飞机技术基础的改善，通过军用技术研发或国防采购为制造商带来的收益却在不断降低。当军用战斗机和战略轰炸机进入超声速时代之后，军用技术就不再适用于更加注重运营成本的民用客机[②]。新技术研发愈发侧重以任务为导向的特殊需求，对通用技术的关注日趋减少。此外，在20世纪60年代和70年代，NASA也更加关注空间技术研究，从而忽视了基础航空科学[③]。

到了20世纪80年代，部分民用技术也开始被应用于军事领域。比如说，民用航空发动机技术被用于提高军用航空发动机的使用寿命。事实上，在未来这种"转换"可能会更加深入，可能会出现现成的民用技术可直接被应用于国防产品上的情况。但这种"转换"过程实际上对商用飞机产业未必有利。随着民用技术逐步展现出自身的先进性，美国政府有可能会减少军用或军民两用技术的研发投入。美国国家研究委员会在其1985年出具的报告《美国民用航空制造业的竞争形势》中提到了这一趋势。该报告指出，美国国防部倾向于"资助更加有针对性的研究项目，所有美国国防部赞助的研发项目必须证明与现有的或者已提出的武器系统相关[④]"。在过去，波音707和波音747等美国商用喷气式客机在很大

---

① March, The US commercial aircraft industry and its foreign competitors, p. 9.

② Mowery and Rosenberg, "Postwar investment in Federal research and development", in Mowery and Rosenberg, *Technology and the Pursuit of Economic Growth*, p. 148.

③ Congressional Research Service, *Effects of Federal Economic Policies on US Industries*, Washington: USGPO, 1988, p. 95.

④ NRC, "The competitive status of the US civil aviation manufacturing industry", p. 102.

程度上是依托国防部或者 NASA/NACA 主导的研究项目进行研发的。

军用和民用技术除了在发动机和机翼设计方面存在差异之外，用于制造军用和民用飞机的基本材料的区别也越来越大。美国空军的需求推动了碳纤维材料的发展[①]。在整个航空产业消耗的碳纤维材料中，美国军方的消耗占到了一半[②]。事实上，成品碳纤维，也就是聚合物复合材料，在多年前就已经进入了商用飞机领域。在 20 世纪 80 年代美国和欧洲研发的客机上，类似垂直尾翼的控制面都使用了复合材料。然而，民用与军用产品需求的复合材料的类型存在差异。军方更加重视材料的性能，因此面向国防市场的复合材料向成本高、专业化的方向发展。军事产品强调绝对性能、高强度、耐热性和高强度重量比，而耐用性和价格不是主要的考虑因素。相比之下，商用飞机制造商虽然也采用复合材料，但是为了追求性价比，并不会大量使用特种材料。特种材料在民用客机上并不多见，铝合金依然是民用客机的首选材料。虽然铝制部件的价格约为每磅 85 美元，但同重量的碳纤维部件价格却在每磅 250～600 美元之间[③]。总体来看，例如复合材料这样的军用技术的发展逐渐与商业应用失去关联。民用飞机制造商最终发现，军用飞机的研发项目并不能像过去那样支撑民用飞机项目的发展。

2.8 小结

本章的重点是说明空客公司是在一个对其发展极为有利的时期成

---

① Office of Technology Assessment，*Holding the Edge: Maintaining the Defense Technology Base*，Washington DC：USGPO，1989，p. 168.

② 同上，p. 167。

③ 同上，p. 171。

立的。事实上，无论欧洲方面采取怎样的举动，市场环境的变化都会让美国企业的经营变得更加艰难。一直以来，美国政府都是航空产业的支持者，但却放任飞机制造商、航空公司和 NASA 等政府机构组成的"三位一体"的体系受到破坏。航空运输放松管制给市场带来了前所未有的波动。当制造商根据航线市场结构的改变调整自己的产品时，原本就已经风险重重的航空制造业就变得更加令人担忧。同时，军方对飞机的要求变得愈发偏离商业考量，制造商因此无法像过去那样利用军事项目的研究成果推动民用项目的发展。至 1970 年时，美国航空产业岌岌可危，这是自第二次世界大战以来从未见过的。

与此同时，欧洲企业从一次又一次的项目失败中吸取了经验与教训，它们认识到合作是在全球民机市场得以生存的唯一途径。我们在本章中也提到过空客公司的成立集中体现了欧洲方面对于长期合作路径的学习过程。空客公司比过往欧洲的航空合作项目更加重视商业成功，尽管关于空客补贴的争议可能会掩盖这一业务层面的关键变化。

欧共体虽然没能集中控制成员国的航空产业，但这并不意味着欧洲国家和企业拒绝承认合作的必要性。它们只是更加愿意在没有欧盟委员会干预的情况下开展合作。尽管如此，欧盟委员会成功地成为了航空产业对外发声的代表。这一角色在未来几年将变得至关重要，而事实也证明，欧共体非常擅长化解美国针对空客公司的指控。虽然空客公司并非欧共体机制下的产物，但布鲁塞尔的官员们认定这将是一家前途光明的企业。因此，欧共体与有关国家的政府一样，顶住了美国的压力，坚定地支持空客公司的研发项目。

第 3 章
空客公司的扩张与出口融资(1970—1980)

3.1 引言

本章有两个研究目标：第一，本章将对空客公司发展过程中的两件大事进行详细阐述，它们分别是① 空客 A300 的销售过程，尤其是对美国东方航空公司至关重要的一笔订单；② 英国企业重新成为空客公司的股东。第二，本章将对上述两件事情进行探讨，对常被忽略的美国和欧洲之间对于空客公司通过出口补贴来获得订单的争端进行分析。而正是这一争端推动了经合组织国家成立相应的国际机构来对飞机产品的出口融资进行管控。

出口融资的妥协只是早期民用飞机贸易争端中达成的两项协议中的一项（另一项是关贸总协定框架下的《民用航空器贸易协定》）。美国在出口融资的问题上的积极作为是形成这份协议的主要原因。欧洲方面深知他们在出口融资方面终究不是美国的对手，这也使得空客公司参与国更加倾向于在这场争端中妥协。

但是，把这场谈判的结果全部归因于美国霸权的做法是不可取的。因为我们会看到，随着市场格局的变化，出口补贴争端得以解决的部分原因是出口补贴本身的重要性下降了。在这件事上，美国民用航空市场展现了它的霸权实力，其对新式飞机融资方式的偏好改变了国际民用飞机市场的游戏规则。

3.2　出口融资以及初露端倪的贸易摩擦

空客公司进入全球航空市场的时机可能是史上最糟糕的了。1973年的石油危机推高了原油价格,全球的航空公司都受到了高油价的影响。毫不意外,航空公司的第一反应就是减少飞机采购。波音公司的储备订单数一落千丈。从1970年进入市场到1978年,空客公司仅仅推出了一款机型——空客A300。这款机型是伴随着宽体机型的大潮而诞生的,空客A300的机身具有很大的直径,可以并排放下7个座位,并有两个通道。增大机身的直径可以在增加飞机座位数的同时不必增加飞机的长度。空客A300的标准座位数是267个,腹舱载货能力也非常强。空客A300是20世纪70年代市场上仅有的三款宽体机型之一,另外两款分别是洛克希德公司的L-1011和麦道公司的DC-10。这两款飞机都比空客A300大,配备三台发动机,具有更大的航程。尽管如此,由于航空公司希望执飞一些密度大但航程较短的航线,空客A300依然凭借自身更大的座级和合适的航程加入了与三台发动机飞机的竞争。

摆在空客公司面前的最大困难是民用航空市场天然的保守特性。一架飞机的价格一般在1 500万~1.6亿美元之间,一个错误的决策就可能会导致一家企业破产。因此,那些经过验证的美国生产的机型,尤其是波音公司的机型广受青睐。航空公司深知大众的心理,不想被公众认为是在拿他们的生命做实验。当TWA(环球航空公司)决定采购波音767而不是空客A310时,他们曾坦言波音公司的品牌效应占了很大比重[1]。客户调查显示,公众对于波音公司的品牌非常认可,甚至不

---

① *Aviation Week and Space Technology*,111(25),17 Dec. 1979,pp. 24-26.

看好那些没有波音机型的航空公司。除此之外，新飞机的采购还必须考虑备件、维修设备和员工培训等巨大的投资。在这方面，产品支援体系显得非常重要。之前的欧洲制造商在支援体系方面并没有展现出特殊之处，这使得航空公司，尤其是美国的航空公司不愿意冒险选择空客公司的产品。

面对进入市场的这些困难，不难解释为什么空客公司参与国中的那些国家航空公司成为空客 A300 的启动用户。美国政府和业界都在抱怨这种做法，但是并没有采取太多实质性的行动。尽管汉莎航空（Lufthansa）非常不情愿，但是法国航空（Air France）和汉莎航空在 1974 年和 1975 年都义务性地接收了空客 A300。法国航空在 1974 年 5 月 23 日使用空客 A300 执飞了该机型首次商业航班[1]。同样，西班牙的伊比利亚航空（Iberia）被指定购买空客的飞机，这也是西班牙加入空客的条件之一。但是，合同条款规定只有当空客公司能够在规定的时间内售出 50 架飞机的时候，该合同才能生效，伊比利亚航空最终逃过了这项义务[2]。但是，随后伊比利亚航空重新调整策略，成为空客公司最好的客户之一。尽管英国并不是空客公司参与国之一，英国的霍克·西德利公司设计和制造了空客 A300 的机翼，所以关于英国航空有义务购买空客 A300 的讨论很快就被提上日程。英国航空不愿意购买空客飞机的事情成为当时最大的争议，直到 1992 年都还没有平息。法国政府对英国政府没能或者说不愿意向英国航空公司施压、促使其购买欧洲飞机产品的行为十分恼怒。最后，欧洲的航空公司，包括法国航空和汉莎航空在内，都成为空客公司产品的启动客户。尽管这些公司之后的采购决定或许是基于商业逻辑的，但空客公司在这些客户身上

---

[1]　Ian McIntyre，*Dogfight: The Transatlantic Battle Over Airbus*，Westport：Praeger，1993，p. 36.

[2]　同上，p. 38。

获得的优先销售权一直是美国抱怨的核心①。

　　在当时,宽体机是航空界的新事物,而其相对于窄体机的优势是逐渐展现出来的。这些宽体机型在低谷期进入市场,许多航空公司实际上根本无力购买这类机型。空客公司在 1975 年只售出了 17 架空客 A300。同年,麦道公司和洛克希德公司总共售出 11 架宽体机②。但是,尽管处于经济困境中的航空公司无力大量购买宽体机,宽体机相较于窄体机在大客流市场中的优势还是显现了出来。在 1978 年,波音公司宣布研发中程宽体机型波音 767,从而加入了宽体机市场竞赛③。空客公司正位于一个即将爆发的市场的前沿阵地,当然也意味着即将与美国制造商展开正面较量。

　　空客公司在 1976 年的销量依旧不尽人意。尽管空客公司在欧洲之外的南非和印度市场积极开展营销活动,但还是无法获得足以树立其市场地位的大额订单。空客公司陷入了一个死循环:航空公司不愿意因为仅有少数几家航空公司购买空客公司的飞机而选择它的产品,而其销售表现不佳又成为航空公司质疑空客公司产品可靠性的原因。例如,新加坡航空(Singapore Airlines)在后来购买了大量空客的飞机,但是在 1976 年却没有这样做,原因就是对空客公司产品的信心不足④。空客的管理层从一开始就明白,争取到一家美国航空公司客户对于公

　　① 汉莎航空是空客公司最优质也是最忠诚的客户。汉莎航空是远程飞机空客 A330/A340 的重要推手,也是空客 A310 的启动客户。汉莎航空在业界享誉多年,因此汉莎航空的购机行为也会影响到其他航空公司。

　　② *Aviation Week and Space Technology*,104(18),3 May 1976,p. 31.

　　③ 波音公司凭借波音 747 当然可以被称为"宽体机的奠基者"。波音 747 也的确是第一款宽体客机,但与我们此处讨论的机型有着本质上的不同。波音 747 的载重和航程都远大于此处讨论的机型。当然,至今为止尚未出现波音 747 的竞争机型,这一情况也会影响到 20 世纪 80 年代的贸易争端。此处的重点是 20 世纪 70 年代许多制造商都研发了性能相近的宽体飞机,因此这一拥挤的市场区间催生了各制造商间的竞争。

　　④ *Aviation Week and Space Technology*,110(16),16 Apr. 1979,p. 27.

司的成功至关重要[1]。因此，公司从成立之初就在做这方面的努力。到了 1975 年，美国航空公司（American Airlines）开始表现出对空客产品的兴趣，使得空客公司接近了进入美国市场的目标。在美国市场上，空客公司采取了特别的进入策略，并通过激进的价格策略来争取订单。空客公司得到了德国政府和法国政府在融资方面的大力支持。可能也正因为如此，空客公司的飞机受到了深陷财务困境的美国航空公司的关注。由于没有更多的资金来源，一些美国的航空公司开始对空客 A300 表现出兴趣。

除了要说服航空公司客户购买自己的产品之外，空客公司还遇到了另外一个问题，那就是为愿意签约的客户提供融资服务。尽管在 20 世纪 70 年代，航空公司还没有指望能够得到十几年后那种复杂而又夸张的融资服务，但是毫无疑问的是飞机制造商需要或多或少地参与到融资过程中。

但是，这些都不是美国制造商考虑的重点。第一，美国制造商的客户都是那些比较富裕的航空公司。至少在 20 世纪 80 年代中期"放松管制"真正影响到他们之前，这些航空公司为他们的飞机订单找到融资是毫无问题的，他们并不希望波音公司、麦道公司或洛克希德公司来参与其中。第二，实力深厚、运转良好的美国资本市场是为飞机销售融资的理想来源。

这种情况在欧洲的航空公司中或者在空客公司身上是不成立的。作为一个市场的新进入者，空客公司与有助于其销售的航空公司之间

---

[1]　具有讽刺意味的是，美国航空于 1966 年提出了一款新型中程宽体客机的产品概念。空客公司恰好拥有这种产品，空客 A300 的部分性能符合美国航空的要求。与之相同的是，洛克希德公司和麦道公司也正根据美国航空的提议设计自己的三发机型。相关情况见 Ian McIntyre，Dogfight: The Transatlantic Battle Over Airbus，p. 19；另见 Laura D'Andrea Tyson，Who's Bashing Whom? Trade Conflict in High-Technology Industries，Washington：Institute for International Economics，1992，p. 186。

没有形成长期稳定的关系,即使它与其参与国的国家航空公司之间的关系在一定程度上弥补了这方面的不足。由于没有广阔而富裕的本土市场,空客公司不得不依赖出口。残酷的商业现实使得各方意识到了欧洲的资本市场规模与美国的差距。这个问题早在空客公司成立之前就已经在欧洲航空产业存在。早在1964年,英国工业界的官员们就曾向英国国会的一个委员会抱怨过,欧洲企业无法享有像美国金融系统提供的那些金融解决方案[①]。

　　空客公司的解决方案是通过德国赫马纳仕公司(Hermes)和法国科法斯集团(Coface)复杂的体系为客户提供与从美国资本市场获得的融资条件相似的融资方案[②]。尽管空客公司在政府出口信贷方面还是个新人,但空客公司参与国政府却经验丰富。英国政府在20世纪20年代成立了出口信贷担保局(Export Credit Guarantee Department,ECGD),其职责是为英国出口企业提供支持。赫马纳仕公司和科法斯集团是在第二次世界大战后创立的[③]。

　　在20世纪70年代初期,当时空客公司刚进入市场,关于出口融资被当作一种经济武器使用的问题就已经引起了各国官员的注意。1973年,美国政府一改之前放任此类做法的态度,转而开始领头创建一个国际性的机构来监管出口融资[④]。由于担心(这种担心之后被证明是对的)石油危机会加剧企业收支不平衡问题和引发出口信贷战争,美国财政部联同德国政府忽然间开始带领经合组织国家对出口融资进行管

　　① Keith Hayward,*International Collaboration in Civilian Aerospace*,London:Frances Pinter,1986,p.170.

　　② Pierre Muller,*Airbus Industrie,L'Ambition Européenne: Logique d'Etat,Logique de Marché*,Paris:Commissariat Général du Plan and L'Harmattan,1989,p.147

　　③ Keith Hayward,*International Collaboration in Civilian Aerospace*,p.169.

　　④ Andrew Moravcsik,Disciplining trade finance:The OECD export credit arrangement,*International Organization*,43(1),Winter 1989,p.180,brackets in original.

制。随着空客公司开始与美国的制造商争夺飞机订单,美国人担心关于出口融资的控制权落于经合组织的其他国家之手。

3.3　美国东方航空的空客 A300 订单

1978 年,空客公司完成了可能是飞机销售史上最为著名的一次交易。这一年四月,当时美国最大的航空公司之一东方航空公司宣布将购买 23 架空客 A300,还附带有 9 架飞机的选择权订单[①],总价值为7.78 亿美元。这笔空客公司推进了一年多的交易在美国引起了巨大的关注。毫不夸张地说,东方航空销售案拉开了飞机贸易争端的帷幕。这是空客公司首次向美国航空公司出售飞机,也是公司发展过程中的一个里程碑。东方航空事件开启了美欧飞机贸易冲突的第一阶段,而当时的核心问题是政府对于出口销售的支持手段。

早在 1977 年之前,美国东方航空公司就首次对空客 A300 表示了兴趣,公司宣布考虑在感恩节至新年期间使用这款飞机执飞加勒比航线。当时迫切需要销售成绩的空客公司得知消息后非常高兴,立即安排了 4 架飞机供东方航空使用一段时间。对于东方航空而言,由于公司在当时陷入了财务困境,因此希望尽可能地节省公司的现金支出。空客公司的这一安排实际上相当于一个先飞后买的计划,不仅将飞机无偿交付给了东方航空,而且还自行承担了部分培训费用[②]。这就意味着空客公司将承担大部分的财务风险,但本次交易的重点是全球最重

---

①　*Aviation Week and Space Technology*,108(16),17 Apr. 1978,p. 24.

②　Bill Gunston 在他的著作中提道,空客公司将飞机出售给美国银行,随后回租飞机再交付给东方航空。相关情况见 Gunston, Airbus, London: Osprey Books,1988,p. 77。

要的航空市场将对空客飞机的表现进行评估。商业媒体对空客 A300 的表现进行了密切跟踪①。在 1977 年 5 月,美国东方航空宣布自己对空客 A300 感到满意,决定继续推进飞机引进谈判。

在空客公司同意提供 50 万美元用于改善纽约拉瓜迪亚机场的跑道后,这笔销售中的最后一个阻碍消除了②。事实上,这个提议非常重要:A300 的重量和起落架构型方式会给拉瓜迪亚机场在河中塔架上修建的跑道带来难以承受的压力。而拉瓜迪亚机场是美国东方航空的枢纽机场,因此,机队中所有的飞机都必须在这个机场的跑道上完成起降。而空客公司的决定消除了对美国东方航空的销售中的最后一个主要矛盾。最终在 1978 年 4 月,空客公司获得了它的第一个美国客户。

美方对此立刻做出了回应。空客公司提供给美国东方航空的宽松的购机条款激怒了美国部分飞机制造企业。波音公司扬言要对空客采取行动,以回击促成这笔销售的"掠夺性金融"行为③。洛克希德公司则非常担心失去了一个原本预计会订购 L－1011 的忠实客户④。更重要的是,有报道称空客公司已经安排欧洲政府为美国东方航空提供出口信贷。这笔贷款没有设置任何固定利率,而是会根据美国东方航空的经营情况上下浮动⑤。信贷的总价值达到 2.5 亿美元⑥。据称,空客公司还自己出资 9 600 万美元支持美国东方航空完成飞机的引进⑦。同时,普惠公司还发现了一个其他企业没有发现的事实,空客 A300 的发

① 关于航空公司行业杂志的有关案例,见 *Air Transport World*,14(12),December 1977,pp. 24 - 25 and a follow-up article in,16(5),May,1979,pp. 37 - 39。

② *Financial Times*,2 April,1978,p. 40.

③ *Financial Times*,26 April,1978,p. 6.

④ *Aviation Week and Space Technology*,107(12),1 Aug. 1977,p. 27.

⑤ *Financial Times*,7 April,1978,p. 1.

⑥ 法国政府和德国政府是直接放贷还是提供担保依然无法确认,但我们可以确认的是贷款的总金额。相关情况见 Bill Gunston,Airbus,pp. 78 - 80 和 Financial Times,7 April,1978,p. 1.

⑦ *Aviation Week and Space Technology*,108(18),1 May,1978,p. 24.

动机供应商 GE 公司也为美国东方航空公司提供了 4 500 万美元的信贷支持。普惠公司的母公司联合技术公司董事长哈里·格雷(Harry Gray)在股东大会上抱怨说,近来那些配备罗-罗公司和 GE 公司发动机的飞机的销售情况显示,普惠公司实际上并不是在与这些企业竞争,而是在对抗外国政府的财政部①。信贷支持本身并不是一件错误的事情,毕竟美国进出口银行(EXIM bank)多年来也在开展同样的业务。但是,在美方看来,东方航空销售案中的贷款条款似乎违反了经合组织关于出口融资的协议。

早在几年前,经合组织国家就一直在试图制定关于出口融资具体实践的规则。虽然 1975 年的协议只不过是几个经合组织国家之间的君子协议,但它的象征意义却不容小觑。这份被称为《静默协议》的协定要求各签署国保持"静默",不得提高各自出口金融机构的信贷额度。此举是为了防止政府利用出口信贷来扩大本国在包括飞机在内的高价值产品领域的贸易份额。

一年后,一项专门针对飞机产业的附带协议正式生效,协议被命名为《共识协议》②。《共识协议》在《静默协议》的基础上做了一些调整,并对一些条款做了说明。但《共识协议》依然属于非正式谅解协议的范畴,因此本身并不具有约束力。协议规定出口信贷的标准还款期限为 10 年,且贷款金额不得超过出口商品总价值的 90%③。截至 1978 年,《共识协议》的条款有了进一步的调整,并被重新命名为《统一战线协议》。虽然欧共体代表所有成员国签署了这份协议,但实际上只有英、

---

① *Aviation Week and Space Technology*,108(18),1 May,1978,p. 24. 此处关于罗-罗公司的描述起自泛美航空引进 L-1011 一事,在之后会详述。

② OECD,*The Export Credit Financing Systems in OECD Member Countries*,Paris:OECD,1987,p. 7.

③ *Aviation Week and Space Technology*,110(2),8 Jan. 1979,p. 20.

法、德三国同意执行协议中的条款①。但是在美国东方航空销售案中，法国政府提供的出口信贷保险的信用期为 12 年。

具有讽刺意味的是，美国对空客公司与美国东方航空的交易所产生的负面反应似乎是由英国政府给泛美航空提供的信贷方案引起的，而空客管理人员并没有参与英国政府与泛美航空之间的交易。这笔交易几乎与美国东方航空的交易同时发生。英国政府通过其出口信贷担保局向泛美航空提供 100% 的贷款以购买配备罗-罗发动机的 L‑1011 飞机。贷款协议规定还款期限为 15 年②。英国此举折射出该国在全球航空航天市场中的矛盾立场。罗-罗公司当时的处境极为危险，因此迫切地需要 RB‑211 发动机的订单。但是，由于 L‑1011 正处于与 DC‑10 的恶性竞争之中，L‑1011 的销售量并不足以支撑罗-罗公司走出困境。而罗-罗公司长期以来一直是英国航空航天企业中亲美派的代表，并不像霍克·西德利等英国企业与空客公司有利益上的往来。但是，美国议员却并没有发现欧洲内部这一不算太小的"裂痕"。由于泛美航空和美国东方航空这两笔交易几乎同时发生，许多国会议员和商界领袖相信欧洲正在发起一场高度协同的出口融资战争。但是事实上，包括法国在内的许多欧洲国家对英国政府的行为感到不满，是它把空客公司拖入了一场并非完全由自己制造的争端之中③。

3.4 进出口银行的职责

对美国东方航空的销售是空客公司第一笔真正意义上的大额订

---

① Moravcsik, Disciplining trade finance，p. 181.
② *Aviation Week and Space Technology*，108(18)，1 May 1978，p. 24.
③ *Aviation Week and Space Technology*，110(2)，8 Jan. 1979，p. 20.

单，而此时美国经济政策也正处于一个重要的节点。第二次世界大战后，美国在与世界各国的贸易中均为贸易顺差国。但到了20世纪70年代中期，这种情况开始发生变化，而美国政策制定者们看待国际竞争的方式也随之改变。与美国其他产品的海外竞争对手一样，空客公司发现他们的商业活动受到了前所未有的审查。到吉米·卡特(Jimmy Carter)接任总统时，美国人对各类贸易(不仅仅是对飞机)中掠夺性出口融资的担忧已经甚嚣尘上。卡特政府决定以具体的政策回应这些担忧。一个显而易见的、能够应对美国出口业绩下滑的方法就是重振负责支持进出口业务的政府机构——进出口银行。

进出口银行早在1934年时就已成立，它的运转模式在几十年间经历了几次调整，在美国外交和贸易政策中的作用不容忽视。进出口银行本身是大萧条时期的特殊产物。当时许多经济学家和政府官员认为，造成经济崩溃的部分原因是美国持续贸易顺差引发的美元短缺[1]。一些人认为解决这个问题的方法是建立一个为外国人提供美元以便于其购买美国商品的专门机构，由此就可以解决美元的国际流动性问题。他们还曾设想，进出口银行将逐步发展成为美国政府贸易和金融机构之间的协调性组织，但是这一想法从未实现[2]。

进出口银行在第二次世界大战后的美国贸易和外交政策中也发挥了重要作用[3]。1945年后，主张自由贸易政策的美国提出建立一个开放的全球贸易体系。在贸易融资领域，这种自由主义倾向意味着美国反对任何由政府出资或者由政府控制的出口信贷体系。美国认为，私有资本

---

[1] Rita M. Rodriguez, "Exim's mission and accomplishments: 1934—1984", in Rita M. Rodriguez (ed.), *The Export-Import Bank at Fifty: The International Environment and the Institution's Role*, Lexington: DC Heath, 1987, pp. 11–12.

[2] Richard E. Feinberg, *Subsidizing Success: The Export-Import Bank in the US Economy*, Cambridge: Cambridge University Press, 1982, p. 14.

[3] 同上，尤其关注第2章。

市场就足以为货物出口提供足够的流动性。即便如此,美国认为,进出口银行依然可以在外交政策中发挥作用。因此,在整个"布雷顿森林体系"时期,进出口银行和国际复兴开发银行(International Bank for Reconstruction and Development,IBRD)在美国贸易政策中享有一定的地位。然而,美国政策对私有资本的偏好使得进出口银行受到了以下几方面的限制。首先,进出口银行不被允许与私有资本在出口融资领域开展竞争。更确切地讲,只有当私有资本无法承担某个特定交易的金融风险时,进出口银行才有权提供出口信贷[1]。其次,进出口银行的放贷理念倾向于为发展项目提供资金[2]。与之密切相关的一个限制是进出口银行不得从事竞争性融资活动,而是只能提供融资的商业条款。

到了20世纪70年代,贸易竞争开始变得愈发激烈,进出口银行面临的压力也越来越大。由于美国的出口企业发现自己的市场份额正在下降,因此就有人呼吁政府及时采取行动,美国转为贸易逆差国正是这个问题的集中体现。在这一时期中,一个自20世纪60年代开始的趋势加速演化,即进出口银行由一个开发性金融机构转变为一个促进美国资本和货物流动的机构[3]。约翰·摩尔(John Moore)担任进出口银行总裁后,进出口银行根据新的市场环境变化做出了相应调整。在摩尔的领导下银行的业务加速扩张,但是这种具有侵略性的行为也引发了极大的争议。1976年以后进出口银行发展速度极为迅猛。1977年,进出口银行仅发放了7亿美元的出口信贷。而一年后,这一数字就猛增了300%,达到28亿美元[4]。当然,进出口银行扮演的并不仅仅是一

---

[1] David Baldwin 的观点更加激进,他认为进出口银行被明令禁止与私有资本竞争。见 David Baldwin, *Economic Development and American Foreign Policy*, 1943—1962, Chicago:University of Chicago Press, 1966, pp. 20 - 23。

[2] Feinberg, *Subsidizing Success*, p. 21.

[3] 同上,p. 21。

[4] Export-Import Bank, *Annual Report*, 1978, Washington:US GPO, 1978, p. 3.

个放贷的角色，在很大程度上它是一个强有力的出口贸易促进机构。

在摩尔担任总裁期间，银行的贷款政策也发生了重要的变化。此前贷款政策会参考商业市场中的条款，但到了 1978 年，进出口银行的政策则完全参照国外出口金融机构，通过全力对低利率贷款进行补贴，以此抵消国外出口金融机构的补贴效果。1980 年最优惠利率超过 11%，而进出口银行的利率则为 8%。在 1981 年的大部分时间里该银行提供的实际利率补贴为 4.12%[①]。简而言之，进出口银行成为美国在全球贸易博弈中的一个政策工具，它的主要职责是保护美国企业不受国外掠夺性金融政策的损害。这一政策导向的转变就是为了对抗空客公司背后的德国和法国政府。

在飞机贸易中，为了应对来自国外金融机构的威胁，进出口银行对一些放贷方式进行了调整。其中就包括改变放贷规则以允许向购买美国飞机的外国企业发放直接贷款。自 1957 年以来，进出口银行一直从事飞机融资业务。截至 1987 年银行共为价值 370 亿美元的出口商品提供了价值 191.6 亿美元的融资支持[②]。实际上，直到 20 世纪 70 年代，进出口银行还只是负责为私有资本的出口融资提供信用担保。但是，进出口银行同时改变了匹配融资的流程。长期以来，进出口银行一直避免为没有强大国外竞争对手的美国产品提供支持。银行奉行的理念是"竞争越小，支持越少"[③]。在当时，进出口官员认为波音公司的大

---

① Rita M. Rodriguez，"Exim's mission and accomplishments"，Table 1A - 3，p. 33.

② Export-Import Bank，Summary of commercial jet aircraft authorizations Eximbank internal document. 1957—1986 年的数据已整合。1957—1987 年期间共为 2 100 架飞机提供金融支持。

③ 进出口银行总裁约翰·摩尔的陈述，Oversight hearing on the Export-Import Bank，*Subcommittee on International Trade，Investment and Monetary Policy*，House Committee on Banking，Finance and Urban Affairs，96th Congress，1st Session，21 May 1979，p. 3.

部分飞机没有竞争对手，这种想法并不奇怪。空客 A300 相比波音 737 和波音 727 显得太大，又无法向上进入大型客机市场与波音 747 开展竞争。事实上，只有 DC‐10 和 L‐1011 被认为是受到空客 A300 威胁的产品。

　　自 1976 年起，进出口银行开始逐步放开航空产业的贷款限制。银行采用了一种相当于"空客豁免权"的规定，只要空客公司是特定交易中美国企业的竞争对手，进出口银行就可以无视所有的贷款原则来匹配欧方的报价①。在进出口银行扩大了受空客产品威胁的美国机型的范围后，触发"空客豁免权"就变得更加容易了。1978 年，进出口银行通过《直接信贷和财务担保计划》，支持了 34 架总价值为 7.31 亿美元的喷气式客机的销售②，所有飞机机型均为波音公司生产的波音 727、波音 737 或波音 747 飞机。在 1977 年至 1981 年间，航空产业占进出口银行总贷款的比重达到 50%。进出口银行毫不掩饰它们针对航空产业的贷款政策。只要交易牵涉到空客公司，进出口银行就将提供与任何欧洲政府提出的相同的贷款条件③。

3.5　"波音银行"

　　波音公司是进出口银行鹰派政策的最大受益者。1978 年 5 月，波音公司在呼吁进出口银行发挥更大作用时就阐明了公司对银行鹰派政

---

　　①　进出口银行总裁约翰·摩尔的书面证词，Ansett loan and Export-Import aircraft financing policies，Hearing Before the Senate Committee on Banking，Housing and Urban Affairs，96th Congress，2nd Session，12 May 1980，pp. 80‐82。

　　②　The Export-Import Bank，*Annual Report*，1978，Washington，DC：US GPO，1978，p. 10。该项目的总支出为 28.7 亿美元，这一项目是贷款项目而不是信保项目。

　　③　引用自 1993 年 6 月在牛津对一位进出口银行官员的采访。

策的立场。此外，每次当国会召开新的听证会审议进出口银行的贷款业务时，波音公司都会积极地对议员们展开游说以争取更为激进的出口融资政策。由于银行受到国会的监督，而提高贷款金额总数上限需要国会批准，因此以上情况经常发生。波音认为，波音747在一次销售中败给空客A300的原因是法国政府和德国政府向买方巴基斯坦国际航空公司(Pakistan International Airlines)提供了波音公司无法提供的长期融资承诺①。虽然波音公司无法改变这笔交易的结果，但确实成功地为未来自己的产品出口赢得了更多进出口银行的资金支持。波音公司的游说卓有成效，进出口银行甚至被称为"波音银行"或"波音储蓄贷款协会"②。但是，波音公司的成功也为自己带来了麻烦。当罗纳德·里根(Ronald Reagan)入主白宫时，几位国会议员对波音公司与进出口银行的特殊关系表示了不安。此外，他们还担心银行倾向于支持波音和西屋公司等巨头的出口业务的同时，会忽视小微企业的贷款需求。

一起民用飞机销售案激起了国会反对进出口银行支持民用飞机产业，尤其是波音公司的浪潮。1980年，波音公司向澳大利亚安捷航空公司(Ansett Airlines)出售25架飞机。订单中包括12架波音767飞机，其余13架则为波音727和波音737飞机③。在这次交易中，进出口银行提供了比空客公司更加优渥的贷款条件。空客试图向安捷出售12架空客A300，并承诺以7.99％的混合利率提供偿还期限为10～12年的贷款④。波音公司要求进出口银行匹配空客公司的报价，甚至是通过

---

① *Aviation Week and Space Technology*，108(18)，1 May 1978，p. 25.

② 这一类评论可见参议员 William Proxmire 的表述，Nomination of William H. Draper，Ⅲ，Hearing before the Senate Committee on Banking，Housing and Urban Affairs，97th Congress，1st Session，23 June 1981，p. 13.

③ 12架波音767订单中，只有5架是确认订单。相关情况见 *Flight International*，29 March，1980，p. 969.

④ 此处"混合"指代欧洲政府利率的平均值。

设定固定贷款利率来提供一份更为优惠的报价①。许多国会议员认为这份优于空客公司的报价存在很大问题②。它不仅违反了匹配报价的惯例，而且实际上的融资金额也没有超过空客公司，同时甚至还削弱了美国在经合组织成员国间的信誉。美国在当时正试图推动改进1978年经合组织《出口信贷安排》的条款，其中也包括处理民用飞机贸易的《统一战线协议》。在波音公司与安捷航空公司的交易之前，欧洲一直被认作是实施掠夺性金融措施的惯犯。

有人担心进出口银行的掠夺性行为已经破坏了美国的外交成果。在一封严厉批评进出口银行与波音公司特殊关系的函件中，一位进出口银行的前总裁指出，麦道公司是通过自己的金融公司，而不是通过进出口银行为出口提供信贷支持的。他认为即便是通常被视为出口信贷领域侵略者的法国人，都有理由对这次进出口银行的做法感到愤愤不平③。但是，事实上麦道公司并不反对通过进出口银行进行融资。1983年，麦道公司是直接信贷计划的最大企业用户，在这方面甚至超过了波音公司④。尽管如此，我们还是无法解释麦道公司和洛克希德公司在出口融资领域并不活跃的原因⑤。但是我们应该认识到，洛克希德公司在与进出口银行的沟通中处于一个尴尬的境地，因为它唯一的民用飞机

---

① Export-Import Bank Memorandum，20 Feb. 1980，from "Ansett Hearings"，p. 256.

② 根据1993年6月在牛津对一位进出口银行官员的采访显示，现有的证据不足以证明进出口银行提供了一个更低的贷款利率，或通过减少附随成本降低企业贷款的利息。

③ 进出口银行前总裁 Stephen M. DeBrul 给参议员 Proxmire 的信。信件内容引用自 "Ansett Hearings"，p. 72。

④ William Draper，"Oversight activities of the Export-Import Bank"，Hearing before the Senate Committee on Banking, Housing and Urban Affairs, 99th Congress, 1st Session, 5 Feb. 1985, p. 41. 进出口银行贷款项目最大的四家客户都来自航空航天产业，它们分别是 MDC、联合技术公司、波音公司和 GE 公司。但是，我们无法确定联合技术公司和 GE 公司这两家综合性工业企业的出口贷款中有多少用于航空产品出口。

⑤ 接受采访的进出口银行官员表示，麦道和洛克希德也积极地与进出口银行进行接触，但是它们情愿让波音成为公共视角中进出口银行的亲密伙伴。

产品 L-1011 配备的是一家非美国企业罗-罗公司制造的发动机。进出口银行不会为类似飞机这样的高价值产品中由国外生产的零部件提供信贷支持。进出口银行将从产品的总价值中减去国外生产部分的数额，并基于剩余价值提供融资支持。这就解释了为什么英国需要为泛美航空引进 L-1011 提供出口信贷的原因。进出口银行官员否认波音公司对银行的贷款操作施加了不当影响。一位信贷官员表示，进出口以先到先得的方式运作，而波音公司的速度总是快于其他申请企业[1]。

尽管美国自身也提供过掠夺性的出口融资支持，但美方依旧试图通过改进经合组织机制下的出口融资协议来结束这种掠夺性的做法。财政部是一系列谈判的牵头机构，负责国际事务的财政部助理部长弗雷德·伯格斯坦(Fred Bergsten)是谈判代表团团长[2]，代表团中也有进出口银行的官员。德国政府和英国政府都急于解决出口信贷方面的问题，因为他们担心如果未能就飞机出口信贷安排达成协议，将会进一步损害欧美关系[3]。然而，直到 1980 年，谈判仍然进展甚微。

总体来说，美国寻求对 1978 年经合组织《出口信贷安排》进行三项改进。首先，也是最重要的，它想改变可允许的最低利率的计算方式。在现有协议中实际上存在三种最低利率：富裕国家、中等国家和贫穷国家各一种[4]。美国希望这些最低利率能够定期自动调整，以更好地匹配市场利率的变动。其次，美国还希望最低利率与货币汇率变化挂钩。因此，特定国家的最低利率将与其国内利率挂钩。这将避免国内利率

---

[1] 引述自 1993 年 11 月在华盛顿对一位进出口银行负责贷款业务官员的采访。
[2] 引述自 1993 年 6 月在牛津对一位前进出口银行官员的采访。
[3] Keith Hayward, *International Collaboration in Civilian Aerospace*, p. 177.
[4] OECD, *The Export Credit Financing Systems in OECD Member States*, Paris: OECD, 1987, pp. 7-9.

高的国家提供大规模出口补贴的情况出现①。美国人还希望在新协议中明确飞机交易中的贷款利率是否属于以上三个分类。最后,美国人还想要在条款中加入贷款和飞机租赁偿还期限之间的差异(贷款10年到期,租赁12年)②。

1980年3月,为了继续推动解决问题,各国在巴黎召开了一次会议。但是,对于航空器交易是专设一个谅解协议还是纳入一般性规则管理这一问题,各方始终无法达成共识③。事实上,这种模糊性多年来一直困扰着航空器贸易。欧共体和美国在航空器贸易中都倾向于在符合自身利益的前提下遵守经合组织的《出口信贷安排》,而在其他情况下则绕开有关规定。法国人特别不愿意明确这一问题,同时还阻止了欧共体内部提高最低利率的尝试④。

3月份的会谈没有达成任何共识,但各方还在努力寻求解决方案。事实上,有三个因素在一定程度上降低了飞机问题的热度。第一个因素是空客公司开始取得市场成功。随着空客A300的订单大幅增加,空客A310也开始产生经济回报,空客公司对某一单笔销售订单的依赖程度有所降低。因此,法国政府和德国政府不必每次都需要最大化融资金额以协助空客进行销售。甚至在巴黎谈判开始之前,弗雷德·伯格斯滕(Fred Bergsten)就向国会表明,法国在出口融资方面已经表现出了更多的克制⑤。第二个因素是,随着20世纪80年代利率飙升,出口

---

① Fred Bergsten,"Oversight hearings on the Export-Import Bank", Hearings Before the Subcommittee on International Trade, Investment and Monetary Policy, House Committee on Banking, Finance and Urban Affairs, 96th Congress, 2nd Session, 12 June 1980, pp. 3 - 4.

② *Aviation Week and Space Technology*, 112(10), 10 March 1980, p. 26.

③ 同上,p. 26。

④ 同上,p. 26。

⑤ Fred Bergsten,"Export-Import Bank programs and budget", Hearing Before the Subcommittee on International Finance, House Committee on Banking, Finance and Urban Affairs, 96th Congress, 2nd Session, 22 Feb. 1980, pp. 86 - 87.

金融机构发现它们已经无法承担掠夺性出口金融带来的损失了。经合组织《出口融资协议》的一位设计者认为，相比任何其他因素，这一趋势在缓解矛盾方面发挥的作用最大①。第三个因素则与飞机金融领域正在发生的革命有关。经合组织谈判代表一直讨论的融资类型是传统的债务融资。但到了 20 世纪 80 年代初，航空公司也开始摆脱债务融资，转而从国际租赁金融公司（International Lease Finance Corporation，ILFC）或健力士皮亚特飞机公司（Guinness Peat Aviation，GPA）等大型飞机租赁商那里租赁飞机。尽管政府的出口信贷可用于飞机租赁，但新的租赁公司能够依靠其庞大的业务规模为其客户提供融资服务。GE 公司子公司 Polaris Leasing 在当时就依靠 GE 公司的财力来大量购买用于租赁的飞机。Polaris Leasing 执行副总裁马克·德索泰尔（Marc DeSautel）曾表示："我们在 48 小时内就做出了十亿美元的融资承诺。他们（GE 公司）就好比一家专属银行，不是吗？②"

美国航空市场自由化是以租代买这一新趋势出现的主要原因。市场中激烈的竞争意味着航空公司必须规避购买飞机需要投入的巨额资金成本。美国之外的航空公司也很快就发现了这种新融资方案的优势。租赁公司的兴起对非工业化国家的小型航空公司来说是一个福音，这些航空公司一直是美国和欧洲政府官方信贷的传统客户。尽管不能完全替代美欧的出口信贷机构，飞机融资租赁的灵活性为这些企业提供了另一种可行的融资方案。在某种程度上，市场的变化让政策制定者们在出口金融的实践中落后了。

无论如何，到了 1980 年，局面正朝着达成专门的航空器谅解协议的方向发展。弗雷德·伯格斯滕（Fred Bergsten）出席国会聆讯时曾表

---

① Axel Wallen，"The OECD arrangement on officially supported credit：Past and future"，in Rita Rodriguez (ed.)，*The Export-Import Bank at Fifty*，p. 100.

② *Air Transport World*，25(11)，Nov. 1988，p. 58.

示会寻求与谈判各方敲定这一方案：

"我认为，在推进形成整体出口信贷安排协议的基础上，在与出口信贷密切相关的关键行业同时开展工作是谨慎的做法。飞机就是其中之一；飞机发动机将是另一个……正如你[国会议员吉姆·利奇(Jim Leach)]所建议的那样，有时在这些领域达成协议更容易，因为谈判只涉及少数国家，而不是全世界。①"

欧洲国家也希望能够达成一份可持续的航空器谅解协议。他们的想法出于以下几点考虑：

首先，只要美国同意让进出口银行匹配欧洲提供的出口信贷，继续这种做法就并不能够为空客公司带来多少优势。

其次，飞机租赁公司的兴起。如果航空公司正在慢慢转向采取租赁形式进行融资，那么为什么要冒着风险继续与美国在政府出口融资的问题上纠缠？空客公司也对正在谈判的出口融资规则没有异议。空客公司的观点是公司必须始终拥有能够提供与美国市场上可用的融资方案一样有吸引力的融资方案的能力。这意味着如果航空公司同意，空客公司愿意改变融资方式②。

此外，1983年，美方在航空器部门的谈判和一般规则的谈判中都对欧方代表进行了威胁。美国人威胁将通过允许长期（10～20年）债务融资来支持他们的出口企业。欧方十分重视这一情况，因为它们相

---

① Fred Bergsten，"Oversight hearings on the Export-Import Bank"，*Subcommittee on International Trade，Investment and Monetary Policy*，House Committee on Banking，Finance and Urban Affairs，96th Congress，2nd Session，12 and 19 June 1980，p. 5

② Pierre Muller，p. 145 - 146. Airbus，L'Ambition Européenne Disciplining trade finance.

对薄弱的债务市场无法匹配美方可以拿出的条件[1]。

因此，在多重因素的作用下，谈判取得进展并最终达成了一致。几乎在经合组织《出口信贷安排》通过的同时，《大型飞机谅解协议》(Large Aircraft Sector Understanding, LASU)也于1985年正式通过。协议考虑到了空客公司的跨国企业性质，加入了"混合货币贷款"的条款。欧洲信贷机构可以提供的最低利率将基于英国、法国和德国政府的债券利率计算得出[2]。美国可提供的利率则是根据美国国内债券利率确定的。《大型飞机谅解协议》还规定了适用该协议的飞机类型[3]。

3.6 波音公司 VS 空客公司：第一回合

波音对出口信贷的热情是不同寻常的。1976—1980年，全球飞机贸易的两项变化使得波音公司与空客公司之间产生了比以往更为直接的冲突。首先，与美方之前的看法相反，事实证明空客A300的飞机性能带来了足够的市场灵活性，可以在某些航线上成为波音747的替代品[4]。波音公司声称，空客公司管理人员说服客户们相信空客A300燃油经济性优势可以弥补短航程劣势，这导致了波音公司在一些销售战中的失利。波音公司因此认为，由于全球市场上存在波音747的竞争机型，进出口银行必须支持波音747的销售。否则，当波音公司准备推

---

① Moravesik，p. 185.

② Keith Hayward，*International Collaboration in Civil Aerospace*，p. 181.

③ OECD，*The Export Credit Financing Systems of Member States*，1987 ed.，p. 7 and appendix.

④ Jack Pierce，"Export policy"，Hearings Before the Subcommittee on International Finance，Senate Committee on Banking，Housing and Urban Affairs，95th Congress，2nd Session，13 April，1978，p. 573.

出波音 767 时,则面临着更加严峻的挑战。波音 767 将与空客 A300 以及空客 A300 的小型衍生产品空客 A310 直接竞争。事实上,空客 A310 的特性与第一代波音 767 几乎完全相同。

波音 767 及其衍生型波音 757 对波音公司的重要性不言而喻。这两款机型代表了公司产品发展的新方向,设计周期长达 15 年。此外,波音 767 中在国外生产的零部件的占比也很高,约占飞机价值的 30%[①]。过去,波音公司的零件生产和总装过程要么由自己控制,要么选择与美国国内的供应商合作。而此次生产波音 767 也必须克服物流上的挑战。最后,波音 767 项目耗资巨大,研发成本约为 20 亿美元。考虑到以上因素,波音公司无法承受波音 767 因空客公司而失去盈利能力。波音公司特别担心空客公司抢先接触其传统客户。波音公司认为,波音 767 和波音 757 初始订单的积累对未来的销售增长至关重要。波音公司总裁 T. A. 威尔逊(T. A. Wilson)认为,20 亿美元的早期订单损失就可能会导致后续 100 亿美元的订单损失[②]。进出口银行官员也表示,波音向进出口银行强调了波音 767 飞机对于公司的重要性[③]。

推出空客 A310 是经过空客联合体中各成员企业充分讨论之后才做出决定的。到了 1978 年,空客 A300 已经取得了相当不错的销售成绩,虽然总交付数仍远低于实现收支平衡所需的 350 架飞机。同时,空客公司也已证明了空客 A300 改装的可能性,数个衍生型的座位数和航程都各不相同。尽管如此,空客公司高层依然选择开始讨论研发一种全新小型客机的可能性。他们认为如果公司想要实现盈利,就必须扩

[①] 相较之下,15 年前设计的波音 747 的这一比例为 4%。相关情况见 Jack Pierce, "Export policy", p. 637.

[②] T. A. Wilson, "Export-Import Bank budget authorization", *Hearings Before the Subcommittee on International Trade, Investment and Monetary Policy*, House Committee on Banking, Finance and Urban Affairs, 97th Congress, 21st Session, 5 March, 1981, p. 5.

[③] 引述自 1993 年 6 月在牛津对一位前进出口银行官员的采访。

大产品谱系。航空公司更愿意尽量减少机队中的飞机类型，以控制库存、维护和培训成本。也就是说，在空客 A300 尚未实现盈利的情况下，启动空客 A310 项目将给成员企业带来新的财政问题。很显然，任何新机型的研发都需要政府的启动资金支持。因此，空客公司考虑扩大参与国家的数量，而英国毫无疑问是最优先的选项。

或许没有哪个行业比航空产业更能显示英国在政策制定中"不情愿的欧洲"的特点。以产值作为评价标准，在 1991 年被法国超越之前，英国在经合组织所有成员国中拥有第二大的航空产业。此外，技术水平也几乎与美国不相上下。英国在飞机技术研发方面取得过多项第一，其中包括研发第一款喷气式发动机、全金属机身和第一款喷气式客机。霍克·西德利公司被普遍认为是欧洲机翼设计和制造的领军企业，即使在 1970 年英国政府从该公司退出后，霍克·西德利公司依然是空客公司的供应商。尽管在商业成绩上表现不佳，罗-罗公司在先进发动机设计方面享有盛誉，也是唯一一家在一系列军用和民用航发产品上能够与美国巨头普惠公司和 GE 公司竞争的欧洲航空发动机企业。因此，历届英国政府曾试图制定有效的政策，以进一步提高本国航空产业的竞争力。然而，是否需要与欧洲合作实现这一目标一直以来在英国内部都存在争议。

然而，英国的航空产业政策在 20 世纪 70 年代非常混乱。部分原因在于罗-罗公司和霍克·西德利公司（后并入英国宇航公司）对是否与欧洲合作有着不同的看法。罗-罗公司更倾向与美国制造商合作，以便与发动机领域的竞争对手 GE 公司和普惠公司保持公平竞争。因此，罗-罗公司在 1968 年时曾经竭力争取过洛克希德 L - 1011 的发动机供应合同，当时的工党政府也同意为发动机研发提供启动资金。事实上，罗-罗公司的战略过于激进了，公司相信研发过程不会遇到什么瓶颈，并且可以提早交付。然而，RB - 211 发动机的研发进度受到技术问题的困扰,交付日期也随之推迟。罗-罗公司与洛克希德公司签订合同时几乎没有考虑过成本上升的问题,因此被迫自己填上研发资金的缺口①。最终,由于财政压力过大,罗-罗公司在 1971 年宣布破产。然而,这次失败的经历并没有削弱罗-罗公司对美国的热情。1978 年,罗-罗公司在英国政府的救助下重新开始了正常经营。这一次的项目则是波音 757 飞机发动机的研发合同。但是,这份合同中包含了许多附加条件,其中有一些涉及另一家大型英国航空航天企业——英国宇航公司。

英国宇航公司是一家由多个私有飞机制造企业合并而成的国有企业,罗-罗公司、波音公司和空客公司的商业规划之中都将英国宇航公司考虑在内。由于空客 A310 项目的启动迫在眉睫,空客公司急切盼望着英国宇航公司和英国政府能够参与进来。因此,在 1978 年的大部分时间中,英国、法国和德国官员之间都在就这一问题进行谈判。各方分歧的领域包括英国在空客中所占的份额以及英国在飞机研发决策上是否享有否决权。法国人还坚持认为,作为交易的一部分,英国航空必须承诺引进空客飞机。对于英国宇航公司而言,合作显然对其有益。该公司将作为成员企业参与到未来空客产品的研发中,并将负责空客A310 飞机新机翼的设计任务。通过成为成员企业,该公司将在空客公司未来新机型的研发中拥有更大的话语权,并且有望获得研发新技术的自主权。

但是,罗-罗公司和波音公司也想让英国宇航公司参与到波音的飞机研发项目中。波音公司急于想让英国宇航公司成为波音 757 飞机的主要零部件供应商,这样的规划主要是出于两个考虑:首先,同时推进两款机型的研发或多或少地使波音公司承受了巨大的财务压力。因此,分包研制任务和生产任务将成为新机型研发成功与否的重要因素。

---

① Keith Hayward, *The British Aircraft Industry*, Manchester:Manchester University Press,1989,p. 134.

因此，考虑到英国宇航公司的技术实力，波音公司可能是真诚地希望英国宇航公司加入波音 757 的研发。与此同时，英国宇航公司与波音公司之间的任何合作关系都会给空客公司带来相当大的打击。空客公司将失去机翼供应商，空客 A310 项目也将失去部分资金来源。罗-罗公司希望英国宇航公司接受美国方面的提议。公司官员声称，如果没有英国宇航公司参与波音 757 项目，罗-罗公司也就无法成为波音 757 发动机供应商。英国宇航公司在考虑与波音公司合作时主要有两方面顾虑：首先，合作协议将其定义为一家分包商，尽管分量很重，但是英国宇航公司对如何研发和制造飞机有自己的独立想法，英国宇航公司在合作中享有的自由度存在疑问。其次，协议中没有任何条款保证波音公司会持续推进波音 757 项目。这意味着如果波音公司取消该项目，英国宇航公司将不会获得任何补偿①。

最终，英国政府在选择路线时，同时推进了两种路线。贸易和工业部的官员普遍支持英国宇航公司与波音公司开展合作。波音公司过去的商业成功使得这一选择看起来更加保险。然而，包括英国外交部官员在内的其他官员则认为，接受空客公司的合作提议最符合英国的利益，也进一步表明了英国与欧洲站在一起的决心。最终，亲欧集团赢得了内部的这场争论②。英国于 1978 年正式重新加入空客公司，并持有公司 20％的股份。英国宇航公司不仅会负责空客 A310 的机翼设计和制造工作，未来所有新机型也是如此。英国政府重新加入空客公司的成本为1.25 亿英镑，其中包括了空客 A300 项目中 2 500 万英镑的沉没成本。

英国政府也向罗-罗公司提供了研发资金，以支持公司研发配备在波音 757 上的 RB-211 发动机。波音公司之前放出的终止与罗-罗公

---

① *Aviation Week and Space Technology*，108（17），24 April，1978，p. 30；108（22），29 May，1978，p. 31.

② 引述自 1995 年 3 月在牛津对一位前 DTI 官员的采访。

司合作的威胁并没有成为现实。大约一半正在服役的波音 757 都配备了 RB‐211 发动机,而之前使得罗‐罗公司走向破产的 RB‐211 衍生型依然是罗‐罗公司目前的主要产品。

截至 1979 年,中程宽体飞机市场的竞争态势如下:空客公司的产品有空客 A300 的衍生机型和空客 A310[①]。空客 A310 的机翼采用了新技术,因此,航程相较于更大的机型不落下风。波音公司的产品有波音 757 和波音 767 飞机。波音 767 是波音公司的主要产品,将于 1982 年与空客 A310 同时进入市场。麦道公司和洛克希德公司已经在竞争中处于边缘地位。两家制造商的三发飞机机体过大,无法满足大部分航空公司的需求[②]。此外,在远程市场上,麦道公司与洛克希德公司的产品又显得太小,无法与波音 747 开展竞争。亚洲区域的航空公司已经开始出售现有的 DC‐10 和取消新订单[③]。随着 DC‐10 的商业前景日趋黯淡,一名麦道员工遗憾地表示公司产品的生存空间被波音 747 和空客 A300 挤压[④]。由于研发成本为 40 亿美元的 L‐1011 仅仅售出了 217 架,洛克希德公司则将在 1980 年完全退出商业市场[⑤]。随着空客 A310 和波音 767 项目的推进,波音公司与空客公司的第一次销售战正式开始了。

---

① 瑞士航空和汉莎航空都是空客 A310 的启动客户,都在 1978 年 7 月订购了 10 架空客 A310 飞机。汉莎航空之后追加到 25 架确认订单和 25 架选择权订单。荷兰皇家航空于 1979 年 4 月 3 日首次与空客公司签约,订购了 10 架空客 A310 确认订单和 1 架空客 A310 选择权订单。相关情况见 Bill Gunston, Airbus, pp. 90‐91。

② John Newhouse, *The Sporty Game*, New York:Alfred A. Knopf, 1982,特别关注第二章。

③ *Flight International*, 8 March, 1980, p. 730.

④ *Aviation Week and Space Technology*, 112(16), 21 April, 1980, p. 39。这一事件在十年后的新加坡航空身上重演,新加坡航空宣称 MD‐11 的航程不及预期,因此取消了一笔价值 20 亿美元的订单。

⑤ Aviation Week and Space Technology, 115(24), 14 Dec. 1981, pp. 26‐29;Office of Technology Assessment, Competing Economies:America, Europe and the Pacific Rim, Washington:USGPO, 1991,另见 Tyson, Who's Bashing Whom? p. 173.

到 1982 年，出口融资问题的重要性已经大大下降，取而代之的则是关于欧洲政府向空客公司提供运营补贴的新一轮争论。东京回合达成的《民用航空器贸易协定》成为双方新的核心矛盾，美欧之间也比之前更加接近爆发一场全面的贸易战。随着空客公司继续完善其产品谱系，美国所有的航空产业门类将逐步受到威胁。

关于飞机出口融资补贴的争论出现了两个特点，并且将持续在未来的相关谈判中体现出来。第一个特点，正如我们在经合组织的谈判中已经观察到的那样，飞机贸易将从一般性规则谈判中被分离出来，并且形成一套专有的、独立的贸易规则。未来关于飞机贸易的所有谈判都有这个特点。这样做所引发的一个问题则是如何判定一般性规则和飞机产业规则的优先级。第二个特点则是谈判的参与范围开始缩小。除了空客公司参与国政府和美国之外，仅有几个国家参与了关贸总协定框架下有关民用飞机贸易的谈判。这就又带出了一个有趣的问题，即：是参与国的数量对达成合作重要，还是这仅仅是民用飞机产业未来参与者不多的特点所导致的一种巧合？

我们同样清楚地看到，制造商在制定出口融资政策方面发挥了重要作用。波音公司曾积极地争取过进出口银行对其销售活动的支持。虽然我们几乎没有证据表明空客公司影响了欧洲的出口融资政策，但重点是空客公司愿意以各种方式销售自己的产品。空客公司迅速接受飞机租赁，舍弃政府官方信贷就是明证。最关键的是，空客公司愿意根据市场情况调整政策诉求，这也给予了欧洲政府在出口补贴方面更大的操作空间。

3.7 出口融资与国际合作

1970—1980 年对空客公司而言是重要的 10 年。在此期间，空客公司的第一款产品空客 A300 开始销售,第二款产品空客 A310 也进入了研发阶段。

英国的加入对空客公司的发展极为重要,确保了英国宇航公司在机翼设计方面的优势技术将被应用于空客公司的产品之上。同时,公司还获得了英国在资金和外交方面的支持。通过将欧洲规模最大、技术最先进的三个国家的飞机产业的整合,空客公司完成了向"欧洲飞机制造商"的演变。

尽管这段时期对空客公司至关重要,但尚未引起华盛顿过多的重视。美国企业没有思考过有关贸易保护主义的措施。相反,他们选择推出新机型与空客公司开展竞争,并敦促进出口银行在飞机销售方面提供更大的帮助。

正如马拉维西克(Moravcsik)在对经合组织《出口信贷安排》的分析研究中所指出的那样,美国在出口融资事务上展现出的领导力对形成这份制度至关重要。考虑到关于飞机出口信贷的谈判与一般性谈判互相影响,而且美国为了解决这一国际性问题,在两项谈判中均发挥了主导作用,因此它们表现出相同的特征也就不足为奇了。美国积极作为的原因是空客公司在当时已经开始向美国企业施加竞争压力。同时,进出口银行愈发积极的政策在部分程度上也可以被视为迫使欧共体就民用飞机出口融资问题与美国达成和解的努力。

欧洲人认为,空客公司的出口融资问题不应将欧共体拖入与美国在一般性出口融资或是其他贸易问题上的更尖锐的争端中来。总的来说,法国人可能会愿意冒险,但德国人和英国人却不会。对于德国人而言,由于他们在 1973—1974 年间支持美国制定的国际出口融资制度,因此他们很难在这个时候支持空客公司激进的出口融资行为①。

---

①　Moravcsik,p. 180.

然而，民用飞机市场的变化意味着过分强调经合组织的作用是不合理的。正如我们所观察到的那样，飞机融资方式的变化，以及贷款利率的普遍上升，在很大程度上化解了这个问题。尽管在飞机销售中补贴出口融资的行为依然是一个突出的问题，但新兴的飞机租赁在当时已经成为许多买家的优先购机方式。1978年，航空运输市场放松管制带来的竞争压力可以说是飞机融资模式创新的根源。从这个角度看，美国民用航空市场的影响力在解决出口融资矛盾方面发挥的作用不会比美国政府小。

第 4 章
《民用航空器贸易协定》

4.1　引言

关贸总协定框架下的《民用航空器贸易协定》在东京回合多边贸易谈判（Multilateral Trade Negotiations，MTN）中的成功签署，使美国与空客公司的贸易摩擦问题获得了更多关注。《民用航空器贸易协定》旨在形成一套规则，以限制民用航空器贸易中的政府干预行为。谈判程序最先由美国发起，卡特总统于1978年在波恩举行的七国峰会上首先提出签订多边民用航空器贸易协定的想法。美国政府的这一举动是为了回应美国业界的诉求。至1978年，美国业界已经开始意识到航空航天市场日益激烈的国际竞争所带来的危险。而在当时美国官员的认知中，空客公司并不是唯一的竞争对手，包括巴西、加拿大和日本在内的各国航空产业的发展势头都值得关注。

1978年的七国峰会为民用飞机贸易各方的后续谈判奠定了基础。各方并没有大肆宣传起草《民用航空器贸易协定》的决定。波恩峰会的联合公报中并未提及民用航空器谈判①，关于多边贸易谈判每个回合的新闻也主要集中在农业、电信等其他行业，很少有媒体报道民用航空器贸易谈判的情况。部分欧洲媒体则密切关注东京回合的核心议题，即

---

① 波恩峰会联合公报全文可见 *Guardian*，18 July 1978，p. 5. *The Financial Times* 在当天只发布了编辑后的版本。

欧洲用其在补贴方面的规则换取美国使其国内反补贴法与关贸总协定相一致①。一位美国贸易官员表示，在 20 世纪 80 年代末，美国与空客公司的贸易争端加剧，但由于担心引发欧共体的报复性措施，美国业界更愿意尽可能地保持沉默②。在东京回合中，美方的态度似乎也是如此。

美方是民用航空器贸易协定谈判的发起者，并试图通过率先提出一份工作草案来主导谈判的进程③。相比之下，其他国家的谈判诉求就保守得多，改变现有航空器贸易环境的意愿也不强烈。欧洲的诉求是保护空客公司已取得的成果，并且尽可能回避各种有关空客补贴的议题。因此，欧方在谈判中采取的是一种自卫的态度。

事实上，美国对待谈判的态度本质上也是以自卫为主。至 1978 年，美国的航空产业正在经受来自各国竞争对手的压力。除了与空客公司的竞争之外，加拿大政府也在大力支持本国公务机产业的发展，日本通产省正在对几家企业进行重组，目标是形成能够推动本国航空航天产业发展的联合体。美国业界很快注意到，这些后发的竞争者大多是国有企业或是政府扶持的企业。因此，它们的目标是制定一个国际规范来限制政府对于航空产品的支持力度。基于这点认识，美国谈判小组发起了相关谈判，并且宣称自己是谈判各方中最支持自由贸易的国家。美方要求民用航空器的贸易应当完全按照商业规范进行。然而，大多数情况下，谈判各方中只有美国提倡建立一个完全不受监管的民机市场，其余国家并不愿放弃那些支持本国航空产业发展的产业政策。

美国与其他国家在航空器贸易问题上的分歧反映了东京回合谈判中各方在补贴守则上的分歧。两名参与制定补贴守则的美国外交官回

---

① *Financial Times*，17 July 1978，p. 10 和 *Financial Times*，18 July 1978，p. 38.

② 引述自 1993 年 11 月在华盛顿对一位前 USTR 官员的采访。

③ Stephen Piper，Unique sectoral agreement establishes free trade framework，*Law and Policy in International Business*，12 (1980)，p. 231.

忆说："在补贴问题上，美国与其他参与方的理念存在根本差异。大多数（参与方）认为如何使用补贴……严格来说是国内政策问题。[①]"因此，在民用航空器协定的贸易谈判中，美国谈判团队不得不在补贴与采购等问题上做出让步，而这些让步将在今后美国解决空客问题的期间对其产生持续性的困扰。

本章将着重研究《民用航空器贸易协定》形成的经过。我们会从两个角度对其进行讨论，这是因为一方面《民用航空器贸易协定》是一份单独的协议，而另一方面，民用航空器贸易谈判又是整个东京回合谈判中的一部分。美国试图遏制其贸易伙伴的贸易保护行为，并且在全球航空航天业中推行其奉行的政府干预最小化的理念。然而，部分不满美国在航空航天产业的主导地位、决心建设自己产业能力的国家则反对美国的提议。在这种情况下，美方谈判代表不得不在补贴与政府采购等问题上做出了妥协。

4.2　美国航空业界与东京回合谈判

推动航空器贸易规则谈判的是美国航空界。由于美国制定贸易政策方式的演变，航空产业获得了与政策制定者直接接触的必要机会。20世纪70年代时，美国国内各行业的私有企业都面临着极大的竞争压力，鼓励私有企业参与贸易政策制定的呼声越来越高。可以说，东京回合贸易谈判为美国提供了一个回应诉求、形成新的贸易政策制定机制的契机，而航空业界把握住了这个契机。

---

① 　Richard Rivers and John Greenwald，The negotiation of a code on subsidies and countervailing measures：Bridging fundamental policy differences，*Law and Policy in International Business*，11(1979)，p. 1449.

在东京回合贸易谈判开始之前,美国工业界和农业界团体的代表们被邀请到国会常设委员会建言献策,并对谈判进行监督。来自主要航空航天企业和其他产业的代表们组成了名为产业咨询委员会(Industry Sector Advisory Committees,ISACs)下设的各咨询小组,负责为当时身在日内瓦的谈判人员提供合理的建议。

产业咨询委员会与政府谈判团队的关系大体如上所述。负责东京回合六项协议谈判的政府团队与产业咨询委员会间的具体协作流程是这样的[1]:产业咨询委员会的成员代表各自的行业对六项协议中所有条款发表看法,谈判小组带着这些建议前往日内瓦进行谈判,随后返回美国并向所有有关的咨询小组报告。接着,产业咨询委员会就这些报告与谈判小组会商并代表行业反馈意见,谈判小组再携带着讨论结果与贸易伙伴们开展新一轮的谈判,周而复始[2]。各方都高度重视整个流程。政府的谈判代表们明白在他们完成谈判回国后,会面临行业代表们提出的尖锐问题。一位谈判代表回忆说,他们要聚精会神地回答问题,因为他们清楚地知道,产业界希望美国政府采取强硬的态度。因此,他们必须就谈判过程中做出的让步行为向产业咨询委员会的代表们进行充分的解释和论证[3]。

4.3 欧洲航空产业政策与东京回合谈判

正如一位时事评论员所指出的那样,与美国完善且相对透明的贸

---

① 后续大部分内容引述自 1993 年 11 月在华盛顿对一位前 USTR 官员的采访。

② Richard Rivers,"The system CAN work:The Trade Agreements Act of 1979" in Robert E. Hunter,Wayne L. Berman and John F. Kennedy(eds.),Making Government Work:From White House to Congress,Boulder,CO:Westview Press,1983,pp. 8 - 22.

③ 引述自 1993 年 11 月在华盛顿对一位前 USTR 官员的采访。

易政策制定过程相比，欧共体的贸易政策制定"非常不透明"①。这是因为形成贸易政策前，欧盟委员会必须与成员国就有关事宜达成一致。但是，欧盟委员会并没有下设类似美国国会这样的公共听证机构。因此，欧洲贸易政策是由少部分各国政客以及官僚群体决定的。

相较于美国，欧共体贸易政策的制定机制有几个不同之处。首先，欧盟委员会与各成员国在制定贸易政策的优先级方面存在冲突。欧盟委员会拥有代表各成员国统一制定对外贸易政策的权力。其次，欧共体有义务根据《建立欧洲共同体条约》第113条成立特别委员会，向成员国通报谈判的进展情况，这些机构为各成员国回应和影响欧盟委员会的贸易政策制定提供了一个平台。然而，这套体系也存在一个问题，即成员国不能完全确信欧盟委员会拥有妥善处理谈判的能力。对欧盟委员会而言，东京回合谈判是对其在对外贸易领域的谈判能力的首次考验，因此，各成员国都密切关注着谈判进程。

与美国不同的是，欧洲没有建立一个完善的机制来征求私有企业关于贸易问题的建议。欧共体曾尝试在航空产业建立这种机制。欧洲曾试图通过"1975年行动计划"（1975 Action Programme）来建立航空产业与欧盟委员会之间的联系，但直到1979年航空器贸易协定签订之时，这种机制尚未被建立起来。来自行业的意见仍然是通过各成员国政府提交给欧盟委员会。也就是说，航空业界并未能直接影响谈判进程。一位英国谈判代表表示："航空产业同意让政府主导谈判，我只不过是与有关企业见过两次面罢了②。"产生这一问题的主要原因在于，欧洲的航空航天企业大部分是国有企业或者国有资产控股企业。类似英

---

① Sylvia Ostry, *Governments and Corporations in a Shrinking World: Trade and Innovation Policies in the United States, Europe and Japan*, New York: Council on Foreign Relations, 1990, p. 31.

② 引述自1995年3月在牛津对一位前DTI官员的采访。

国宇航公司或法国宇航公司这样的企业并不需要像美国企业那样去游说政府。这两家企业属于国有资产,与政府的工业部门和防务部门往来密切。法国在航空产业的政策特点是各企业已经与法国政府达成了长久共识,即法国的航空产业政策必须确保和加强法国在国际竞争中的地位,尤其是应对来自美国的竞争[①]。

在当时,欧洲也正在经历产业政策方面的一系列调整。与美国一样,20 世纪 70 年代初对于欧洲而言也是内部政治经济的转型期。欧洲各国和欧共体的政治精英们非常担心一大批欧洲产业在全球市场上的竞争前景,其中就包括钢铁、造船这样的欧洲传统工业。但是,政治精英们关注的焦点逐渐转移到了计算机、电信和航空航天等前沿行业,对这些行业的前景感到非常焦虑[②]。

为了解决这一问题,欧洲实行了两方面的政策。一方面,以旨在加强科学和技术基础设施建设的全面政策代替独立的产业政策[③]。另一方面,针对前沿行业实行一业一策[④]。

正如我们在第 2 章中所提到的,欧盟委员会认为航空产业是欧洲经济健康发展的关键。从 20 世纪 60 年代开始,欧盟委员会逐渐在产业政策制定方面采取了更加积极的态度。通过利用成员国对“技术差距”的担忧,代替各成员国政府在产业政策制定方面扮演更加重要的角色。

欧共体制定的航空产业政策(即 1975 年行动计划)未能通过首轮评审,这是因为各成员国不同意欧盟委员会将类似批准启动基金等重

---

① Edward Kolodziej, *Making and Marketing Arms: The French Experience and Its Implications for the International System*, Princeton: Princeton University Press, 1987, p. 236.

② Margaret Sharp and Keith Pavitt, "Technology policy in the 1990s: Old trends and new realities", *Journal of Common Market Studies*, 31(2), June 1993, p. 135.

③ 同上,p. 135。

④ 同上,p. 135。

要的职能集中在自己的控制之下。然而，该计划确实为日后欧共体来代表欧洲航空产业开展活动奠定了基础。最起码欧共体树立了代表区域内航空产业进行对外交流的形象，而东京回合谈判又为其巩固这一形象提供了一个契机。

1977年，当各方正在积极筹备东京回合谈判的时候，基于1975年行动计划的基础，欧盟委员会向欧洲理事会提出了一套新提案。与之前的行动计划相比，新的航空研究行动计划（Action Programme for Aeronautical Research）更具技术性和针对性。该计划是为了回应1977年3月14日的欧洲理事会决议而制定的，决议要求制定用于评估新机型研制项目是否可以启动的经济指标，例如某一机型的确定订单数量[1]。尽管各国政府和欧盟委员会就应由哪一级别的政府监督航空产业政策存在分歧，但双方都认为提供包括项目启动资金在内的支持对欧洲航空产业的生存发展至关重要。因此，在东京回合谈判正式开始时，欧共体在欧洲内部获得了更多关于谈判方面的支持[2]。

4.4 《民用航空器贸易协定》

美国颁布的《1974年贸易法》授权美国的行政部门落实修订并形成一份新的多边贸易协定，以代替肯尼迪回合时形成的协定。虽然此时空客公司已经成立四年，但是它的销售额还不足以引起美欧双方的

---

[1] Commission of the European Communities, Council Resolution, Action programme for the European aircraft industry, *Bulletin of the European Communities*, 3, 1977, pp. 18 - 19. 决议承认与美国企业开展合作可能有利于欧洲航空航天企业的发展。

[2] European Commission, *Bulletin*, 6, 1977, p. 57.

争论。尽管美国制造商指控空客公司曾收到出口补贴，但总体而言，空客问题在当时关于国际贸易的争论中并不起眼。

东京回合谈判之所以引人注目，主要是出于两个原因。第一，在东京回合谈判中，各国将试图解决贸易非关税壁垒（non-tariff barriers, NTB）这一棘手的问题。在肯尼迪回合结束时，《关税与贸易总协定》签署国之间的关税水平已经显著下降。然而，这一利好却引发了一个新的问题。随着关税作为国家贸易政策管理工具的效率逐渐下降，非关税手段就变得愈发重要起来。实际上，各国是否提高了非关税壁垒还没有定论，但是非关税壁垒问题自然而然成为贸易谈判的下一个目标。美国尤其希望就这个问题进行更多讨论。

第二，东京回合谈判的另一个进展是针对某些存在特定问题的行业，逐步形成独立的行业协定。这一趋势在肯尼迪回合期间就有所体现。在肯尼迪回合中，大型多边谈判被分解为许多以特定问题为讨论中心的双边或小型多边谈判。正如温纳姆（Winham）所指出的那样，这种谈判形式并非事先设计好的，而是谈判中各方根据实际需求做出的妥协。肯尼迪回合的参与者发现，当谈判参与者的范围限制在最接近问题核心的各方时（通常是商品的主要进口商及其供应商），才能在某个特定问题上取得有意义的进展。这些规模较小、重点突出的谈判能够形成妥协和条件交换，最终推动问题解决①。弗雷德·伯格斯坦（Fred Bergsten）在 OECD 出口信贷谈判中谈及航空器的产业发展时也提出了类似看法②。

形成这一趋势的原因是贸易谈判越来越具有技术性，因此只有

---

① Gilbert Winham, International Trade and the Tokyo Round Negotiation, Princeton: Princeton University Press, 1986, pp. 64 - 65.

② Fred Bergsten, "Oversight hearings on the Export-Import Bank", *Subcommittee on International Trade, Investment and Monetary Policy*, House Committee on Banking, Finance and Urban Affairs, Washington: USGPO, 12 and 19 June 1980.

利益相关方才具备必要的专业知识，并能对谈判作出有价值的贡献[①]。航空器贸易谈判的主要参与者必须是熟悉行业情况的利益相关方。很少有其他产业的代表能够理解航空产业中高度专业化的实践以及复杂的技术问题。此外，航空航天企业与军方之间的密切联系也不允许相关谈判被广泛参与。最终，美国成为谈判的主要推动者，而欧共体、加拿大和日本也在这一过程中发挥了重要作用。

《民用航空器贸易协定》是东京回合谈判中达成的行业协定之一，也是制造业中唯一一个行业协定。尽管贸易谈判的形式在肯尼迪回合期间发生了积极变化，同时《1974 年贸易法》又授权制定《管理特定行业贸易的独立协定》，但在东京回合谈判的早期阶段，各方并没有达成任何行业协定[②]。

在四年的时间里，东京回合多边贸易谈判始终聚焦于制定普适性的贸易规则。虽然理论上这些规则适用于所有出口贸易行业，但特定规则对某些行业可能产生的影响促使各行业更加关注某一系列谈判。例如，电信行业就会密切关注政府采购规则的谈判。

到 1978 年年中，美国政府与各航空企业愈发担心目前的东京回合谈判形式不能为受困于不公平竞争的美国制造商提供足够的保护。他们声称，外国竞争者的出现，及其政府通过补贴或其他手段支持本国产业的倾向性使得美国的市场份额一再受损。日本、加拿大和欧共体都

---

① 在航空产业谈判领域中，这类协定可谓源远流长。监督国际民用航空运营的两个主要机构国际民用航空组织和国际航空运输协会就是由早期主要航空国家（加拿大、英国和美国）发起成立的。它们共同建立的监管框架沿用至今，虽然有新的成员国加入，但是更改原有规则的情况不太出现。相关情况见 Vicki Golich, *The Political Economy of International Air Safety: Design for Disaster?* Basingstoke: Macmillan Press，1989，ch. 2.

② Piper, Unique sectoral agreement establishes free trade framework, p. 221.

已宣布在本土建立强大的航空产业①。

美国航空产业的咨询小组迫切希望消除民用航空器贸易中普遍存在的非关税壁垒。该行业的行业协会——美国航空航天工业协会（Aerospace Industries Association，AIA）——将相关诉求上报国会。在谈到美国在民用航空器机身市场的主导地位开始下降时，美国航空航天工业协会主席卡尔·哈尔（Karl Harr）表示："在我们看来，各国都采取了令人不安的措施，以逐步蚕食原本属于美国的市场②。"这些措施由各国的国有企业牵头执行，而它们在面向本国航空公司进行销售时占据优势，同时又在出口市场上取得了政府的协助。解决问题的方式是制定一项行业协议以规范民用航空器的贸易。该协议旨在将有关关税和非关税壁垒的谈判合二为一，以遏制当前的不公平竞争趋势③。

1978 年 4 月，美国东方航空公司引进空客 A300 飞机，这一事件成为美国推进行业贸易协定的催化剂。经美国政府调查发现，通过以一种不寻常的手段偿还贷款利息，空客公司与美国东方航空完成了空客 A300 的销售。根据财政部副部长加里·霍夫鲍尔（Gary Hufbauer）的证词，空客公司接受了价值 1.62 亿美元的票据和债券，而其浮动利率与美国东方航空的盈利能力挂钩④。空客公司这种完全抛开商业利率，而对收入征收利息的做法激怒了美国。美国官员本就对 1977 年空客

①　Alonzo McDonald，"Multilateral trade negotiations"，*Hearings Before the Subcommittee on Trade*，House Committee on Ways and Means，96th Congress，1st Session，Washington：USGPO，23 April，1979，p. 503.

②　Karl Harr，"Export policy"，*Subcommittee on International Finance*，Senate Committee on Banking，Housing and Urban Affairs，95th Congress，2nd Session，Washington：USGPO，13 April，1978，p. 495.

③　Alonzo McDonald，"Multilateral trade negotiations"，p. 503，以及 Piper，"Unique sectoral agreement establishes free trade framework"，p. 222。

④　Hufbauer 的观点引用自 Piper，"Unique sectoral agreement establishes free trade framework"，p. 225 at footnote 23. *The Financial Times*，7 April，1978，p. l（报道了贷款利息并不是固定的）。

A300 的租赁安排（即先飞后买模式）感到不满。数位美国贸易官员认为，租约的架构设计是为了规避美国的反补贴法。根据现行的美国贸易法，作为租赁物品的入关的商品可以不接受反倾销调查①。

在将空客 A300 出售给美国东方航空的同时，空客公司也在积极策划推出一款空客 A300 的机身缩短型——空客 A310。美国东方航空、汉莎航空和瑞士航空对新机型均表现出了极大兴趣②。在美国东方航空销售案结束后，行业代表们向行政部门和国会提出了抗议。波音公司财务主管杰克·皮尔斯（Jack Pierce）对政府在这一问题上的不作为极为不满，并批评了在政府圈子中存在的不干预的态度：

> "我们听说了政府机构间流传的文件，文件显示有关工作人员认为，从理论上讲美国飞机制造业的主导地位足以抵御任何竞争与威胁。我之所以说'我们听说'，是因为波音公司从未被邀请参与到与此有关的任何讨论中，尽管这一结论直接牵涉到波音公司的资金、员工和未来前景。我们随时随地欢迎政府与波音公司就此进行公开讨论，因为我们知道这些看法是错误的。"

为了让参议员们认识到这件事情的政治利害关系，皮尔斯煞费苦心地指出航空产业对于维持美国各州就业水平的重要性："1977 年这一年间，波音公司就向 44 个州的 2 584 家供应商提供了价值 19 亿美元的商用喷气式飞机的材料与服务合同③。"

于是，美国航空业界派代表团前往欧洲，以评估欧洲对开展民用航

---

① 引述自 1993 年 11 月在华盛顿对一位前 USTR 官员的采访。

② *Financial Times*，25 April，1978，p. 6.

③ Jack Pierce，"Export Policy"，*Hearings Before the Subcommittee on International Finance*，*Senate Committee on Banking*，*Housing and Urban Affairs*，95th Congress，2nd Session，Washington：USGPO，13 April，1978，p. 572.

空器多边谈判这一提案的反应,该提案是在国际航空航天协会(ISAC for aerospace)的指导下实施的。洛克希德公司的高层在 1978 年年中拜访了英国官员。此前经罗-罗公司的搭桥,洛克希德公司与英国航空航天部门建立了联系,因此洛克希德公司显然很适合承接这次的行动①。英国政府表示原则上支持在关贸总协定框架下开展谈判,以优化关于补贴问题的纪律。

英国官员也会见了波音公司的代表。波音公司当时有意与英国宇航公司就波音 757 研发项目开展合作(见第 3 章),因此需要游说英国政府同意英国宇航公司以重要供应商的身份加入波音 757 项目。作为整个游说行动的一部分,波音公司也希望了解英国对于关贸总协定框架下可能出台的关于违约补偿和供应商投标规则的看法②。

法国方面则对美国的提议持怀疑态度。他们担心美国会对直接补贴加以限制。然而,与欧洲其他行业一样,法国也希望美国取消对于航空产品的关税。因此,法国的谈判目标是从美国处获得关税减免的同时,避免对补贴进行严格的限制。与美国一样,欧洲也对航空产品征收关税(约 5%)。但取消这些关税并不存在问题,因为关税壁垒并未大幅减少美国对于欧洲飞机市场的渗透。从另一方面看,互相取消关税也许是欧洲飞机产品进入美国市场微小但又极为重要的一步。

在 1978 年 7 月的波恩经济峰会上,美国敦促各方就航空器产业的贸易问题进行多边谈判,并在峰会上与各国达成了共识。波恩峰会后,G7 领导发表声明,呼吁开展旨在实现商用飞机及其零部件和有关设备在世界范围内的贸易自由化,包括取消关税、尽最大可能减少或消除贸易限制或扭曲效应的谈判③。美国特别贸易代表办公室官员斯蒂芬·

---

① 引述自 1995 年 3 月在牛津对一位前 DTI 官员的采访。

② 同上。

③ Piper,"Unique sectoral agreement establishes free trade framework",p. 231.

派珀(Stephen Piper)率领美国代表团参加了有关航空器贸易的谈判。

欧盟委员会则代表欧洲各国参与了谈判。然而，在谈判前期英、法这两个最大的利益相关方的官员的风头完全盖过了来自欧盟委员会的代表。原因很简单，这两个国家都担心欧盟委员会缺乏开展谈判所需的专业知识。起初，英国和法国与其他欧共体国家一起位于《建立欧洲共同体条约》第113条设立的特别委员会中。然而，欧盟委员会提出的一系列拙劣的提案让各成员国认定欧盟委员会没有能力妥善地处理谈判事宜。

因此，英国和法国都希望能够一起参与谈判，而欧共体则极力阻止。在华盛顿举行的一次会议上，欧共体代表与英、法代表之间的争执几乎成为一场闹剧。欧盟委员会没有向任何一个成员国代表透露与美国谈判代表的这次会议。英国从美国谈判代表斯蒂芬·派珀(Stephen Piper)处得知此事后，法国和英国的谈判代表米歇尔·拉各斯(Michel Lagorce)、罗杰·梅纳德(Roger Maynard)抵达会场并强行参会。此次事件发生后，欧共体虽在名义上仍是代表欧洲谈判的代表，但实际上谈判由英国、法国和美国共同完成①。

到1978年10月，美国团队草拟了一份提案，这份提案形成了后续谈判的基础。该草案要求立即取消对飞机或飞机零部件征收的所有关税，并阐明了美国对非关税贸易壁垒的担忧：

> 具体而言，政府的以下行为将被禁止：歧视性地利用认证、许可、操作或修改法规等手段限制贸易；命令或诱导买方选择飞机、发动机或零部件的供应商；实行进口配额；命令或诱导产业补偿、补偿采购、联合生产或许可生产；在商业规则之外，为航空器的研

---

① 引述自1995年3月在牛津对一位前DTI官员的采访。

发、生产或营销提供资金；提供官方出口信贷（除非符合经合组织《出口信贷安排》中的规定）；对从特定来源出售或购买航空器进行任意形式的诱导或制裁①。

总体而言，当时美国制定的原则符合自由贸易规范，同时也能维护美国在行业的统治地位。美国要求规范航空器的研发补贴，并严禁对购买者施加诱导性或歧视性的采购政策。一言以蔽之，那就是航空器贸易应始终根据商业竞争原则进行。

然而，美国却难以将自己的想法转化为谈判各方可以接受的语言。其他代表团，尤其是欧共体，不愿接受把"商业竞争"作为协定核心原则的措辞，因为这将对欧洲以政府支持为发展基础的航空产业结构产生不利影响。法国希望将谈判的范围限制在关税问题上，并将有关补贴和采购的议题排除在外②。

一些代表团希望在协定的序言中准予在国内和进口产品之间提供公平和平等的竞争，而非将"商业竞争"列为贸易原则③。对许多国家而言，问题源于美国在飞机和航空产业的主导地位以及由此导致的不安全感和对美国谈判立场的不信任。谈判各方担心，美国的这些行为将会"锁定"其在民用飞机制造、销售和运营等领域已经取得的主导地位。因此，对这些国家而言，美国提出的任何协议其实都是在约束它们支持国内航空企业的能力。法国宇航公司的年报折射出了许多国家的态度。该公司年报指出，尽管空客公司在1978年的美国东方航空销售战

---

① Piper，"Unique sectoral agreement establishes free trade framework"，p. 231.

② 同上，p. 232。另外，引述自1995年3月在牛津对一位前DTI官员的采访。众所周知，法国是欧洲国家中最反对限制出口金融政策的。相关情况见Andrew Moravcsik，Disciplining trade finance：The OECD export credit arrangement，International Organization，43(1)，Winter 1989，p. 173205，especially pp. 184 – 185.

③ Piper，"Unique sectoral agreement establishes free trade framework"，p. 233.

中取得了成功，但出口市场的变化发展使其更容易受到全球经济、商业和政治局势的影响。在这个市场上，美国制造商一直是实力最强的竞争者，因为迄今为止它们一直受益于美国在民用飞机产业的主导地位（甚至接近于准垄断地位）[1]。

由于欧洲国家通常会给予企业特定形式的直接补贴，因此欧方对补贴规则限制表示担忧。由于针对产品研发的注资或拨款信息是高度公开的，因此很容易被察觉。事实上，"国家冠军战略"的目的就是创建知名度高、具有国际竞争力的企业。与研发项目的一般税收优惠政策这样的间接补贴不同，直接补贴是指为某一特定项目提供的资金或保证金。相较于间接补贴，直接补贴资金更易被追溯，因此也更容易受到约束[2]。

此外，欧盟委员会还倾向于反对对各国援助本土航空产业加以限制。正如我们所见，欧盟委员会在这之前刚刚花费了数年时间试图扩大其对欧洲航空产业的管辖权，而在 1975 行动计划中公开支持为飞机研发项目提供启动资金。1977 年，欧共体委员会提议投资 2 200 万美元用于机体技术研发[3]。所涉金额虽然不多，但这些资金只是欧共体支持计划的第一阶段，其位于布鲁塞尔的官方机构一直在与航空企业建立联系。1977 年的计划要求设立一个由行业代表、学者和政府官员组成的咨询委员会来推进计划的后续执行，并且就航空产业政策向欧盟委员会建言献策[4]。总之，欧盟委员会明确承诺会支持欧洲航空产业，且不会因关贸总协定对补贴的限制而放弃这一立场。

---

① *Financial Times*，6 July，1978，p. 35.

② Joseph Rallo，The European Communities industrial policy revisited：The case of aerospace，Journal of Common Market Studies，22(3)，March 1984，p. 259.

③ Commission of the European Communities，*EC Bulletin* 7/8 1977，pp. 18 - 19. 此处的货币单位(UA)是欧元的前身，当时欧共体给出的汇率是 1 UA＝1. 14 美元。

④ 同上。

因此，欧洲各国对美国所提出的开放自由的商用飞机贸易持怀疑态度。谈判中其他参与者，如加拿大、瑞典和日本，也与欧洲持相同立场。这些国家航空产业发展的背后都有政府的大力支持与参与。以加拿大为例，其航空产业中的大部分资产都是由加拿大联邦政府通过加拿大皇冠公司(Crown Corporations)持有。此外，为了支持本国航空产业发展，加拿大联邦政府还要求所有希望在加拿大销售飞机的企业为飞机销售提供补偿①。事实上，正如一位欧共体谈判代表所指出的："在销售补偿的问题上，加拿大给美国造成了更多麻烦②。"

最终，该协定的序言部分的确包含了美国希望航空产业在商业规则基础上运营的诉求，但形式较为委婉：

> 冀望使各签署国之民用航空器活动根据商业竞争原则进行，并承认各签署国政府与其业界间之关系有甚大之差异③。

序言中的其他陈述进一步淡化了美国所宣扬的立场。有一条条款反映出欧洲允许广泛进入和参与航空器贸易的立场：

> 冀望为本协定签署国之民用航空器活动与制造厂商参与全球航空器市场之扩展提供公正、公平的竞争机会④。

---

① George Prill，"Trade Agreements Act of 1979"，*Hearings Before the Subcommittee on International Trade*，Senate Committee on Finance，96th Congress，1st Session，Washington：USGPO，10 and 11 July，1979，pp. 508 - 509.

② 引述自 1995 年 3 月在伦敦对一位前 DTI 官员的采访。

③ GATT，Text of "Agreement on Trade in Civil Aircraft"（hereinafter：Aircraft Agreement），*The Tokyo Round Agreements*，Geneva：GATT，1986，preamble of Agreement，p. 181. Italics in original.

④ 同上，p. 181。

协定还反映出在政府资助国内产业方面对欧洲、加拿大和日本做出的让步：

> 成认为许多签署国均将民用航空器业视为经济及产业政策中特别重要之一环①。

简而言之，序言安抚了谈判各方，其措辞模棱两可，足以支持各种立场。即使在单个条款中，通过侧重某个特定的用语，也可能会得出不同的解释。例如，关于"公平和平等竞争机会"的解释性条款，美国决策者可以利用"竞争性"一词来表明该条款支持协定中对于自由市场的要求。其他各方，包括即将根据该协定为空客公司进行辩护的欧洲国家，也可使用同一条款提出有关创造公平、平等的市场环境的诉求。

在序言之后，协定共有九项具体条款和一个附录，附录里列出了适用于该协定的飞机零部件清单。在协定的第二条中，美国同意取消对进口航空航天产品所征收的5%关税。然而，文本中并未将美国单列出来，而是承诺所有签署方在1980年1月1日之前废除附录所列的航空航天产品及其维修改装的一切关税与其他各种费用。附录覆盖的飞机零部件的范围很广，从各种尺寸的整机到小型零部件均包括在内。对其涵盖范围的唯一限制条件是，相关部件必须具备完整的飞机零件、部件、子组件或设备的基本特征②。原材料或未完成的组件并不包括在内，以避免影响协定签署国非航空器产业

---

① GATT，Text of "Agreement on Trade in Civil Aircraft" (hereinafter: Aircraft Agreement)，*The Tokyo Round Agreements*，Geneva：GATT，1986，preamble of Agreement，p. 181. Italics in original.

② 同上，p. 189。

的进口贸易①。

协定第四条涉及政府采购和诱导部分。美国谈判代表非常关注欧共体关于载旗航空公司采购的态度。美国航空业界认为,美国在关税上的让步必须换取欧洲在政府采购方面的让步②。最后,签署方一致同意,民用航空器采购者应有权基于商业及科技因素考量,自行选择供应商③。此外,第四条包含如下条款:

4.2 签署国不得采行歧视任何签署国供应商之措施,亦不得以不合理压力强迫各航空运输公司、航空器制造厂商,或从事民用航空器采购之其他实体向任何特定供应来源购买民用航空器。

4.4 签署国同意,避免以可能对任一签署国供应商构成歧视待遇之任何方式,诱导买卖任一特定供应来源之民用航空器④。

然而,第4.3条似乎对政府干预零部件采购决策方面做出了一定妥协,条款允许一国政府在授予批准合同时,或要求其他签署国公司做出采购决定时,包括并考虑其本国公司。因此,政府主动干预零部件采购是违反协定的行为,但根据对该条款的合理解读,国家可以要求本国公司承担零部件分包生产的工作。这实质上是一种程序保护主义,保

---

① 有趣的是在美国国内,《民用航空器贸易协定》是东京回合的所有谈判成果中最受人诟病的。批评者们并非来自航空航天产业,反倒是 ISAC 中的其他行业由于担心国外产品会伪装成航空产品进入美国而对这一协定十分不满。关于此事的案例见 The report of ISAC No. 19, Consumer Electronic Products and Household Appliances, *Private Sector Advisory Committee Reports on the Tokyo Round of Multilateral Trade Negotiations*, Washington DC: USGPO, August 1979, p. 379.

② George Prill, "Trade Agreements Act of 1979", *Hearings Before the Subcommittee on International Trade*, Senate Committee on Finance, 96th Congress, 1st Session, Washington: USGPO, 11 July, 1979, p. 509 – 510.

③ Aircraft Agreement, p. 183.

④ 同上。

证了本国企业获得零部件分包生产的机会。

关于零部件采购的条款反映出美国所做出的妥协。美国希望完全禁止政府干预零部件生产分包，但其他国家认为，零部件生产分包是他们参与全球航空领域竞争的唯一机会。持这一立场的国家支持旨在振兴民族工业的强制性补偿协议。第4.3条从实质上将美国与其他国家的立场区分开来。政府可以要求本国企业参与零部件分包生产的招标，但并不一定强制要求主制造商最终授予分包合同①。

协定第八条中说明了对于该协定执行的监督办法。民用航空器贸易委员会(Committee on Trade in Civil Aircraft)是争端解决的主要平台。委员会成员由各签署国代表组成，除常规的年度会议外，任何一方都可以于必要时召开会议。尽管如此，委员会并不是争端解决机制的第一步，只有当签署国中的两方未能在双边讨论中达成一致时，委员会才会组织会议讨论问题②。民用航空器贸易委员会仅可以在不损害关贸总协定签署国权利的前提下，就争端发布裁决和建议。从本质上讲，委员会的裁决是不具备约束力的，协定的一方可以通过常规的关贸总协定框架下的争端解决程序来就相关问题进行进一步处理。因此，该协定的措辞实际上是在鼓励有关国家在关贸总协定内部挑选"争议解决机构"，并尝试找到对自己最有利的规则③。后来，当美国和欧共体甚至未能就合适的争议解决机构达成一致时，以上情况就变得愈发明显。

---

① Piper，"Unique Sectoral Agreement Establishes Free Trade Framework"，p. 237.

② Aircraft Agreement，p. 185.

③ 产业贸易规则的出现大大增加了解释关税贸易总协定规则的难度。产业贸易规则看上去违反了关税贸易总协定中最受欢迎的国家条款。此外，由于许多产业贸易规则设定了专用的争端解决机制，关税贸易总协定中的争端解决机制也因此变得更加碎片化了。相关情况见 John Jackson, *The World Trading System*，Cambridge，MA：MIT Press，1989，p. 57。

4.5　臭名昭著的第六条

在协定的九项条款中,最受关注的是名为"政府支援、外销融资及航空器行销"的第六条。这一条款对解决贸易争端至关重要,值得我们在此引用该条款的行文:

6.1 签署国知悉,《有关总协定第六条、第十六条及第二十三条之适用及解释协定》(亦即《补贴与反补贴措施协定》)适用于民用航空器贸易。因此,签署国矢言,于参与或支持民用航空器专案时,应设法避免对民用航空器贸易构成《补贴与反补贴措施协定》第八条第三项及第八条第四项所称之不良影响。同时,应顾及适用于航空器业界之特殊因素,特别是政府对航空器业界之广泛协助、其国际经济利益以及所有签署国国内制造厂商参与、拓展世界民用航空器市场之意愿等因素。

6.2 签署国同意,民用航空器价格之订立,应以预期合理回收成本为准则,该成本包括非经常性计划成本,由军方研发、应用于制造民用航空器、零组件及系统,可辨明及应分摊之研发成本,平均生产成本,及财务成本等①。

对于协定第六条的解读将成为未来空客贸易争端中的核心问题。从美国的角度来看,第六条的措辞很重要,因为它确认了《补贴守则》对于民用航空器贸易的适用性②。此外,由于第六条的规定与美国对民用

---

① Aircraft Agreement, pp. 184 - 185.
② Piper, "Unique sectoral agreement establishes free trade framework", p. 238.

航空器贸易在商业基础上进行的要求保持一致，美方对此感到满意。在这一点上，关于民用航空器定价规则的措辞极为重要。美国的谈判代表认为，通过要求民用航空器的定价必须以收回非经常性计划成本为目标，可以消除空客公司或其他国外竞争对手利用政府补贴弥补亏损从而故意压低飞机销售价格的情况。关于民用航空器价格订立的要求也意味着美国更容易实施反倾销调查。尽管如此，就解决政府对给予产业支持这一问题而言，利用定价来限制补贴是一种较为迂回的方式。更简单的方法是，除了将该协议与《补贴守则》联系起来的条款，在协定中另行加入明确禁止生产补贴的条款。然而，美国在东京回合谈判中的对手不会同意这种明确的禁令。因此，民用航空器定价规则被视为双方在这问题上的一种妥协。

对于补贴条款措辞的妥协也反映了美国的另一个重要立场。美国并不希望签署国认为自己是在干涉其国内的产业政策。正如我们所看到的那样，美国在提出极具侵略性的措施时遇到了相当大的阻力。因此，美国采取了"以结果为导向"的方式来解决不公平贸易问题。如果美国不能指导其他国家对自身的产业发展做出安排，他们至少需要保证美国企业不受影响：

> 然而，正如协定中既没有对政府与产业间的关系做出限制也没有严格禁止国内补贴一样，协定中也没有关于"避免对其他签署国的民用航空器贸易利益造成不利影响"的内容……一个国家如何发展其产业是一个主权问题，但国有企业以及政府扶持的企业如何在市场上开展竞争是美国与其他国家真正关心的问题[1]。

---

[1]　Piper，"Unique sectoral agreement establishes free trade framework"，pp. 240 - 241，emphasis added.

美国谈判代表对于《补贴守则》的态度就是美国对航空产业的态度。美国的谈判小组由理查德·里弗斯（Richard Rivers）和约翰·格林沃尔德（John Greenwald）领导，他们表示："其他国家告知美国，任何对国内补贴进行严格国际监管的尝试都将被视为对内政事务的粗暴干涉①。"此外，美国的外交官们也意识到，对国内补贴的严格限制同样可能会威胁到美国自身对于产业研发的援助。因此，里弗斯和格林沃尔德主张制定《补贴守则》，即如果国内补贴对另一协定签署国企业的利益造成严重损害，则被侵害方有权提出申诉②。美国的谈判小组在航空器会谈中采取的始终就是这种"以结果为导向"的方法③。

欧洲对航空器贸易协定的解读同样与他们对《补贴守则》的态度保持一致。欧共体坚决反对对《补贴与反补贴措施协定》（Subsidies and Countervail Code）中包含的补贴守则进行激进的解释④。此外，欧共体也不愿将其成员国的所有补贴方案告知其他关贸总协定签署国，这同样也反映出了欧方的立场。格里科（Grieco）认为，协定所要求的透明程度将使包括美国在内的其他国家更加易于针对欧共体提供的补贴向关贸组织提起诉讼⑤。

尽管协定对信息透明度有要求，但为了打破美国对全球民机市场的统治，欧共体拒绝对《补贴守则》和《民用航空器贸易协定》做出激进的解读。欧盟委员会、欧共体成员国和欧洲企业一致同意要实施更为全面的战略。各成员国都渴望建立起本土的航空产业，欧共体对此并

---

① Rivers and Greenwald,"The negotiation of a code on subsidies and countervailing measures," p. 1471.

② 同上，pp. 1473 - 1474。

③ Rivers 和 Piper 之间会晤了数次，因此谈判的策略必然是经过两人协调后同意的。引述自 1993 年 11 月在华盛顿对一位前 USTR 官员的采访。

④ Joseph Grieco, *Cooperation Among Nations: Europe, America and Non-tariff Barriers to Trade*, Ithaca: Cornell University Press, 1990, p. 177.

⑤ 同上，p. 177。

不反对。更重要的是，欧盟委员会认为有必要将政府补贴作为向航空产业输送欧共体资金的一种机制。企业们也不反对一种保障他们寻求政府财政支持权力的协议。这种存在于企业、各国政府和欧共体政策偏好之间的一致性将在未来数年给美国的谈判代表们创造棘手的难题。

4.6　美国对《民用航空器贸易协定》的回应

《民用航空器贸易协定》于 1979 年 4 月 12 日在日内瓦草签。然而，作为整个东京回合谈判方案批准流程的一部分，该协定仍需得到美国国会的正式批准。美国航空业界对此的态度有两方面值得注意：一方面，美国业界没有意识到，由于没有明确禁止国内补贴，该协定给空客公司留下了一个可以利用的漏洞。这其实并非仅仅因为美国业界接受了美国在部分问题上让步，更是因为他们的主要关注点都集中在出口融资补贴的问题上。因此，美国业界更加关注空客公司销售飞机的手法，而不是空客公司制造飞机的过程。另一方面，空客公司显然还未被美国业界视为主要威胁，它仅仅是众多问题中的一个而已。空客公司的销售方法的确引起了极大的关注，但它们一直只被认作是外国政府试图进入航空航天市场的典型案例而已[1]。

美国业界对《民用航空器贸易协定》的官方回应记载于产业咨询委员会编制的《航空航天设备多边贸易的谈判报告》中[2]。该报告开篇即

---

[1]　在国会证词中，欧共体、加拿大和日本常常被视为全球航空航天市场的重要参与者，巴西和瑞典也在美国官员和商界代表的考虑之中。

[2]　这份 ISAC 的报告被收录在上交国会的 ISAC 报告的合集中，这也是多边贸易回合规则实施流程的一部分。相关内容见"Private Sector Advisory Committee Reports on the Tokyo Round of Multilateral Trade Negotiations," Washington DC: USGPO, Aug. 1979.

表明,应当承认的是,民用飞机贸易市场将是一个受管制的环境,而非一个自由的环境①。产业咨询委员会的报告显示出美国业界非常支持《民用航空器贸易协定》②。然而,该报告中还有两个保留意见。第一,由于取消了对航空航天产品征收的关税,美国将无法利用关税壁垒来促使非协定签署国遵守协定③。更重要的是,行业认识到协议中提到的非关税壁垒限制"显然可以有多种解释"④。报告敦促美国政府密切监控对于协定的遵守情况,并迅速采取行动解决可能出现的问题。由于一开始未就该协定的解释达成任何共识,该报告认为必须建立判例法以完善协定建立的国际架构。这意味着政府需要积极地代表行业发声。该报告还指出,在这个法律建设过程中政策制定者也应该让全行业参与进来⑤。

该报告相当有预见性地指出,《补贴守则》并未解决"如何区分国家战略性产业中(例如:飞机制造业)的补贴、贷款和投资"这一难题。此外,东京回合制定的守则本身无法回答"政府研发资金是对特定项目的补贴,还是对政府在推进航空技术发展方面的合法投资"这一问题⑥。然而,该报告又一次显示出美国业界似乎更加关注政府主导的出口信贷,而不是国内补贴。该报告将掠夺性出口融资视作航空产业中的关键问题,如果在巴黎举行的经合组织会议未能就此达成协议,业界可能

---

① ISAC Report, p. 499.

② 在一些场合,非航空航天产业的 ISAC 委员对《民用航空器贸易协定》的批评最为全面。ISAC ♯ 17 (Machine Tools, Other Metalworking Equipment, and Other Nonelectrical Machinery)曾经对协定持保留意见,认为一份专用于某一产业的协定是无法保护美国企业不受不公平补贴的影响的。见"Report of the Industry Sector Advisory Committee on Machine Tools, Other Metalworking Equipment, and Other Nonelectrical Machinery", in Private Sector Advisory Committee Reports on the Tokyo Round of Multilateral Trade Negotiations, Washington DC: USGPO, August, 1979, p. 318.

③ ISAC Report, p. 501.

④ 同上,p. 501.

⑤ 同上,p. 501。

⑥ 同上,p. 501。

不得不请求国会进行干预①。也就是说，美国的进出口银行将进一步发挥作用，以匹配欧洲向空客公司提供的出口信贷。

该报告的结尾部分则讨论了强制其他国家遵守这些守则的方法。航空产业界在呼吁对合规情况进行仔细监控的同时，也极力呼吁美国政府不要采取特别激进的、草率的行动。产业咨询委员会认为，由于航空贸易牵涉甚广，且其他国家存在反击报复的可能性，美国更需要具备公正的态度和判断力，而非对所谓的补贴做出"一触即发"的反应②。

除了向国会提交书面报告，美国在 1979 年 4 月于日内瓦签署了东京回合协议后不久美国航空产业界也派出代表前往国会。这次行动中的一个关键人物是航空航天产业咨询委员会主席乔治·普里尔（George Prill）。普里尔曾是美国航空航天工业协会和通用航空制造商协会的顾问，在整个东京回合谈判期间一直担任航空航天产业咨询委员会的主席③。普里尔简要地总结了支持《民用航空器贸易协定》的谈判交换条件：

> 美国的私有企业面对着来自能力强、技术先进、管理良好的竞争对手的挑战，这些竞争对手不是国有企业，就是与政府存在千丝万缕的联系。如果这些竞争者们用政府主导的采购、补偿生产需求和政府给予的利诱开展竞争，局势对美国企业来说就会变得非常艰难。
>
> 另一方面，如果美国继续对飞机进口征收关税，或通过输入许可、认证程序等打压进口飞机，我们将限制加拿大、日本和欧洲国

---

① ISAC Report，p. 501.
② 同上，p. 501，emphasis added。
③ 美国航空航天工业协会代表了从事民机与军机生产的大型航空航天企业。通用航空制造商协会是轻型飞机制造商的行业协会。

家进入美国这一全球最大的单一国家市场①。

普里尔对美国谈判代表取得的成果表示满意。尽管他也承认补贴是一个复杂的问题,但他认为政府不应补贴飞机项目的"基本原则"已经确立②。补贴问题不是由一项而是由两项法规进行管理,业界对此感到欣慰。对美国谈判代表和行业代表而言,谈判达成的一个关键成果是关贸总协定框架下的《补贴守则》与更具体的《民用航空器贸易协定》之间建立了联系。美国并不认为《民用航空器贸易协定》是一项独立于关贸总协定其他规则外的单独协议。相反,该协议只是关贸总协定规则的延伸,并且为特定行业提供了法律上的解释。关于《补贴守则》,特别贸易副代表阿隆佐·麦克唐纳(Alonzo McDonald)认为,美国工业将借此获得额外的保护。美国同意将"受损测试"作为美国国内反补贴法的一部分,这在很大程度上体现了美国对欧洲的让步。然而,麦克唐纳也指出,虽然"受损测试"在理论上能证明利益受损变得更加困难,但并不会损害美国在反补贴问题上采取单方面行动的权利③。正如之后的"空客争端"中所表现出来的那样,美国对《补贴守则》和《民用航空器贸易协定》之间关系的理解与欧共体对跟空客公司合作的政府机构的理解截然不同。

4.7 欧洲对《民用航空器贸易协定》的看法

美国为他们通过协定所取得的成果而感到高兴,这种态度一定程

---

① George Prill,"Multilateral trade negotiations",*Hearings Before the Subcommittee on Trade*,House Committee on Ways and Means,96th Congress,1st Session,Washington:USGPO,23 April,1979,p.578.

② 同上,p.578。

③ Alonzo McDonald,同上,p.499。

度上令欧方觉得难以置信。就欧共体而言，该协定于己是重大胜利，而对美国则是重大失败。正如一位欧洲受访者谈到美国时所说："我们很惊讶，他们竟然同意签署这项协定。①"由于协定里提及商业运作且对不合理的贸易打压有所限制，因此美方认为他们签订了一个严谨且合理的协定。欧洲则从相同的语句中看出了模糊性和例外条款。欧方认为可以从三个方面对协定进行解读：对航空器销售的影响、补贴以及民用航空器贸易委员会在争端解决方面的优先级。

首先，协定禁止政府在飞机销售活动中进行"不合理施压"，但并没有明令禁止合理的限制。英国认为，如果寄希望于政府永远不会对国家航空公司或国外航空公司出售飞机感兴趣，这个想法未免太过天真。欧共体认为，航空器贸易委员会应对何谓"不合理"给出便于操作的定义。然而，美国秉持的严禁政府施压的态度使得相关定义工作难以开展。

由于协定中要求航空器订立价格时要以收回非经常性成本为准则，美国人认为这就等同于对政府补贴进行了严格的限制，但欧洲人完全不同意这个观点。欧洲人认为，协定在多处条款中都明确了各签署国使用补贴的权利，能够继续进行直接补贴是欧洲的基本立场。对于空客公司的补贴而言，这些条款都是至关重要的。欧洲指出，美国在研发大型民用飞机方面的领先地位源于其航空产业为美国空军研发的轰炸机和运输机。

相比之下，规模相对较小、资金相对较少的欧洲航空产业从未研发过大型运输机或轰炸机。为了具备竞争力，空客公司必须学习美国企业在20世纪60年代通过研制B-S2和C-SA获得的技术。空客公司需要得到政府补贴以掌握波音公司和麦道公司在多年前就通过美国军

---

① 引述自1995年3月在伦敦对一位前DTI官员的采访。

用飞机研发项目所掌握的技术。从欧洲的角度来看,对于空客公司的直接补贴在效果上等同于美国的军事技术研发项目①。此外,欧洲认为《补贴与反补贴措施协定》对于补贴的限制(即补贴不应对另一签署国的贸易产生不利影响),并不会在空客问题上发挥作用。欧共体认为,任何有关美国航空产业(占全球客机市场80%以上)可能受到空客公司不利影响的说法都是荒谬的。此外,《民用航空器贸易协定》的序言呼吁为民用航空器建立商业竞争的环境。空客公司不正是在创造这样一个环境吗? 总之,欧洲有信心能够让空客公司免受美国的指控。

事实上,欧洲坚信,他们达成了一项有利于己方的协定,而美国则会迅速尝试对协定条款重新进行谈判。法国和英国都认识到未来会出现问题②,他们也已做好了应对风险的准备。

4.8 小结

东京回合谈判之后的几年内形成的共识是,美国在《民用航空器贸易协定》的谈判中失败了③。美国的谈判小组未能在协定中就国内补贴、政府采购和诱导行为等方面争取到足够严格的条款。此外,在序言中加入"冀望对各国发展航空航天产业提供公正、公平的竞争机会"为欧共体继续支持空客公司提供了借口④。事实上,该协定显然未对空客公司持续获得政府的支持构成任何阻碍。空客 A320 和空客 A330/

---

① 引述自 1995 年 3 月在伦敦对一位前 DTI 官员的采访。
② 同上。
③ 引述自 1993 年 11 月在华盛顿对一位前 USTR 官员的采访。负责补贴守则的团队也因相似的理由被指责。
④ Keith Hayward, Airbus: Twenty years of European collaboration, *International Affairs*, 64(1), Winter 1987/1988, p. 16.

A340 飞机项目都将在获得价值数十亿美元援助后于 20 世纪 80 年代推出。尤其是空客 A330 和 A340 项目的启动将引发美国方面极大的关注。

但美国真的能在 1979 年的谈判中占据上风吗？答案似乎是否定的。尽管看上去是矛盾的，但美国在航空领域的主导地位反而可能使其在谈判中处于弱势。在 20 世纪 70 年代，美国至少控制了全球 80% 的航空市场，甚至在部分领域由一两家美国企业垄断。过去美国的认证程序是全球标准，如果飞机未获得美国联邦航空局的认证，就无法在全球任意地区进行销售。此外，美国还拥有全球最大的航空运输市场，美国的航空公司在此基础上发展成为卓越的大型国际航空公司。

美国的主导地位只会进一步加强其他国家发展壮大本国航空产业的决心。加拿大、巴西、瑞典和欧共体成员国都决定进入这个行业。与接受美国主导地位相反，一股反航空产业美国化的潮流在全球蔓延开来。因此，美国的谈判代表在谈判时发现自己正在与一群已抱团的国家进行谈判。从美国的角度来看，协定的重点在于及时遏制贸易保护主义政策浪潮，毕竟说服这些坚定的竞争对手放弃各自的航空产业发展政策是不现实的。

意识到这一点后，美国的决策者们决定不在《补贴守则》或《民用航空器贸易协定》中针对国内补贴作严格的限制①。此外，如何对国内补贴进行监督也是一个棘手的现实问题，而美国似乎也不愿承担起这一重任。在航空器领域，政府对本国企业的补贴首次受到某种约束。美国成功地要求新飞机项目必须包含"资金投入可以成功收回研发成本"的合理预期。协定中的协商机制被认为可以提高政府在航空领域政策的透明度。

---

① Richard Rivers and John Greenwald，"The negotiation of a code on subsidies and countervailing measures"，pp. 1470 – 1471.

然而，尽管在任何情况下都很难就国内补贴达成国际共识，美国航空产业似乎没有认识到政府在资助空客公司飞机研发方面的作用，这与支持飞机销售是截然不同的两件事。美国航空航天工业协会的代表乔治·普里尔等认为，国际出口融资协议甚至比东京回合的《民用航空器贸易协定》更重要。波音公司则在 1978 年和 1979 年的大部分时间中持续向国会呼吁，支持进出口银行采取更加激进的出口金融信贷支持措施。

　　当美国业界思考如何匹配法国和德国为空客 A300 飞机配备的出口融资时，空客公司本身正在为空客 A310 飞机争取政府资金（和订单）。空客公司从波音公司的经验中汲取了重要的一点——完善产品谱系，并依托品牌通用性开展营销。直到 20 世纪 80 年代中期，美国企业才认识到政府财政在空客公司发展中发挥的重要作用，因此开始积极通过关贸总协定框架下的《民用航空器贸易协定》来施压，阻止空客 A330/A340 的研发项目。

第 5 章
没有硝烟的战争：
空客 A320 的面世

5.1 引言

1979 年签订的《民用航空器贸易协定》让美国航空产业松了一口气。正如本书所提到的，美国航空航天工业协会对该协定的条款感到满意，认为它能够保护美国企业免受不公平竞争的影响。然而，至 20世纪 80 年代，飞机贸易争端并未平息，反而愈演愈烈。1982 年，与早期设想的不同，《民用航空器贸易协定》显然已无法为美国企业提供保护。美国政府和业界逐渐达成了一个共识，即欧洲政府违反了协议的条款和精神，为空客公司提供了不正当的补贴。

事实上，东京回合谈判结束后仅两年，空客公司就推出了空客A320 飞机，这也是空客第一款真正意义上大获成功的产品。到了 20世纪 80 年代中期，空客公司计划启动远程飞机研发项目，从而将贸易争端推向高潮。但是，欧洲政府对此却持有不同观点。在欧盟委员会和空客公司参与国政府看来，对空客公司的补贴行为并未违反 1979 年《民用航空器贸易协定》的条款。美国对空客公司的指控显然只是为了打击波音公司和麦道公司的竞争对手。

在国会关于批准东京回合中形成的多项行业贸易协定的听证会上，当谈到《民用航空器贸易协定》时，美国官员提出希望美国政府加大监督力度以保证协定的条款能被真正地执行。更令人称奇的是，在 20

世纪 80 年代早期，空客公司在欧洲政府的大力支持下，推出了企业在当时最为成功的机型——空客 A320。在《民用航空器贸易协定》签署后的近四年里，全球飞机贸易中始终存在着一场没有硝烟的战争。

出口金融在这段时间依然是一个双方争论的问题，但空客公司及其成员企业收到的政府补贴却并没有得到重视。这一时期美国和欧洲各方在空客问题上相对平静。直至空客公司宣布研发远程机型空客 A330 和空客 A340，双方贸易关系才又变得紧张起来。

总体上看，争议双方依然能按照自己的计划向前推进。欧洲开始为空客 A320 的飞机设计和项目启动筹集资金。美国依然在呼吁严格执行《民用航空器贸易协定》中的条款，但却并未向欧共体施加过压力。

欧洲不愿就《民用航空器贸易协定》再次进行谈判。此时，他们已决心排除所有干扰因素，启动空客 A320 项目并全力推进。在航空产业的国际竞争环境平衡之前，欧洲不会配合任何一方改变 1979 年签署的《民用航空器贸易协定》。欧洲对空客 A320 充满信心，而美国也没有强行向欧共体施压。

美国未能阻止空客公司研发空客 A320 是其对空客政策的一次重大判断失误。空客 A320 飞机为空客公司带来了史无前例的成功。诚然，150 座级的空客 A320 并没有像空客 A310 那样对同类竞争机型波音 767 造成致命威胁。但无论如何，美国不做出强有力的回应是不合常理的。因此，本章我们将围绕一个问题展开分析，即美国政府在面对明显违反了 1979 年《民用航空器贸易协定》的空客 A320 项目时，为何既没有使用单边贸易制裁，也没有在关贸总协定的机制下采取更积极的方式保护自身利益？

本章将论证美国航空领域政府官员确实曾经试图阻止欧洲推进 A320 项目。然而，欧洲方面始终坚持自己的立场，如果美国继续阻挠，则有可能严重破坏跨大西洋贸易关系。但是，我们也必须看到，由于缺乏国内政界和企业界的支持，美国贸易官员无法做出更强势的回应。因此，美国官员也不得不将有关空客 A320 的事项移出政治议程。

首先，在企业贸易偏好方面，有观点认为航空产业的全球化使得行业内部很难形成统一战线。飞机制造商在很大程度上是唯一呼吁对欧洲采取更严厉措施的企业群体。发动机企业则恰恰相反，GE 公司和普惠公司都希望空客 A320 飞机能够选择自己公司的产品。

同时，虽然美国飞机制造商被空客公司的成功激怒，但他们还是对采取单边贸易的行为持谨慎态度，因为担心一旦采取针对空客公司的行为，他们将遭到排挤，被排除在欧洲飞机市场之外。此外，波音公司和麦道公司依然认为他们可以在市场上击败空客公司。波音公司和麦道公司在 150 座级飞机研发上的态度表明，美国企业尚未考虑和准备好采取相关保护主义措施。事实上，他们希望研发新的机型并在技术上超越欧洲企业。然而，当空客 A320 的销量远远超过美国所推出的竞争机型时，这种态度也发生了转变。

其次，类似美元汇率过高等宏观经济问题，往往会掩盖多边贸易中单一行业的问题。当然，美国也曾在钢铁和农产品贸易方面与欧洲有过摩擦。事实上，在里根总统第一任期内，钢铁贸易问题耗费了政策制定层的大量精力，使得其他类似空客公司这样正在发展的产业贸易纠纷暂时被搁置。总体来看，飞机贸易问题倾向于被纳入关于美国企业在高科技领域竞争力下降的一般性讨论。美国提出的修订关贸总协定框架下的《补贴守则》的要求恰恰反映了这一点。但是，美方的提议很快就被欧共体和其他关贸总协定成员国否定，他们对现有的补贴守则相当满意。

最后，我们需要考虑的是美国贸易政策的执行，而非贸易政策本身。里根政府的内部矛盾影响了美国应对空客公司的竞争。在所有矛盾之中，最主要的就是美国贸易代表办公室（United States Trade

Representative，USTR)和商务部之间关于贸易政策制定权的归属问题。在这两个部门达成共识前，贸易政策制定的流程效率是低下的。

5.2　细分市场空白

空客公司很早就意识到为客户提供系列化产品的重要性。波音公司在销售上的成功很大程度上要归功于完整的产品谱系。出于经济性的考虑，航空公司通常会优先考虑同一制造商的产品。来自同一制造商的飞机通常会配备相同的机载设备、驾驶舱构型，其维护标准也比较相近，这样航空公司就可以通过最小化航材储备以及飞行员培训来降低运营成本。自 20 世纪 60 年代以来，波音公司逐步扩大了产品生产线。到 20 世纪 80 年代初，波音公司已经可以生产从 105 座级的波音737 到 400 座级的波音 747 之间不同座级的民用飞机，并且针对不同的市场需求在基本型的基础上研发出了一系列的衍生机型和改装机型。

考虑到飞机研发所需的时间，空客 A300 项目一经启动，空客公司就已经开始思考新型号的研发工作。事实上，计划中的两个型号在最后都投入了生产，一个是空客 A310，而另一个则是与空客 A300 大不相同的空客 A320。空客 A320 的飞机设计最初是在 1977 年 8 月由四家成员企业组成的联合设计团队完成的[1]，当时这种机型被命名为"Joint European Transport"("JET")。1978 年，空客公司向美国的航空公司推介了这款新机型，目的是评估市场对于新机型是否有兴趣[2]。空客公司的行为也从侧面反映出美国航空公司对它的重要性。比如，空客

---

[1]　必须认识到空客公司是一个制造和营销的实体。因此，空客公司本身并不负责"设计"产品，而是将设计任务交给其成员企业。

[2]　*Aviation Week and Space Technology*，108(14)，3 April，1978，pp. 31 - 33.

A300 的设计参数部分参考了美国航空公司工程人员的意见,空客 A320 也会根据这些战略性合作伙伴的意见进行调整。总体来看,空客公司计划研发一款比空客 A300 更小的机型,机舱最多可容纳 180 名乘客。这款机型将能很好地填补大型客机与小型客机之间的空白。

波音公司和麦道公司也意识到了中程飞机的市场潜力,也在努力研发符合市场需求的新机型。根据当时的一项研究预测,至 20 世纪末,此类飞机的市场规模将达到 2 000～4 000 架[①]。尽管如此,波音公司和麦道公司似乎并没有表现出像空客公司那样的积极性。对于波音公司而言,过去商业上的成功源于对研发新机型的谨慎态度。尽管波音 727 中程飞机的技术水平较低,油耗也较大,但依然取得了销售成功。同样畅销的还有波音 737,波音公司每月需生产 14 架波音 737 以满足市场需求。1978 年,波音公司创下了 54 亿美元的年度销售纪录,并且宣布当前持有价值 111 亿美元的储备订单。商用飞机销售创造了波音公司超过 85％的业务[②] 1979 年波音公司的表现甚至比上一年更好,至当年 6 月交付了 140 架飞机(1978 年同期为 83 架),储备订单价值也上升至 156 亿美元[③]。

对于波音公司而言,研发新机型将面临两方面问题：第一个问题是,由于已经持有大量的销售订单和储备订单,生产线是否还有生产新飞机的能力[④]? 正在进行的波音 757 和波音 767 项目带给设计团队的任务压力也很大。当时的生产经营情况良好,至 1979 年 7 月,每月可

---

① "IAM economic outlook",由国际机械师和航空航天工人协会提交的一份意见书,"Industrial policy", *Hearings Before the Subcommittee on Economic Stabilization*, House Committee on Banking, Finance and Urban Affairs, 98th Congress, 1st Session, Washington DC: USGPO, 27 July, 1983, p. 828。

② *Aviation Week and Space Technology*, 110(8), 9 Feb., 1979, p. 35.

③ *Aviation Week and Space Technology*, 111(7), 13 Aug., 1979, p. 29.

④ *Aviation Week and Space Technology*, 114(11), 16 Mar., 1981, p. 26.

下线 28 架飞机①。第二个问题实际上是源于第一个问题。如果公司要推出一款新机型，那么有可能要以新机型的订单置换现有机型的订单，这将会影响到现有机型的销售。所以，有人担心波音 727 和波音 737 会因新机型而受到冲击②。考虑到以上两个困难，波音公司决定围绕波音 737 衍生型的研发开展工作③。这款名为波音 7J7 的衍生机型本应采用桨扇发动机技术（见下文），但是该项目在设计阶段就被终止。通过将最新技术应用于原有的型号之上，波音公司转而专注于研发新型737 系列飞机。

麦道公司尽管没有获得像波音公司那样的巨大成功，但由于1978—1979 年间美国飞机出口额总体上升了 211%，麦道公司也获取了可观的收益④。麦道公司研发的小型短程喷气式客机，如新型 DC-9-80，就广受市场欢迎。但是，麦道公司在推进中程喷气式飞机研发的过程中也有自己的困难。首先，当时 DC-10 客机已陷入了严重困境，对公司的整个民用飞机部门都产生了负面影响。截至 1980 年，这款飞机至少发生过两次坠机事件。第二次坠机事件发生于 1979 年，美国航空公司执飞的 DC-10 在芝加哥坠毁，全球的 DC-10 也随之停飞。1974 年巴黎空难后，DC-10 的舱门设计受到了很大的非议，虽然调查结果表明飞机的设计没有问题，但事故对公共关系的损害已无法

① *Aviation Week and Space Technology*，111(7)，13 Aug.，1979，p. 29.

② 波音公司可能是从麦道公司的 DC-8 中吸取了经验。DC-8 在 DC-10 出现后于 1970 年停产。但是，DC-8 不仅仅是一款受到市场欢迎的飞机，它在设计上还有利于改装，因此许多业界的专家认为将所有资源押在 DC-10 并非是明智之举。考虑到飞机产业中的学习曲线，DC-8 的收益本可以覆盖部分 DC-10 的成本支出。相关情况见 Artemis March，"The US commercial aircraft industry and its foreign competitors"，*MIT Commission on Industrial Productivity: Working Paper*，Cambridge MA：MIT Press，1989，p. 8 and note 10。

③ *Aviation Week and Space Technology*，114(11)，16 Mar.，1981，p. 26.

④ *Aviation Week and Space Technology*，111(8)，20 Aug.，1979，p. 22，from a US Department of Commerce Report.

弥补。此外，正如上文所提到的那样，航空公司发现 DC - 10 的航程和有效载荷也存在缺陷。

由于没有强劲的销售业绩来回笼资金，麦道公司被迫减少对中程客机的研发投入，转而把重心放在了先进技术中程运输机（Advanced Technology Medium Range transport，ATMR）项目上。1978—1981年，麦道公司曾试图以各种方式推动项目落实，也曾试图邀请欧洲制造商共同参与项目研发。法国达索公司曾表达了对该项目的兴趣，但最终放弃参与其中。

1977 年，法国政府表示将支持空客公司开发 150 座级飞机市场[①]，不支持达索公司接受麦道公司的邀请。法国政府将美方的提议视为其试图通过制造两家法国企业的对抗来破坏政府、达索公司和法国宇航公司之间的良好关系。这一帮助麦道公司的行为会对空客公司不利。麦道公司没有引起其他公司对 ATMR 的兴趣，因此也就没能将之转化为正式的、全新的机型。麦道公司转而又将精力集中在挖掘 MD - 80（DC - 9 衍生型）的全部市场潜力上。但欧洲航空公司曾抱怨 MD - 80机型在技术层面落后于其竞争机型。MD - 88 是 MD - 80 的子系列，配备了更新型的航空电子设备，这款机型在当时暂时被用来与空客 A320展开竞争。与此同时，麦道公司正在研发一款更新的、技术更先进的MD - 80 衍生型。这款新产品将应用桨扇发动机技术，即超高涵道比（ultra-high bypass engine，UHB）桨扇发动机，以实现更好的燃油经济性[②]。

达美航空公司在推进新型中程飞机研发的过程中采取的行动展现

---

① Pierre Muller，*Airbus Industrie，L'Ambition Européenne: Logique d'Etat，Logique de Marché*，Paris：Commissariat Général du Plan and L'Harmattan，1989，p. 122.

② 麦道公司道格拉斯部门总裁 James Worsham 的评论见 *Aviation Week and Space Technology*，124(15)，14 April，1986，p. 115 - 117.

了一个大型航空公司的能力。1981年4月，达美航空提出了自己对飞机设计的需求。它想要一款150座级的新飞机，同时强调由于燃油价格上涨，新飞机必须拥有提高燃油效率的新技术。此外，新机型必须在1986年前完成设计和取证。而制造商得到的回报将是达美航空价值高达50亿美元的巨额订单①。

达美航空设定的1986年期限给制造商提出了一个难题。由于达美航空希望提升燃油效率，而发动机设计必须与整机设计相结合，这便催生了当时一项令人兴奋的实验性新发动机技术的出现——桨扇发动机。这种设计相较于传统发动机需增加两组螺旋桨叶片，使其围绕着喷气发动机旋转。推力的提升将提高发动机的燃油效率。波音公司和麦道公司在这项未经验证的技术上投入了大量资源。空客公司也在1980年与普惠公司和汉密尔顿标准公司（Hamilton Standard）的子公司合作开展对桨扇发动机技术的研究。然而，参与这项研究的相关公司都面临着一个风险，如果这一技术上的尝试无法成功，那么它们都将失去获取巨额订单的机会。

空客公司在1982年做出了一个重要的决定：将继续在正在研发中的中程客机上使用传统的发动机技术。实际上，空客公司认为桨扇发动机技术还不够可靠，而且未必能在1986年之前投入使用②。空客A320将使用传统的，但也是最新的涡扇发动机技术。空客公司面临的风险是显而易见的，由于其放弃了在桨扇发动机技术上的投入，一旦桨扇发动机研发成功且如宣传的那般高效，那么在技术层面空客公司将被麦道公司和波音公司超越。空客A320在投入市场之前就注定会被淘汰。然而，波音公司却选择了相反的路线，决定坚持推进桨扇发动机

---

① *Aviation Week and Space Technology*，114（13），30 March，1981，pp. 27 – 30.

② 桨扇发动机的一个问题是噪声过大，见 *Air Transport World*，23（8），Aug.，1986，pp. 20 – 25.

技术的应用。但是，这样做就等同于放弃率先推出中程民用飞机的机会①。与波音公司的决定类似，在没有新发动机技术的情况下，麦道公司也不愿过早地启动自己的中程客机研发项目②。

有趣的是，达美航空虽然在 1981 年引发了中程客机的研发竞赛，但却不是任何新机型的启动客户。在达美航空宣布消息的两个月后，空客 A320 就在非正式场合出现了，这也体现了空客公司对客户需求的预测非常准确。空客 A320 预计于 1986 年进入市场，比波音公司的竞争机型早两年③。法国航空公司再次成为空客公司产品的首批客户，签署了 25 架飞机的确认订单和 25 架飞机的选择权订单④。但是，如果空客 A320 项目延期启动（在 1982 年 3 月后），法国航空就有权取消所有的引进计划。

而上述情况似乎是极有可能出现的。政府对于资金投入的担忧可能会使空客公司的研发计划停滞。虽然在 1982 年空客公司就宣布将要研发空客 A320，但是研发计划尚未得到所有空客公司参与国政府的批准。法国政府和航空业界都是空客 A320 的狂热支持者，而且法国两大制造商达索公司和法国宇航公司都曾考虑要进入这一细分市场⑤。然而，英国和德国方面则表示希望有更多的时间来评估这款飞机的市场潜力。同时，部分英国和德国的业界人士怀疑空客公司可能言过其实。另一方面，现有的空客 A300 和空客 A310 项目尚未盈利，因此各

---

① *Air Transport World*，22(3)，March，1985，pp. 37 - 42.

② 航空产业媒体报道称，美国企业对待挑战时不够积极的态度令达美航空感到失望。见 *Aviation Week and Space Technology*，115(21)，23 Nov.，1981，pp. 30 - 32。关于美国企业不愿研发全新机型的情况，见 Keith Hayward，*International Collaboration in Civil Aerospace*，London：Frances Pinter，1986，p. 58。

③ *Aviation Week and Space Technology*，114(24)，15 June，1981，pp. 24 - 27.

④ 同上，pp. 24 - 27。

⑤ Pierre Muller，*Airbus，L'Ambition Européenne*，pp. 121 - 124.

国政府对投资新项目的热情并不高①。更糟糕的是，全球对新飞机的需求在 1980 年初开始下降，而新飞机的研发成本预计高达 17 亿美元。

因此，空客公司的成员企业开始四处寻找更多的合作伙伴。美国洛克希德公司引起了空客公司的注意。虽然洛克希德公司在当时刚刚宣布放弃民用飞机业务，但该公司或许会对在美国开设一条空客 A320 生产线感兴趣②。从欧洲的角度看，这个提议有几个优点。其中就包括通过与一家美国企业签订合作协议，麦道公司和波音公司将难以游说美国政府向空客公司施加压力。但是，洛克希德公司最终回绝了这个提议。

空客公司于是继续寻找新的合作伙伴，但依然没有吸引到其他参与者。令人意想不到的是，这一行为反而增加了公司对四个参与国政府的影响力。在是否批准空客 A320 项目启动资金这一问题上，政府正遭受着前所未有的压力。行业分析人士非常肯定 150 座级飞机市场的前景。唯一的担忧是空客 A320 是否会在未来 2～5 年内被美国研发的、采用新技术的机型所取代。

虽然法国政府在 1981 年 6 月就承诺支持空客 A320 项目，但直到 1983 年初，德国政府和英国政府仍然犹豫不决。两国政府希望空客公司能通过获取更多订单来证明新机型的商业价值。德国人认为拥有 60～80 架飞机订单是必要的③。除了对成本的考量外，两国的国有航空公司——英国航空和汉莎航空——不愿意引进空客 A320 的态度也是两国政府犹豫不决的原因之一。英国航空在当时刚刚引进了一批波音 737 和波音 757 飞机。汉莎航空也在之前引进了一批波音 737 飞机，汉莎航空认为，市场真正的缺口在 300 座级远程民用飞机这一细分

① Keith Hayward，*International Collaboration in Civil Aerospace*，p. 58.
② Pierre Muller，*Airbus*，*L'Ambition Européenne*，pp. 154.
③ Hayward，*International Collaboration in Civilian Aerospace*，p. 61.

141

市场①，因此更希望空客公司研发一种能够代替 DC - 10 的飞机②。

　　法国人的耐心被逐渐消磨殆尽。法国宇航公司主席雅克·密特朗（Jacques Mitterrand）曾向他的兄弟法国总统弗朗索瓦·密特朗（Francois Mitterrand）抱怨过德国和英国在这个问题上摇摆不定的态度③。1983 年 10 月，英国金狮航空公司及时订购了 10 架空客 A320 飞机，从而化解了一场政治纷争。正如穆勒指出的那样，金狮航空对空客公司而言是一个重要的客户。由于金狮航空并不是国有企业，选择引进空客 A320 完全是出于商业考量，而借此交易有可能会带来更多的订单。这对空客公司及其合作伙伴而言已经足够支持它们获得政府的资金支持。最终，德国政府承诺负担成本分摊后 MBB 所需支付费用的 90%，总计 3.88 亿英镑④。英国政府也提供了价值 2.5 亿英镑的启动资金补贴，虽然比英国宇航公司期望的要少，但由于政府补贴主要是用于承担研发项目的早期费用，英国宇航公司有充足的时间来筹借剩余部分的资金。虽然各国政府担心投资新项目带来的财政风险，但它们更担心空客公司会因资金短缺而破产⑤。当然，政府也有其他更为有力的理由选择继续支持空客公司。空客公司看上去是遵守了以商业成功为导向制定公司决策的承诺，这使得空客公司获得了政府的信任。就连撒切尔内阁中的一些人也开始认可起空客公司来⑥。考虑到空客公司正处于实现商业成功的关键时刻，而且项目失败会使无数纳税人的钱付诸东流，对空客公司的政治支持进一步提升了。

---

①　*Air Transport World*，19(5)，May，1982，p. 32.

②　空客 A330/A340 能满足汉莎航空的需求。

③　Pierre Muller，*Airbus，L'Ambition Européenne*，pp. 131.

④　Hayward，*International Collaboration in Civil Aerospace*，p. 62.

⑤　Keith Hayward，"Airbus: twenty years of European collaboration"，*International Affairs*，64(1)，Winter 1987/1988，p. 15.

⑥　Hayward，*International Collaboration in Civilian Aerospace*，pp. 60 - 62.

空客公司的高层们总是不厌其烦地强调波音公司的成功源于其完整的产品谱系，空客公司认识到自己的商业前景不应只取决于单一机型的成败。政治问题耽误了两年时间，空客 A320 的交付工作直至 1988 年才正式启动。幸运的是，在此期间桨扇发动机技术并无突破性进展，空客 A320 仍然是所有主要制造商的产品中唯一一款正在研发的全新机型。空客公司还宣布，如果新的发动机技术真的成功了，空客 A320 也随时可以进行改装，这进一步降低了政府对空客 A320 前景的担忧[1]。

尽管使用的是传统的涡扇发动机，但空客公司正在研发的空客 A320 仍是最新客机技术的集大成者。长期以来，空客公司一直将技术水平视为其与美国企业竞争的生命线。欧洲劳动法和其自身多国持股的组织架构意味着空客公司的生产成本一定比美国企业的高。因此，空客公司选择向客户提供"更高级"的产品，以支撑其定价的合理性。但是，空客公司在选择了这样一种发展路径的同时还能以低价销售飞机，这使得美国人感到无比震惊。

空客 A320 设计中最著名也是最具争议的一点是它广泛使用了"电传"技术。与之前的所有飞机不同，空客 A320 的操纵面由电子设备驱动，而不是通过电缆连接到驾驶舱的机械装置驱动。这样的设计降低了飞机的重量，但电子飞行控制系统的真正优势在于"飞行管理"。简单地说，有了负责控制飞机的计算机，飞控系统就能够进行精细操作。由于飞机对飞行员的输入指令可以做出更精确的反应，燃油经济性和客舱舒适性也会大幅提升。

空客 A320 在销售上取得了巨大成功。截至 1986 年 7 月，也就是试飞的几个月后，空客公司就已经获得了 247 架飞机的订单[2]，仅在

---

[1]　*Air Transport World*，20(3)，March，1983，p. 31.

[2]　*Air Transport World*，23(7)，July，1986，p. 15.

1986 年就取得了 236 架飞机的订单[1]。更重要的是，截至 1992 年，全球约 35 家航空公司订购了这款飞机。全日本空输航空公司放弃波音 737 转而订购 10 架空客 A320 的决定震惊了波音公司和业界[2]。空客 A320 的其他客户包括汉莎航空公司和西北航空公司在内，1992 年甚至向美国联合航空公司售出了 50 架飞机。在进入市场四年后，空客 A320 的累计订单数就已达到 701 架[3]。这样的销售水平令人惊叹，在此之前，还没有任何一家欧洲企业的累计订单数超过 300 架[4]。此外，600 架是行业普遍认为的盈亏平衡点。由于空客公司没有公布个别项目的财务数据，因此无法断定空客 A320 项目是否已经开始盈利。然而，可以肯定的是，空客 A320 的出现使得美方再也不能说空客公司无法生产出成功的商业产品。空客 A320 的成功对空客公司而言无疑是一场"及时雨"，从中获得的、来自政府的信任正是就后续产品（空客 A330 和空客 A340）研发进行谈判的保障。

空客 A320 的成功给美国制造商带来了一个问题。由于空客公司是在政府的帮助下发展起来的，美国企业仍有理由声称它们不是在与欧洲航空企业对抗，而是在与其他国家的财政部展开竞争。尽管如此，空客 A320 的成功足以证明空客公司生产商业成功产品的能力，这意味着如果贸易制裁真的发生，航空公司未必会站在美国企业一方。

欧洲政府官员认为，美国之所以启动东京回合民用航空器贸易的谈判是因为想要阻碍空客 A320 项目。1978 年，空客公司将推出空客

---

① Laura D'Andrea Tyson, *Who's Bashing Whom？ Trade Conflict in High-Technology Industries*, Washington, DC: Institute for International Economics, pp. 158 - 159, Table 5. 1.

② *Aviation Week and Space Technology*, 125(24), 15 Dec. , 1986, p. 34.

③ Flight International, 21 - 27 Oct. , 1992, p. 38.

④ 法国 Caravelle 公司售出 279 架，见 Laura D'Andrea Tyson, *Who's Bashing Whom?*, pp. 178 - 179, Table 5. 5.

A320 项目的决策已经为业界所熟知。尽管美国在其提交的谈判建议书中没有直接提到空客 A320，但欧洲谈判代表们认为美国希望取消飞机生产中所有"未来补贴"的企图就是为了阻止空客 A320 项目启动①。

1980 年，美国驻关贸总协定飞机委员会贸易代表斯蒂芬·派珀（Stephen Piper）扬言要在委员会中解决空客 A320 的补贴问题。欧洲代表则极力反对他的说法，他们辩称协定明确了政府拥有补贴类似空客 A320 这样的研发项目的权利。空客 A320 对空客公司的商业前景至关重要。

他们还警告美方，称任何想要阻止空客 A320 项目启动的企图都将引发美国与欧洲之间的严重矛盾②。飞机委员会中的法国代表米歇尔·拉各斯（Michel Lagorce）总是不厌其烦地向派珀解释空客公司对于法国的重要性。虽然承受着来自美国代表的压力，但是法国与英国代表背后是欧共体代表的大力支持。对于欧共体而言，空客公司是欧洲在高科技领域取得成功的重要标志。虽然当时欧共体尚未介入空客公司的运营，但是在政治上的大力支持同样保护了空客公司③。

在欧洲官员中，也有人认为空客 A320 的出现可能会迅速破坏 1979 年签订的《民用航空器贸易协定》。欧洲人急于让航空委员会厘清自己的职能，而这需要一段相对平静的时间。在这段时间里，航空委员会将处理争议相对较小的问题。如果把空客 A320 问题提交给委员会审议，无疑将会引起诸多争议，严重损害人们对于协定有效性的信心④。对于美国而言，航空委员会存在的意义就是解决争端，而且毫无疑问空客 A320 是存在争议的。

---

① 引述自 1995 年 3 月在伦敦对一位前 DTI 官员的采访。
② 同上。
③ 同上。
④ 同上。

斯蒂芬·派珀并没能将空客 A320 问题提请航空委员会审议。欧洲代表们的统一立场使他认为不值得冒着风险继续推进申诉进程。与此同时，如何获得对抗空客公司所需的国内支持也是派珀需要解决的问题。美国飞机制造商不愿意呼吁政府对空客公司采取强硬的行动。麦道公司和波音公司都担心，如果继续就空客问题提起申诉，他们的产品在未来可能会遭到欧洲政府的报复[①]。而其他大部分航空企业也对空客问题不感兴趣，即使部分企业感兴趣，他们也无法就是否采取单边贸易制裁行为达成一致。

派珀和其他几位熟悉空客问题的官员都无法说服里根政府对空客公司采取更强硬的行动。当时的里根政府正忙于解决国内矛盾和类似美元汇率这样的宏观经济问题。在这种情况下，国内支持力量不足使派珀放弃了与欧共体的对抗。

5.3　美国航空界应对空客公司的崛起

在空客 A320 飞机获得成功之前，空客飞机的销量已经足够让一些美国企业感到压力。尽管全球新飞机订单量从 1980 年起有所下降，但空客公司的市场份额依然在逐步上升。1981 年，在全球售出的宽体客机中，空客 A300 和空客 A310 就占据了其中的一半。1982 年，由于非美国航空公司拒绝引进波音飞机，波音公司的海外销售额下降了 36％。几家美国本土航空公司的波音 767 订单成了波音公司的"遮羞布"[②]。

1983 年，众议院银行、金融和城市事务委员会举行了一系列关于

---

① 引述自 1995 年 6 月对一位美国商务部的官员的电话采访。

② 订单总价值从 1981 年的 60 亿美元下降到 1982 年的 30 亿美元，见 The Boeing Company，Annual Report 1992，Boeing Company：Seattle，pp. 9 ＋ 19。

机床、钢铁和飞机等多个行业的大型听证会。举办听证会的目的是探讨美国"核心产业"的竞争力问题①。美国航空产业内部的不同看法反映出形成制裁空客公司的一揽子激进贸易政策所面临的实际困难。空客公司已经在美国航空产业中成功地造成了微小却重要的分裂。一开始就与空客公司合作的美国零部件供应商看到了自身业务大幅扩张的可能性，因此不希望美国采取贸易保护措施损害空客公司的发展前景。

这些企业大多是发动机制造商。GE 公司和普惠公司都担心美国对空客所采取的激进手段会影响它们的生产经营。截至 1983 年，GE 公司已经通过斯奈克玛公司与空客公司建立了长期合作的关系。GE 公司非常重视法国的合作伙伴。1980 年，GE 公司宣布在法国新建一座发动机制造厂，并在 CF6 - 80C 的设计和制造方面赋予斯奈克玛公司更大的影响力②。此举被认为是对法国政府通过干预使得 CF - 6 成为空客 A310 的首发发动机的回报。普惠公司也希望借助空客 A310 项目成为空客公司的供应商，而最终两家企业都获得了成功。值得注意的是，罗-罗公司在当时却没有向空客飞机供货，空客 A300 和空客 A310 都不能安装英国发动机。在罗-罗公司改变自己的立场之前，空客公司暂不考虑"购买欧洲发动机"。当然，美国发动机企业自然也不会给欧洲机会去改变现行的政策。

空客 A320 的出现为美国发动机制造商提供了绝佳的机会。空客公司可以选择 GE -斯奈克玛合资企业（即 CFM 国际公司）生产的 CFM - 56 发动机，也可以选择国际航空发动机公司的 V2500 发动机。普惠公司、罗-罗公司、德国 MTU 公司和日本航空发动机公司都是 IAE 联盟的成员。

① Opening statement of John LaFalce，committee chairman in，"industrial policy"，p. 661.

② *Aviation Week and Space Technology*，113(18)，3 Nov.，1980，p. 218.

以上两种发动机都是传统的涡扇发动机。CFM 发动机已临近生产阶段，并计划配备在波音 737 系列飞机上。但是与此同时，两家美国企业也在研发供应美国制造商的桨扇发动机技术。总体来看，只要有一方的新机型研发计划成功实施，美国的发动机制造商就能获得足够的利益。唯一一种失败的可能性就是全球市场环境恶化打乱了飞机制造商的计划，并导致新机型项目搁浅。

由于发动机制造商已经在涡扇发动机技术上投入了大量的资金，他们显然希望见到空客 A320 项目的成功启动。此外，空客 A320 项目显然比它的美国竞争者进展更快，正如达美航空总裁大卫·加勒特（David Garrett）所说，美国航空公司购买的大量空客飞机必须配备美国发动机，以应对可能出现的各种意外情况①。

因此，发动机制造商在航空贸易政策问题上敦促各方保持谨慎的态度就不足为奇了。普惠公司母公司联合技术公司（高级副总裁克拉克·麦格雷戈（Clark MacGregor）向国会汇报了以下信息：

> 目前，两家美国发动机制造商都正在为与美国制造商竞争的空客飞机供应发动机产品，这使得航空产业的市场竞争变得更加复杂。虽然空客飞机的每笔订单意味着美国飞机制造企业的损失，但这也是美国航空发动机制造商的机会。美国政府在制定有关航空产品的贸易政策时，必须统筹考虑发动机制造商和飞机制造商的利益。如果不能在海外市场获取可观的市场份额，美国民用航空发动机行业将很难继续生存下去②。

---

① *Air Transport World*，19(3)，March，1982，p. 22.
② 联合技术公司高级副总裁 Clark MacGregor 的书面证词，"Industrial policy"，p. 706，emphasis added。

麦格雷戈还提到，国际合作对美国企业至关重要。全球化成本高、风险大、利润低，且全球市场准入是商业成功的必要条件。①

普惠公司与其他几家企业一起呼吁美国政府制定以鼓励基础研发为导向的航空产业政策。麦格雷戈告诉议员们，政府与行业开展技术合作的好处有：

> PW‑2037 发动机的燃油效率的提升在很大程度上要归功于NASA 的能源高效发动机（E‑cubed）计划。事实上，普惠发动机的油耗性能比国外竞争对手高出约 8%。我们可以说两款发动机的效率差距中的一多半都是 NASA 的能源高效发动机计划创造的②。

其他证人认为，国外竞争对手的崛起实际上等同于美国本土就业岗位的流失，麦格雷戈不同意这一观点。如果美国企业必须与国外企业合作才能在市场上夺得一席之地，那似乎也没有其他更好的选择③。

参加同一系列听证会的波音公司高管同样在空客问题上持谨慎态度。波音公司副总裁鲍里斯·米舍尔（Boris Mishel）表示："我们认为有两种可行的方案。一种是加大政府对企业的支持力度，以抵消竞争对手（空客公司）所享有的非市场相关优势；另一种则是发展我们自己的多边合作机制。④"他并没有建议根据《民用航空器贸易协定》制裁欧洲的补贴行为。

---

① 联合技术公司高级副总裁 Clark MacGregor 的书面证词，"Industrial policy"，p. 708，emphasis added。

② 同上。国外竞争产品是罗‑罗公司的 RB‑211 发动机。两款产品都是波音 757 主要使用的发动机。

③ 同上，p. 710。

④ 波音公司副总裁 Boris Mishel 的书面证词，"Industrial policy"，p. 720，brackets added。

针对行业健康发展的问题,国际机械师和航空航天工人协会（International Association of Machinists and Aerospace Workers, IAM)向国会提交了一份有趣的意见书。尽管该协会发言人理查德·格林伍德(Richard Greenwood)认同其他证人关于不正当竞争的观点,但实际上他却是唯一呼吁关注美国企业在允许外方进入某些市场上所犯的战略错误的人。格林伍德指出,波音公司的第一架767飞机是在空客公司分析出大型双发客机的市场前景,并完成空客A300研发6年后才正式下线的。此外,他还指出新技术研发的迟缓是导致美国通用航空产业衰退的主要原因①。作为工会的发言人,格林伍德对全球化缓解市场竞争压力这一观点的怀疑态度并不令人吃惊。他指出:"我们想说的是,当美国跨国企业的股东将资本、技术和生产线转移到海外时,无论是转移到子公司还是与国外企业合作,他们实际上就变成了真正意义上的海外竞争对手。②"

业界唯一达成共识的是现有的《民用航空器贸易协定》并未实现美国早期设定的目标。"我们认为早在几年前签署民用飞机贸易协定时就实现了公平贸易。各国都会消除贸易壁垒,共同创造一个自由公平的全球市场环境。然而,两年过去了,我们显然还没有实现公平贸易。③"尽管不满意协定的效果,但是与会人员没有提出如何修订协定的具体建议。

总而言之,截至20世纪80年代中期,美国航空产业还没有就如何应对空客公司的竞争达成共识。主制造商麦道公司和波音公司选择在150座级飞机市场上与欧洲的空客公司展开竞争。当它们谈到空客公

---

① 国际机械师和航空航天工人协会发言人 Richard Greenwood 的书面证词,"Industrial Policy",pp. 803 - 809。

② Greenwood,"Industrial Policy",p. 797.

③ Stimpson,"industrial Policy",p. 913.

司的销售业绩时，总是将其归功于欧洲政府的出口金融补贴政策。

除了 1979 年的《民用航空器贸易协定》没有按计划执行外，航空产业的供应商企业也没有形成统一的立场。只要他们的产品能被安装在空客飞机上，美国发动机制造商便不愿见到美国政府对欧洲采取行动。唯一的共识是希望美国政府加强对航空产业基础研究的支持。

5.4 复杂的政治议程和内部政治斗争

即使美国航空产业能够在空客问题上形成统一战线，20 世纪 80 年代初也并不是解决这一问题的恰当时机。一方面，里根总统第一任期内的贸易政策制定程序是极为混乱的。有关部门常常会因职责问题发生争执。另一方面，当时需要解决的贸易问题层出不穷，因此美国政府难以从中分辨出关键问题，而空客问题仅仅是众多问题中的一个。当时，美国政府更倾向于将空客问题纳入美国在核心产业竞争力下降这个一般性问题下进行讨论。直到里根总统的第二任期，随着空客 A330 和空客 A340 项目的启动，空客问题才成为主要的行业贸易问题。1981—1984 年，欧盟与美国之间出现贸易摩擦的领域主要是钢铁和农业，虽然一些官员在此期间提出希望政府对空客公司采取更加严厉的手段，但他们的建议却没有受到重视①。在里根总统第一任期的绝大部分时间里，行业贸易并不是最重要的贸易问题，宏观政策才是当时贸易争端的关键所在。美元汇率的大幅波动是当时国际贸易问题的焦点，类似"空客争端"这样的行业贸易争端也因此暂时被搁置。

欧洲人则认为，类似"空客争端"这样的行业贸易问题与宏观经济

---

① 引述自 1993 年 11 月在华盛顿对一位前 USTR 官员的采访。

政策是密不可分的。空客公司的高层担心美元汇率的波动会影响公司的经营，增加成本和收入的不确定性①。因此，欧洲业界和有关政府都乐于见到美元问题占据"舞台中心"。这也分散了人们对空客 A320 项目启动的关注。

在里根总统的第一个任期内，影响美国贸易政策制定的一个主要问题是美国贸易代表办公室和商务部之间的互相掣肘。矛盾的核心是争论哪个部门才是贸易问题上所谓的"牵头部门"。戴斯特勒（Destler）指出，美国贸易代表办公室在决策机构中的地位比较特殊，因为它本质上是一个具有特定政策职责的部门。那些在内阁部门以及总统办公室协调部门中崇尚清晰职能划分的官员就经常会因此而针对贸易代表办公室②。

美国贸易代表威廉·布洛克（William Brock）领导的贸易代表办公室在当时正在经历重大变革。美国特别贸易代表在多边谈判各回合中的优异表现使得特别贸易代表办公室提级为美国贸易代表办公室。其他方面，美国贸易代表办公室从国务院手中接管了处理关贸总协定相关事务的职责，并在贸易政策制定层面拥有极大的权力③。

其他部门也发生了变化。商务部从财政部那里接管了反补贴和反倾销调查的职责。机构改革的总体方针是让美国贸易代表办公室负责贸易政策的制定，商务部则负责政策的执行。戴斯特勒指出，只有在两个部门的领导接受各自的定位、互相配合的前提下，贸易政策才可能成功，而这就意味着商务部必须听从美国贸易代表办公室的安排。④

---

① Muller，*Airbus，L'Ambition Européenne*，p. 152.

② I. M. Destler，*American Trade Politics*，2nd ed.，Washington DC and New York：Institute for International Economics and the Twentieth Century Fund，1992，p. 118.

③ 同上，pp. 116 - 118。

④ 同上，pp. 117；emphasis in original。

但是，期望中的部门协作并没有出现。里根总统任命马尔科姆·巴德里奇（Malcolm Baldrige）为商务部部长，但他立即着手在美国贸易代表办公室和商务部之间建立了一种与前任卡特总统的期望完全相悖的关系。巴德里奇希望商务部负责贸易政策的制定。商务部的强势地位影响了美国贸易伙伴的处境。这是因为巴德里奇个人强烈支持美国对所谓的不公平贸易行为采取更加强硬的立场。巴德里奇认为，由商务部统筹贸易有关事宜是明智的选择。由于商务部负责美国贸易法律的执行，负责领导国际贸易协定的谈判也是合乎情理的，因为国际协定最终也需要由商务部负责具体的执行。此外，商务部还负责汇总美国贸易代表办公室工作中需要使用的贸易数据，并对此进行解释①。鉴于此，为什么商务部不将美国贸易代表办公室的决策职能也一并纳入？我们并不清楚美国贸易代表办公室的未来会怎样发展，但可以明确的是，将美国贸易代表办公室并入商务部的传闻曾经出现过②。

贸易政策制定职能的整合也将有助于推进巴德里奇的激进策略。将大部分政策流程控制在商务部内部，可以减少由于跨部门流程而导致的提案被弱化的情况。商务部因此会有更大的空间来制定强硬的贸易政策和相关的实施路径。

除此之外，还存在一些次要的问题。一方面，财政部和商务部难以厘清各自在反倾销调查方面的权责③。另一方面，有时一个部门的下级官员会更加赞同另一方的路线。例如，美国贸易副代表迈克尔·史密

---

① 商务部负责国际贸易的副部长 Lionel Olmer 的书面证词，"US trade policy phase I：Administration and other public agencies"，*Hearings Before the Subcommittee on Trade*，House Committee on Ways and Means，97th Congress，1st Session，Washington：USGPO，3 Nov.，1981，p. 411。

② 引述自 1991 年 10 月在弗吉尼亚州夏律第镇对一位商务部官员的采访。

③ 同上。

斯（Michael Smith）就被认为是巴德里奇强硬路线的支持者①。

美国政府内部的混乱情况使得制定针对空客问题以及其他行业贸易问题的政策变得极为困难。权责的混乱意味着政府无法在贸易问题上发挥指导作用。领导力的缺失意味着个别行业把握住了定义政治议程的机会。里根总统团队发现，大多数情况下他们都是被动地回应企业的需求（这些要求通常涉及部分保护主义政策），而不是通过主动提出清晰的贸易政策以平息这些保护主义情绪②。除了广泛地呼吁严格执行《民用航空器贸易协定》的条款之外，美国航空产业在空客问题上缺乏统一的立场，这也使得政府更容易忽视空客问题。

尽管如此，也正是在里根总统的第一任期内，形成了美国未来针对空客政策的总体框架。曾参与过 1979 年《民用航空器贸易协定》谈判的美国特别贸易代表斯蒂芬·派珀指出："协定的监督执行需要美国政府和产业界的密切合作。"但问题仍然存在。外国政府的直接补贴是最大的问题，此外还有出口融资、补偿协议、政治干预、进口限制以及对美国企业的出口管制以鼓励企业寻找非美国的供应商③。

其他部门也参与了贸易政策制定工作。美国联邦国际贸易委员会（Federal International Trade Commission）编写了一份关于海外贸易伙伴将美国相关产业作为竞争对象的报告。航空产业就是其中之一，空客公司被视为欧洲挑战美国航空产业的主要代表④。此外，美国国家科

---

① 引述自 1993 年 11 月在华盛顿对一位前 USTR 官员的采访。

② Destler，*American Trade Politics*，2nd ed.，p. 122.

③ 美国贸易代表办公室航空航天政策协调人 Stephen Piper 的书面证词，"US trade policy phase I：Administration and other public agencies"，Hearings Before the Subcommittee on Trade，House Committee on Ways and Means，97th Congress，1st Session，Washington：USGPO，3 Nov.，1981，pp. 405 - 406。

④ US International Trade Commission，*Foreign Industrial Targeting and Its Effects on US Industries：Phase II*，the European Community and Member States，Washington：USGPO，1984，p. 125；cited in，Congressional Research Service，*Effects of Federal Economic Policies on US Industries*，Washington：USGPO，1988，p. 91.

学委员会正着手编写一份报告，以呼吁美国政府加大对军用和民用航空技术的研发力度①。因此，尽管空客公司本身并没有得到美国高层过多的关注，但美国政府已经意识到，未来在航空领域可能会发生贸易冲突。

正如本书所提到的那样，里根政府第一任期内在处理贸易问题时一般都尽量避免侧重于某一特定行业。因此，对空客公司的指控被纳入了多边贸易协定中有关国家合规问题之中。1982 年举行了一次关贸总协定部长级会议，以审查东京回合中通过的规则的执行情况和进一步强化多边贸易体系②。在这次长达数年的审查过程中，美欧双方都积累了丰富的、未来将被用于"空客争端"中的经验。审查的焦点是高技术产业的贸易问题。包括美国在内的几个国家提出，《补贴守则》并没有被严格执行。各国仍然不愿按照《补贴守则》中的要求向关贸总协定提交补贴方案清单。因此，对各国合规情况的担忧是合理的。美国的谈判代表认识到国内补贴不应该被排除在监管之外，只有信息透明才能有效防止不公平贸易的行为③。因此，缺少一个甚至是最低层级的合规审查是一个极大的漏洞。

5.5 欧洲对补贴的看法

欧共体对补贴审查问题持不同看法。欧方认为美国重提补贴问题不过是出于自身利益的考虑。对各国补贴情况的审查毫无疑问将会导

① National Research Council，*The Competitive Status of the US Civil Aviation Manufacturing Industry*，Washington：National Academy Press，1985.

② Patrick Low，*Trading Free: The GATT and US Trade Policy*，New York：Twentieth Century Fund Press，1993，pp. 190 – 202.

③ 同上，特别是第 4 章。

致研发补贴的减少。美国也会由此"锁定"自身在电信、计算机、飞机和生物技术等高技术行业的领先地位。美国企业声称没有拿过政府的直接补贴用于技术研发项目，欧方则对此持怀疑态度。美国企业通过军事技术研发项目获取了大量政府补贴，美国国防部在其中的作用实际上就等同于欧洲国家的财政部①。

1983 年，欧共体正在研究一种支持高技术产业发展的综合性方法。同年 5 月，欧共体发布了第一份《框架计划》，并计划于 1984 年至1987 年实施该计划②。提高"产业竞争力（尤其是新技术领域）"就是文件中提出的一个目标。新技术领域包括航空、计算机和电信。在提高产业竞争力的 10.6 亿欧元的总预算中，约有 6.8 亿欧元将被用于新技术领域③。虽然这一计划针对的是科研合作方面，但是欧共体希望集中研究资源可以带动企业之间的合作和重组，最终形成高新技术产业中真正的欧洲企业巨头④。

几个高新技术产业联盟的出现与《框架计划》息息相关。相关政策已经初见成效，因此对产业政策加以限制并不是一个好的选择。空客公司无疑是产业政策的受益者。截至 1982 年，空客 A300 和空客 A310都取得了不错的销售成绩，同时空客 A320 的商业前景也非常可观。空客公司的成功足以证明欧洲公司在技术方面可与美国企业抗衡。与此同时，其他产业的合作项目也在不断推进，其中针对信息技术的欧洲信

---

① Patrick Low，*Trading Free: The GATT and US Trade Policy*，New York：Twentieth Century Fund Press，1993，p. 203.

② Commission of the European Communities，Prospects for the development of new policies：Research and development，energy and new technologies，*Bulletin of the European Communities: Supplement 5/83* Brussels：CEC，1983，p. 8；brackets in original.

③ 同上，Annex III。

④ Michel Richonnier，"Europe's decline is not irreversible"，*Journal of Common Market Studies*，22(3)，Mar.，1984，p. 240.

息技术研究发展战略计划于 1982 年正式启动①。欧盟委员会，尤其是欧盟委员会主席艾蒂安·达维尼翁（Etienne Davignon），做了大量工作将欧洲信息企业的领导人聚在一起，共同讨论未来的发展规划。与航空产业一样，欧洲信息技术领域早期的失败教训，使企业都非常期望获得政府的资助以实现企业的发展目标②。许多欧洲人认为在几个高技术产业上，欧洲的处境不容乐观，因此他们非常反对那些只对美国企业有利的多边规则。

综上所述，欧方拒绝修订《补贴守则》的态度就不难理解了。事实上，欧盟认为《补贴守则》对透明度的要求远远低于关贸总协定。因此，在厘清《补贴守则》和关贸总协定之间的关系之前，欧共体将拒绝提交关于补贴的信息③。欧洲国家和日本一直不愿提供国家补贴计划的详细信息，即使在其他国家陆续向位于日内瓦的补贴守则委员会（Subsidies Code Committee）提交申请后，它们依然我行我素④。

欧洲人倾向于将美国的指控当作美方因竞争对手能力不断增强而感到不满的发泄方式。他们还指出，美国的财政预算政策才是对美国企业最大的威胁。里根政府的巨额财政赤字便是最好的证明。1981—1986 年，美国联邦财政赤字从 790 亿美元增长到 2 110 亿美元，增长速度是国民生产总值增速的两倍⑤。为了偿还政府债务，美国政府通过金融手段快速吸收全球资本进入美国，从而推高了美元的汇率。在汇率

---

① ESPRIT 是首个框架计划的一部分，相关情况见 CEC，"Prospects for the development of new policies"，pp. 25 - 34。

② Wayne Sandholtz, *High-Tech Europe: The Politics of International Cooperation*，Berkeley：University of California Press，1992，pp. 4 + 308.

③ Joseph Grieco, *Cooperation Among Nations: Europe, America and Non-tariff Barriers to Trade*，Ithaca：Cornell University Press，1990，p. 82.

④ 同上，pp. 82 - 83，146 - 148。

⑤ C. Michael Aho and Marc Levinson, *After Reagan: Confronting the Changed World Economy*，New York：Council on Foreign Relations，1988，p. 23.

最高的时候，美元的价值大约比维持国际收支平衡所需的汇率高出40%[1]。美元的升值就好比"对本国生产征税和对国外生产的补贴"[2]。

美国飞机制造商也开始意识到美元估值过高的负面影响。1985年，美债利率已经达到12%，购买飞机的融资成本令人望而生畏，与此同时，波音757和波音767飞机的销量也在1984年跌至12架。波音公司副总裁乔·萨特（Joe Sutter）说："人们很难为我们的新飞机买单。[3]"

美元的升值无疑对部分欧洲产业有利。例如，保时捷和宝马等豪华汽车制造商在美国的销售额创造了新纪录[4]。但对于以美元计价的行业，例如民用飞机，就未必是一件好事了。欧洲航空企业不得不一直在外汇市场上对冲风险，他们的生产成本是以本国货币支付，然而飞机销售的收入却是美元。尽管美元升值提升了空客公司的收入，但币值的剧烈浮动使对冲操作变得尤为困难。另一方面，对于空客公司而言，用本币付款的欧洲航空公司的购买力显然是更强的[5]。

无论如何，欧洲航空产业仍然担心美元价值的波动会影响其研发新机型的计划。欧共体希望美元汇率保持稳定，在里根政府期间，欧方反复表达了这一立场[6]。

里根政府也逐渐意识到美元汇率过高带来的负面影响。事实上，这种对宏观经济形势的担忧已经成了贸易问题的核心。乔治·舒尔茨

---

[1] Destler，*American Trade Politics*，2nd ed.，p. 57.

[2] C. Michael Aho，America and the Pacific century：Trade conflict or cooperation？*International Affairs*，69（1），Winter 1991‐1992，p. 20.

[3] *Air Transport World*，22（3），March，1985，p. 38.

[4] 大体而言，美元的高价值会促使其他经济体更加依赖出口为导向的经济增长模式。见 Andrew Walter，*World Power and World Money*，Hemel Hempstead：Harvester Wheatsheaf，1993，p. 222。

[5] *Air Transport World*，22（3），March，1985，p. 38.

[6] Low，*Trading Free*，p. 200.

(George Schultz)将美国贸易顺差下降的原因大半归咎于美元汇率失衡[①]。这进一步掩盖了民用飞机等行业中的贸易问题。最终，主要国家的中央银行于 1985 年达成《广场协议》(Plaza Accord)，同意共同推动美元币值回落。

欧洲航空产业的问题并没有终结。虽然美元贬值解决了飞机售价高的难题，但欧洲企业的销售额下降又引发了另一个问题。欧共体指出，自 1986 年以来，欧洲航空产业一直受到美元汇率疲软的影响[②]。因此，欧方试图继续努力游说航空公司接受以美元之外的货币为新飞机提供融资。通过国有出口金融机构以"一篮子欧洲货币"的形式放贷，欧方取得了一定成功，但总体而言，航空公司仍不愿放弃以美元结算的方式[③]。随着时间的推移，德国政府迈出了决定性的一步，计划通过一项有争议的补贴计划为戴姆勒·奔驰宇航公司(DASA)提供汇率风险保护。

5.6 小结

20 世纪 80 年代初，美国和欧洲在空客问题上的争端可以被视为一场没有硝烟的战争。在当时，美国企业还没有感受到空客公司的威胁，因此，并没有推动美国采取更加强硬的手段遏制其发展。20 世纪 70 年代末，飞机销量的急剧增长意味着推进任何保护主义行为都非常困难。而此时波音公司的生产线正全速运转以满足巨大的市场需求。波音公

[①] George Schultz, *American Trade Politics*, 2nd ed., p. 60.

[②] Keith Hayward, *The World Aerospace Industry: Competition and Collaboration*, London: Duckworth and RUSI, 1994, p. 103.

[③] 同上，p. 103。

司和麦道公司都希望在150座级的市场区间正面击败空客公司。但仅寄希望于桨扇发动机技术是个错误的决定。桨扇发动机的性能远远没有达到预期，而空客A320作为当时唯一的一款应用新技术的150座级机型自然在市场中所向披靡。

事实上，即便美国飞机制造商呼吁政府采取贸易保护措施，业界的其他企业也未必会站在他们这边。发动机制造商GE公司和普惠公司就乐于见到空客公司取得成功。对于他们而言，空客A320是一个巨大的商机。其他业内企业也都忙于处理自身的问题。美国业界唯一的共识是《民用航空器贸易协定》构成了该行业的良好竞争基础，因此希望见到该协定的条款能够得到执行。收集到的证据表明，当时几乎没有企业支持重新对该协定的条款进行审议。

1982年，美国政策制定者们已经发现了空客公司的问题，但在一系列贸易问题中，空客公司并不起眼。正如本书所提到的，空客问题倾向于被纳入高技术行业贸易问题的一般性框架下进行讨论。美国议员们更加担心欧洲在钢铁和农产品贸易方面的举动。这两个行业的游说能力都十分出众。仅1982年钢铁行业就向美国政府提交了200份关于不公平贸易的请愿书[①]。此外，美国贸易代表办公室与商务部在各自权限的问题上存在争议。考虑到以上种种因素，美国没有对空客采取行动就并不令人吃惊了。

20世纪80年代后期的情况则大不相同。空客问题在那时变成了一个主要的产业贸易问题。这在很大程度上是因为空客公司推出的新型飞机将直接威胁到美国制造商的生死存亡。此外，政府内部的互相掣肘也得到了缓解，部分政府官员可以腾出手来牵头研究对空客公司的制裁措施。

---

① Low，*Trading Free*，p. 103.

欧方对空客公司在 20 世纪 80 年代前五年中的表现非常满意。空客公司不仅在空客 A320 销售成绩方面令人振奋，在飞机技术上也可与美国并驾齐驱。形成全产品谱系的最后一块拼图就是远程客机，而这一市场区间在此之前一直是美国制造商的自留地。因此，补上这最后一块拼图将会困难重重。

第 6 章
争论的顶点：
1985—1988

6.1　引言

1985—1988 年这三年间有关商用飞机贸易的争论几乎使得美欧关系走向破裂。空客公司在短时间内接连启动了三个飞机型号即空客 A300、空客 A310 和空客 A320 的研发项目后，又计划立即上马另一个项目，即便依然无法确定现有的三个型号是否能够为空客公司带来盈利。美国方面对这一趋势极为不满。此外，在飞机贸易争端的历史上，空客公司的在研型号首次对美国企业的在研型号（MD - 11）构成了直接威胁，这也使得局面变得更为复杂。

考虑到当时美国航空业界和政府上下对欧洲的强烈不满，我们必须要思考一个问题，即为什么飞机贸易争端没有上升为贸易战？进一步地说，既然美国十分怀疑空客公司的贸易行为违反了美国法律和关贸总协定框架下《民用航空器贸易协定》中的条款，那么美国为什么没有对空客公司实施制裁？

尽管美国持续施压，但是欧盟委员会依然坚持研发空客 A330 和空客 A340 飞机，因为欧洲明白取消这两个研发项目将会对空客公司的长期经营造成不利影响，进而影响到欧洲在民用航空航天这一关键高技术产业中的竞争力。此外，取消空客 A330 和空客 A340 项目反而会给美国方面带来巨大利益，美国本土民用航空制造企业将会重新在全球

市场上取得压倒性优势。简而言之,欧洲决意维护空客公司在全球商用飞机市场上的竞争力。

不过美国既然想要遏制空客公司的发展,那么为什么没能阻止空客公司研发空客 A330 或空客 A340？事实上,美国之所以没能成功阻止并非因为欧洲方面的坚持和决心,而是因为受制于其内部的压力。美国本土的两家飞机制造商出于对自身产品出口情况的考量阻止了贸易战的爆发。它们担心欧方潜在的反制裁措施,因此不愿意支持美方做出单边制裁。

正如我们所观察到的那样,美国制造商坚定地选择研发自己的新式 150 座级飞机以对抗空客 A320 项目。但是,没有及时放弃桨扇发动机技术研发是它们犯下的一个严重错误。而这一错误使得空客公司能够在市场营销的对抗中获得先机。由于缺乏竞争对手,空客公司可以对外宣称空客 A320 是一款"全新"的 150 座级飞机,而事实上空客公司也是这么做的。波音公司和麦道公司都曾对空客公司收到的不正当补贴进行指控,但是这类指控通常被用于游说美国政府加大对行业发展和技术研发的资金支持力度,而非支持美方开展贸易调查。

美国制造商相对温和的反应可能是出于对 150 座级市场规模的考量。150 座级的市场规模足够庞大,因此每一家制造商的产品都能在这一细分市场获得可观的收益。当时的一些市场研究表明,全球对 150 座级飞机的需求在 3 000 架左右。由于行业普遍认为销售 600 架 150 座级的飞机后,公司可以收回研发成本,因此空客公司在这个规模相对较大的市场中获取一定的份额并不会让波音公司和麦道公司过于忧虑。

但是,这一逻辑在空客公司瞄准的下一个细分市场中并不适用。空客 A330 和空客 A340 将会直接威胁到麦道公司正在研发的 MD‑11

飞机。同时，150 座级飞机与宽体机的市场规模存在根本性的差异。美国业界并不认为远程宽体机市场可以容纳三家制造商。因此，美国制造商采取了更具侵略性的行动以迫使空客公司放弃进入宽体机市场。同时，他们也更加确信空客公司获取的政府补贴是一切问题的根本起因。美国政府方面也终于开始强力介入飞机贸易争端，商务部和贸易代表办公室开始使用外交手段阻止空客公司研发新的机型。

如果不提洛克希德 L‒1011 和麦道 MD‒10 1967—1972 年在"三发"飞机市场的竞争，我们将难以理解美国反对空客公司研发新机型的态度。美国业界以及美国的政策制定者们认为两种机型间的恶性竞争不应再次出现，而这种认识也使得美国方面确信空客 A330/空客 A340 不可能取得商业成功。

6.2 麦道 MD‒11 和空客 A330/ A340

在空客 A320 于 1987 年 2 月 14 日首飞之前，空客公司就已经开始着手准备启动两款相关联机型的研制以充实公司的产品谱系。尽管与波音公司之间存在直接利益冲突，但是空客公司大体上学习并沿用了波音公司的产品研发战略。波音公司成功的关键因素之一正是其完整的产品谱系。洛克希德公司民用航空部门的衰败反映出产品谱系广度对飞机制造商竞争力的重要性。宽广的产品谱系能够为制造商带来两大好处。第一，在其他条件相同的情况下，航空公司会优先选择同一制造商的产品以降低机队的维护费用和飞行员的训练成本；第二，如果公司的一款产品在市场竞争中失败，其他机型的收益可以对冲这一机型的损失。正是因为没有其他机型的销售收入对冲 L‒1011 的商业失败，洛克希德公司的民用航空部门就没有资金来继续维持公司运营①。而波音公司则得益于其宽广的产品谱系，即使一款机型的销售业绩不佳，也会有其他销售情况良好的机型弥补公司的损失。

作为民用飞机市场的后来者，空客公司必须在短时间内加快产品研发进度以完善其产品谱系。空客公司需要尝试在10～15年内完成波音公司需要30多年才能完成的工作量。在有空客A320进入短程运输市场以及空客A300、空客A310进入中程运输市场的情况下，空客公司缺少一种能够进入远程运输市场的大运力客机。此时，空客公司面临着与之前相同的问题，即必须寻求获取政府补贴的机会以启动新机型的研发项目。截至1987年，空客公司已研发的产品中尚未有任何一款机型实现盈利。如果关于产品谱系的理论逻辑是正确的，在客户黏度不断提升的情况下，在市场中投放一款新机型就能够有效支撑并提高其他机型的销售业绩。空客公司运营总裁让·皮尔森（Jean Pierson）正是利用商用飞机产品谱系的理论为公司争取到了更多的政府资金。空客公司需要政府资金的支持以实现其占据30%全球市场份额的目标，继而取得商业成功②。

空客A330/A340项目是一个旨在研发两款紧密联系却又截然不同的机型的联合研发项目。这项于1985年开始规划的项目计划研发可以配备不同发动机和实现不同座位布局的通用机体和机翼结构。项目的成功实施将为空客飞机生产和设计带来巨额的经济效益。空客A330是一款"双发"远程客机，而空客A340则是一款"四发"超远程客机，航程可达15 000千米。两款机型的座位数在260～330座之间，目

---

① L-1011普遍被认为是在设计方面最好的机型之一，所以它的失败更加说明了营销战略对于产品研发的重要性。先进的技术并不足以保证销售上的成功。关于洛克希德公司技术的先进程度，见John Newhouse, *The Sporty Game*, New York: Alfred A. Knopf, 1982，特别是第五章。

② *Aviation Week and Space Technology*, 124(24), 16 June, 1986, p. 49.

标市场是所谓的"细长航线"，即旅客数量不需要波音747这样的大座级机型，而长航程又将波音767和空客A300这样小座级机型排除在外的航线①。空客A330/A340的研发成本大约为33亿美元。

空客A330/A340项目对于美国制造商而言是一个巨大的威胁，尤其是麦道公司，它认为空客公司将是一个危险的竞争者。麦道公司当时的远程客机产品是DC－10。DC－10在商业层面的失败迫使麦道公司研发该机型的替代品，而空客A330/A340的出现则直接威胁到新机型的商业可行性。

6.3　DC－10的失败

麦道公司的DC－10在当时已经进入民用航空市场20年了。在已生产的446架DC－10中，至少存在四种衍生机型。但是，由于多种飞机设计方面的问题引发了一系列的飞机事故，麦道公司的飞机销售业绩开始下降。比如，1972年发生在巴黎的空难，后货舱门设计的老问题造成346人遇难。再比如，1979年，一架美国航空的DC－10飞机在芝加哥坠毁，273人在事故中身亡。由于销售前景惨淡，在1990年DC－10的替代者出现之前，麦道公司仅在1982年收到一份来自美国军方的一架DC－10改装型加油机的订单，这才保证了生产线不至于被完全关闭②。

麦道公司当时正在研发一种新型的远程客机（MD－11）以替代

---

① 旧金山—伦敦就是这类航线的代表。

② Arnold & Porter, *US Government Support of the US Commercial Aircraft Industry*, Report Prepared for the Commission of the European Communities, November, 1991, pp. 103 - 107.

DC－10。1986 年,MD－11 的研发进展并不顺利。由于 DC－10 的商业失败,麦道公司缺少研发资金。同时,公司又没有能力为 MD－11 设计研发一个全新的机体。因此,MD－11 实际上是 DC－10 的衍生型。麦道公司希望将 MD－11 的研发成本控制在 10 亿美元之内。研发衍生机型并非一定是不好的产品研发策略,波音公司就以研发衍生机型闻名于世。但是,DC－10 从来就不是一款优秀的机型,因此以此机型为基础研发新机型并非明智之举。航空公司对此反应平淡,因而 MD－11 始终无法确定产品的启动客户①。

MD－11 研发项目基本上与空客 A330 和空客 A340 研发项目同步启动。麦道公司预期 MD－11 将比空客公司的同类机型提早两年,也就是在 1990 年进入市场。这样做理论上能使麦道公司获取一些市场先机,但是这种设想并未实现。麦道公司所面临的主要问题是空客公司的机型在技术上更加先进。因此,相比过去 L－1011 与 DC－10 的竞争,这次麦道公司在市场进入时间上的优势并没有太大价值。

当麦道公司得知其传统客户瑞士航空开始与空客公司商讨用空客飞机替换 DC－10 机队时,麦道公司高层意识到危机已经到来。瑞士航空公司在当时刚刚接收了一架空客 A310,而与空客公司新的商业谈判意味着航空公司可能在未来采购更多空客飞机②。长期以来,飞机制造商都将瑞士航空公司视作重要客户,它被业界认作是"新飞机的启动客

---

①　麦道公司在 1989 年仅获得 38 架的确认订单,数据见 *McDonnell-Douglas Annual Report*,1989,p. 11。MD－11 在 1990 年交付 4 架,在 1991 年交付 31 架,数据见 *McDonnell-Douglas Annual Report*,1991,p.11。截至 1992 年 12 月,MD－11 仅交付 76 架,97 架确认订单,127 架选择权订单,数据见 *McDonnell-Douglas Annual Report*,1992,p. 13。同时,波音公司也在蚕食麦道公司的市场份额。1990 年启动的波音 777 项目已经获得了 86 架确认订单,这将影响到空客 A330/A340 和 MD－11 的销售,数据见 *Boeing Annual Report*,1991,p. 5。

②　*Aviation Week and Space Technology*,126(2),13 Jan.,1986,p. 51;*Air Transport World*,23(11),Nov.,1986,pp. 40-44.

户"。在 20 世纪 80 年代，瑞士航空公司是波音 747‑300、空客 A310、麦道 MD‑80 和福克 Fokker 100 在欧洲地区的启动客户。瑞士航空公司致力于将自身品牌形象打造为侧重于商务旅行的高端航空公司，而运营新机型被瑞士航空公司经营层视作其市场定位策略的重要部分。此外，苏黎世机场严格的噪声监管标准也使得瑞士航空公司更倾向于维持一个现代化的、噪声排放低的机队[①]。而如今这样一家著名航空公司考虑引进空客公司的远程客机，这件事就值得麦道公司严肃对待。

麦道公司和美国政府做出遏制空客公司发展决定的一个主要考量是，他们认为细长航线的市场规模可以保证两家制造商盈利，但不足以容纳三家制造商。全球细长航线市场需求预计为 1 200 架飞机，而通常销售 600 架飞机可以收回研发成本。相较于其他竞争对手，波音公司针对这一细分市场的产品研发策略并不明晰，但是没有人认为波音公司会完全放弃这一市场。考虑到波音公司的客户黏度，波音公司在这一细分市场应该会取得比较大的市场份额[②]。诚然，美国政府针对空客 A330 和 A340 项目制定政策是出于两方面考虑：第一，细长航线市场规模较小；第二，空客公司进入这一市场可能会威胁到麦道公司的生存[③]。由于进入的是市场规模较小的超远程客机市场，空客公司被认为直接威胁到已经在这一细分市场中耕耘的美国企业[④]。

---

① *Air Transport World*，volume 23，Nov.，1986，pp. 40‑44.

② 有研究假定波音公司能够在任何细分市场获得 40%～50%的份额。自 1982 年空客公司成为波音公司的直接竞争对手以来，这种假定显然是正确的。相关情况见 Thomas Doleys，*The Political Economy of Strategic Trade: Airbus and the International Trade in Commercial Aircraft*，MA Thesis，Department of Government：University of Virginia，1992，p. 54，note 75。

③ Jim Florio，Competitiveness of the US commercial aircraft industry，*Hearings Before the Subcommittee on Commerce*，*Comsumer Protection and Competitiveness*，House Committee on Energy and Commerce，100th Congress，1st Session，Washington：USGPO，23 June，1987，p. 1.

④ 美国贸易副代表 Michael Smith 的书面证词，"Competitiveness of the US commercial aircraft industry"，p. 1.

麦道公司的管理者察觉到了危险，并且试图"双管齐下"以解决这一问题。一方面，麦道公司计划与空客公司进行谈判，讨论空客远程客机的研发和市场战略。另一方面，如果欧洲方面继续推进研发计划，公司就会积极游说华盛顿给予其贸易救济措施。

1986 年初，麦道公司与空客公司开启了谈判。两家公司的保密工作做得很严谨，直到 6 月一位名叫马丁·格伦纳（Martin Gruner）的德国经济部官员在航展上透露了此次谈判存在的信息[①]。格伦纳的表述说明了双方政府都了解谈判的具体进展和内容。麦道公司提议与空客公司共同研发一款融合 MD - 11 与空客 A330/A340 优势的新机型[②]。麦道公司负责制造机翼，而空客公司负责制造机体。但是，这样做会使得负责空客飞机机翼制造的英国宇航公司受到影响。此外，双方在驾驶舱设计方面也存在巨大分歧，双方都想要设计与自己现有机型保持一致性[③]。无论如何，如果能避免麦道公司与空客公司间的恶性竞争，这项提议也不失为一个明智的选项，恶性竞争只会使波音公司从中渔利。也有报道称，麦道公司愿意同欧方分享其桨扇发动机技术的研究成果[④]。

一个联合项目在一定程度上是双赢的。麦道公司对十几年前与洛克希德公司的恶性竞争心有余悸，因此不愿再见到另一款产品陷入与 DC - 10 相同的命运。空客公司也能从合作中获得财政上的利益。从欧洲政府处筹集新型号的研发资金对空客公司而言也并不简单。空客公司表示欢迎欧洲以外的合作伙伴加入空客 A330/A340 项目以分摊研发成本[⑤]。

---

① *Flight International*, 28 June, 1986, p. 4.
② *Aviation Week and Space Technology*, 124(24), 16 June, 1986, p. 35
③ 引述自 1995 年在图卢兹对一位空客公司管理人员的采访。
④ *Aviation Week and Space Technology*, 124(22), 2 June, 1986, p. 35.
⑤ *Aviation Week and Space Technology*, 124(6), 10 Feb., 1986, p. 39.

但是，最后谈判还是破裂了。空客公司决意以现有的架构继续推进空客 A330/A340 项目。麦道公司提出的方案将会使空客公司解体，一些欧洲人甚至认为这才是美国真正的目的。

6.4 美国政府开始行动

美国政府对空客 A330/A340 项目的态度是充满敌意的。空客 A320 在销售上的成功使得空客公司已经在市场上站稳脚跟，并且拥有了包括美国航空公司在内的各类客户。因此，空客 A320 的成功看上去会支撑空客公司的新机型更好地进入市场。此外，考虑到麦道公司的商用飞机部门经受了巨大的商业损失，美国的政策制定者开始为麦道公司的长期生存能力感到担忧。麦道公司不仅是美国排名第二的民用飞机制造商，同时还是最大的国防装备制造商之一，因此保护麦道公司的军用业务是美国政策制定者必须要考虑的因素①。

因此，美国的政策制定者认定空客 A330/A340 项目的出现是这场旷日持久的争论中"压垮骆驼的最后一根稻草"。美国方面认为现有的关贸总协定框架下《民用航空器贸易协定》无法保护美国企业与空客公司竞争时的权益。自 1986 年开始，美国方面开始采取一种更立体的、更具侵略性的方式应对航空航天领域的贸易问题。过去，美国政府总是在问题发生时指派单一的部门或机构去处理。利用进出口银行的出口信贷应对空客公司的首笔在美销售就是其中的典型案例。

但是，1985 年之后，美国开始探索一种更立体的方式来解决与空客公司的贸易争端。自《民用航空器贸易协定》签署以来，美国首次将

---

① 引述自 1991 年 10 月在弗吉尼亚州夏律第镇对一位商务部官员的采访。

民用航空器贸易作为独立的贸易问题与欧洲展开谈判。过去，民用航空器贸易通常只是作为其他贸易谈判中的一部分出现，比如当时经合组织机制下的信贷协议谈判。1986 年，美国贸易代表办公室在《不公平贸易行为报告》中明确指出，欧洲对空客公司的补贴是不公平贸易行为[①]。来自贸易代表办公室和商务部的部分官员们也越发重视与空客公司的贸易问题，因此美国方面提升了处理空客问题官员的级别。此外，美国国务院也卷入了这场争端之中。

里根总统的第二任期是自 1985 年开始的。一开始，1980—1984 年间混乱、模糊的贸易政策看上去会在这一任期内延续下去。1985 年 3 月，威廉姆·布劳克（William Brock）卸任贸易代表，并在重组的内阁中担任劳工部长。当年 7 月，他的继任者克莱顿·尤特（Clayton Yeutter）的任命被通过。此时，某一产业的贸易政策依然让步于对宏观经济层面的考量，尤其是政府预算支出的膨胀以及贸易赤字的上升更凸显了宏观经济问题的紧迫性。单一产业的贸易问题在这一时期并不受重视，美国政府在当时显然更加专注于管理调控美元的汇率[②]。

但是，在 1985 年 9 月，美国政府开始针对产业贸易政策的组织架构和方向提出指导意见。五国集团一致同意干预货币市场，降低美元对其他主要货币的汇率。而政府对于产业贸易政策的忽视也随之结束。9 月 23 日，里根总统发表演讲，承诺将采取行动捍卫美国生产者的利益。里根表示将施压其他国家以达成公平贸易，其中就包括欧共体[③]。

组织架构的调整也在同时进行。美国政府部门将采取统一的行动

---

① 波音公司副总裁 Orvil Roetman 的书面证词，"Competitiveness of the US commercial aircraft industry"，p. 66。

② I. M. Destler, *American Trade Politics*, 2nd ed., Washington: Institute for International Economics and the Twentieth Century Fund, 1992, pp. 123 - 124.

③ Destler, *American Trade Politics*, 2nd ed., p. 124.

以减少里根政府第一任期间在贸易政策制定方面的混乱与模糊。其中最突出的表现就是成立了内阁层面的经济政策委员会，以协调与贸易事务相关的部门间的共同行动①。1985 年秋，有消息指出，即便美国企业没有进行呼吁和游说，经济政策委员会也已经开始考虑与空客公司的贸易争端，并且指定了商务部负责有关事项②。

商务部随后将有关事项交付给一个商务部领导下的跨部门机构。一些政策制定者们组成了一个名为"贸易打击小组"的团体，商务部副部长布鲁斯·斯玛特（Bruce Smart）担任小组负责人。里根在 9 月 23 日的演讲中宣布该小组成立③。成立这一小组在很大程度上是出于对里根政府第一任期内商务部与贸易代表办公室互相掣肘的反思。在 1985 年年中，布鲁斯·斯玛特与时任美国贸易副代表艾伦·伍兹（Allen Woods）共同发表了一份施政报告，总结了美国贸易政策制定过程中所面临的一些挑战④。该报告提出组织架构上的一些问题降低了过去一些行动的实际效果。正是这份报告推动了 9 月 23 日里根演讲中所宣布的组织架构的调整⑤。"贸易打击小组"由商务部、贸易代表办公室、国务院、财政部和农业部抽调人员组成。该小组将负责五个让华盛顿当局感到特别恼火的贸易领域，它们分别是日本与半导体、日本与超级计算机、知识产权保护、国际投资待遇和空客公司。成立"贸易打击小组"的目的是形成相关领域的贸易政策，并且由与之关联最紧密的

---

① Elias Krauss，"US-Japan negotiations on construction and semiconductors，1985—1988：Building friction and relation-chips"，in Peter Evans et al.，*Double-Edged Diplomacy：International Bargaining and Domestic Politics*，Berkeley：University of California Press，1993，p. 274.

② 美国贸易副代表 Michael Smith 的书面证词，"Competitiveness of the US commercial aircraft industry"，p. 19.

③ 引述自 1991 年 10 月在弗吉尼亚州夏洛茨维尔对一位商务部官员的采访。

④ 同上。

⑤ 根据接受采访的商务部官员的说法，重要贸易领域通常涉及"以自我为中心的不公平贸易行为"。

部门负责执行政策。通过设立这样一个跨部门机构可以避免因权责归属不清而引发的矛盾①。

美国政府针对空客公司的政策也在此时形成，政策由两部分组成：第一部分是向关贸总协定反映问题。《民用航空器贸易协定》在当时依旧是指导和管理飞机贸易的唯一多边共识。美国将会向航空委员会提出抗议，而不是通过争端解决机制提出正式的申诉。美国的政策制定者当时希望以非正式的形式进行交涉，以避免争端升级。政策的第二部分则是与有关欧洲国家的政府直接接触。这些政府是空客公司补贴的来源。进行双边谈判也有可能使欧洲内部产生矛盾，从而对空客公司造成巨大打击。以上双边和多边的举措事实上是相辅相成的。关贸总协定可能会实施的制裁，也可以成为双边谈判中的筹码。

美国制造商也加大了对华盛顿的游说力度。随着空客 A330/A340 项目的推进，麦道公司有理由感到忧虑。波音公司的态度也在那时变得更具侵略性。在波音 767 最新衍生机型的发布会上，波音国际业务总监托马斯·巴赫（Thomas Bacher）在谈到空客问题时表示："在过去 10 年里，我们一直保持耐心，但是现在我们不那么耐心了，在将来我们有可能会有些生气。②"

6.5　欧洲的回应

欧洲方面很重视以上问题。德国、法国、英国三国商贸部部长进行了一次会谈，他们认为美国方面发生的一系列变化令人担忧，因此有必

---

① 引述自 1993 年 10 月在弗吉尼亚州夏律第镇对一位商务部官员的采访。
② *Flight International*，26 Jan.，1986，p. 4.

要与美国开启对话①。法国政府在 1986 年初代表其他空客公司参与国政府提出与美国就关于诱导国际客户购买空客飞机的事项进行讨论。在此之前，美国方面从未就谈判提出正式请求。而法国的这次提议旨在先发制人，并且用实际行动否定任何有关欧洲政府阻碍谈判的指控。但是，鉴于欧方并没有提到有关补贴的问题，而补贴问题又是当时美国反制行动的关键点，这一举动显示出欧方依然希望避免就空客公司收到的政府支持进行全面讨论②。

1986 年初，空客公司成员企业的财政困难也是促使欧方提出谈判的原因之一。每一个主要的成员企业都面临着现金流困难。讽刺的是，这些困难实际上都是由空客公司的成功引起的。尽管当时空客 A320 的销售情况良好，但是直到 1988 年才能正式交付给客户。因此，空客 A320 在 1988 年前无法为公司带来任何收益。在这个阶段，空客公司必须向联合体中的成员企业，更准确地说是成员企业背后的政府请求更多的资金注入。每个成员企业都向各自所在国的政府施加了很大的压力。法国宇航公司公开声称其无法同时负担生产空客 A320 和研发空客 A330/A340 的成本③。与之相似的是，英国宇航公司也宣称如果项目无法得到政府 100％的资金支持，那么就不得不退出空客公司④。

毫无疑问，企业会将自身财政状况尽可能地描绘得更糟糕一些，以取得政府最大限度的资金支持。但是，资金问题是真实存在的，并不只是企业的计谋。尤其是法国宇航公司，由于法国政府对空客公司的支持从未动摇，公司并没有理由夸大自身面临的困难。德国空客公司也

---

① *Flight International*，29 March，1986，p. 6.
② *Aviation Week and Space Technology*，124（1），6 Jan.，1986，p. 33.
③ *Flight International*，31 May，1986，p. 3.
④ *Flight International*，18 Jan.，1986，p. 6.

面临着类似的问题。公司管理层承认由于生产空客 A320 耗尽了所有的资金,公司现金流出现了严重的短缺。解决问题的办法就是政府迅速批准空客 A330/A340 项目资金,使得空客公司得以补齐产品谱系。如果不能完成这一目标,德国空客公司就有可能拖欠之前所有联邦政府的贷款①。欧洲方面希望与美方开展对话能够阻止美国实施侵略性的贸易行为,以帮助空客联合体度过眼下的困境。

6.6　谈判开始

美国迅速回应了欧方的提议。1986 年 2 月初,克莱顿·尤特与英、法、德三国政府的代表们举行了会晤。欧方意图将谈判内容限制在具体的销售手法上的期待也随之破灭。尤特向空客公司提出了美方的四点关切事项:第一,针对国际航空公司的诱导性销售;第二,空客公司收到的政府补贴;第三,欧洲国有航空公司通过政府采购引进空客飞机;第四,政府指导下的空客飞机的零部件采购②。《民用航空器贸易协定》第六条中规定,飞机定价必须在基于能够收回非经常性成本的前提下进行,美国方面正是依据这条规定提出抗议。但是,这一系列的会谈并没有产生任何成果。一些美国官员在私下担心尤特对飞机产业不够熟悉,也有人认为,相比他的下属,尤特有可能并不那么重视飞机贸易。一位官员透露:"他(指尤特)的关注点在农业领域,他并不在意这些会议。③"

关贸总协定框架下的谈判于 1986 年 3 月下旬开始。美国贸易副

---

① *Aviation Week and Space Technology*,125(24),15 Dec.,1986,p. 30.

② *Aviation Week and Space Technology*,124(6),10 Feb.,1986,p. 39.

③ 引述自 1993 年 11 月在华盛顿对一位前 USTR 官员的采访。

代表布鲁斯·威尔逊(Bruce Wilson)是美国代表团的团长。英、法、德、西也从空客公司政府间委员会中选派了欧方代表。欧共体主管贸易政策的官员彼得·卡尔(Peter Carl)也参与了此次谈判。通过初步交涉，双方都意识到对方对关贸总协定中关键部分的解读与己方大相径庭。美国方面强调，根据协议规定，民用飞机生产必须遵循商业条款，其中必须包括偿还政府给予的贷款。美方向欧方提供了其对空客公司截至当时收到政府直接补贴总金额的估算——27.5亿美元[①]。

美方还提出空客项目中美国企业承接的次级合同的占比也正在下降。威尔逊指出空客 A320 只有 20% 的零部件由美国企业生产，而空客 A300 中则有 30%。美方认为这一趋势反映出欧方介入空客公司采购流程的事实[②]。欧方对威尔逊提出的数字没有异议，但也指出空客 A300 配备的发动机是 GE 公司的 CF - 6，而空客 A320 的发动机则由 GE 公司和斯奈克玛公司的合资企业 CFM 国际公司生产。欧共体进而表示美国供应商占比下降的原因是全球化，而不是欧洲政府的干预性政策。

欧方同时指出关贸总协定允许民用航空器贸易中的"特殊因素"存在。这些特殊因素包括出于国家安全原因支持国有航空航天企业。欧方还向美方强调了空客公司作为欧洲团结和欧洲技术成就象征的重要性。此外，空客公司的存在也有利于实现关贸总协定中呼吁的"具有竞争性的民用航空器市场"。

在谈判以外的其他场合，欧洲政府和空客公司也反复强调空客并非一家不遵循商业规范的、不创造收益的公司，美方对空客公司的认识是不正确的。他们否认空客公司在没有充分考虑飞机销售前景的情况下，为了一个狭小的细分市场而研发新机型这一说法。他们指出空客

---

① *Aviation Week and Space Technology*，124(13)，31 Mar.，1986，p. 16.
② *Aviation Week and Space Technology*，124(13)，31 Mar.，1986，p. 16.

A330/A340 项目是与航空公司进行过充分沟通之后才决定上马的。此外，空客公司还给出了自己对未来全球民用飞机市场的预测，并指出麦道公司才是对市场前景最为乐观的一方。空客公司预测 1986—2005 年间全球民用航空运输量年均增长率为 5.5%，共需要 3 659 架新飞机。而麦道公司则预测年均增长率为 6.4%，共需要 5 327 架新飞机[1]。

欧方同时提出将谈判的内容范围扩展到整个航空航天产业，而不只是民用飞机产业。美国民用飞机制造业从军用业务和军方、NASA 赞助的技术研发项目中获取了巨大利益[2]。此外，美国的军事采购使得美国企业的军用部门和民用部门在财政上互相补贴。因此，美国企业在对民用运输产品进行定价时拥有更大的空间，因为它们清楚美国军方的采购合同可以补足企业的收入。关于美国企业收到"间接补贴"的指控在未来将成为欧方为空客公司辩护的基础。空客公司运营总监让·皮尔森(Jean Pierson)在关贸总协定框架下的第一次谈判后在美国航空俱乐部发表了一次演说，他总结了美国政府对航空航天产业的支持途经。他表示："1984 年，美国联邦用于航空航天产品和服务的支出超过 40 亿美元。波音 757 和波音 767 上装载的电子飞行仪表系统的研发资金完全来源于政府。NASA 为桨扇发动机技术研发拨付了 3 亿美元。此外，我们美国的同行还从税收递延政策中获益。[3]"

1986 年年中，在第一次谈判结束后情况表明双方要形成共识并不容易。正如一位英国官员所说："美国认为某项条款的含义是这样的，而欧洲对同一条款的理解则完全不同。[4]"

---

① Airbus Industrie, *Airbus Industrie*, Blagnac, no date, p. 14. 波音公司的预测数字是全球民用航空运输量年均增长 5.1% 和 3 913 架新飞机。

② *Aviation Week and Space Technology*, 124(13), 31 March, 1986, p. 16.

③ Jean Pierson, quoted in, *Aviation Week and Space Technology*, 17 May, 1986, p. 6.

④ Ian McIntyre, *Dogfight: The Transatlantic Battle Over Airbus*, Westport CT: Praeger, 1992, p. 165.

与欧洲各国分别开展的双边谈判也没有取得进展。甚至在尤特开始与欧洲方面会晤的同时,空客公司正式宣布将继续推进空客 A330/A340 系列的研发工作。选择这一时间点并非随意为之,而是为了发出欧方坚定空客研发项目决心的有力信号。托马斯·巴赫（Thomas Bacher）的言论激怒了欧方,他称道："各国没有必要去生产每一件消费品。你们（欧洲）可以建造很好的铁路系统,我们（美国）就不能。[①]"巴赫表达的是当时美国国内的普遍观点,将贸易争端简单地理解为一个关于自由贸易的问题。但是,他们忽视了空客公司对于欧洲经济和政治层面的重要性。

由于法国政府的及时干预,法国宇航公司的现金流困难大大缓解,这更加坚定了欧方的决心。负责监管法国企业参与空客公司活动的法国民用航空局也正在帮助法国宇航公司获取有关空客产品的商业金融支持。1986 年 3 月初,巴黎银行宣布正在组织协调成立一个银行联盟为法国宇航公司提供 4.359 亿法郎（当时约 4 000 万英镑）以支持空客 A320 的生产活动[②]。虽然巴黎银行贷款解决了一方面的问题,但是空客联合体还是没有取得空客 A330/A340 项目的金融支持。空客公司希望在项目启动前获得五家航空公司以上的订单。几家亚洲航空公司表达了意向,但是空客公司所需要的确认订单并没有变为现实[③]。

1987 年对美欧双方来说都是关键的一年。对于空客公司而言,如果想要继续推进空客 A330/A340 项目,那么就必须在年内与政府就财政补贴的安排达成共识。虽然早在 1986 年初空客公司就宣布了新的型号项目,但是尚未有成员国政府对拨款做出明确承诺。也正是由于

---

① *Flight International*,25 Jan.,1986,p. 4。关于欧洲方面的反应,见 McIntyre,*Dogfight*,p. 167。

② *Flight International*,8 March,1986,p. 5;10 May,1986,p. 5.

③ *Air Transport Worlds*,23(6),June,1986,pp. 41 - 49.

这个原因，美国在这一时期加大了对欧方施加的外交压力。政府为空客公司新研发项目提供的资金也成为美国提出需要完善《民用航空器贸易协定》中有关补贴的条款的核心论点。

1987 年 2 月初，美国贸易副代表迈克尔·史密斯（Michael Smith）带领着一个包括"贸易打击小组"组长布鲁斯·斯玛特和国务院官员道格拉斯·麦克敏（Douglas McMinn）在内的代表团拜访了英、法、德三国政府。美方准备向欧洲政府说明细长航线市场的规模不足以同时消化麦道公司和空客公司的产品。此外，MD‑11 相比空客公司的同类产品有两个优势：第一，MD‑11 进入市场的时间远早于空客飞机，因此 MD‑11 将先于空客公司获得大量的启动订单。第二，MD‑11 的研发成本远比空客飞机低，因此更有可能收回投资成本，而耗资更多的空客 A330/A340 项目则不太可能做到这一点①。

美国代表团不仅受到了冷遇，而且与欧洲盟友的接触使局面变得更加糟糕。英国贸易与工业大臣保罗·钱农（Paul Channon）用极不友好的词汇描绘了与美国代表团的会晤。在这场他形容为"充满敌意"的会晤中，他重申了空客公司的研发项目将为英国社会带来超过 10 000 个就业岗位，并且英国没有违反关贸总协定框架下有关补贴的规定②。工业和信息大臣杰弗里·帕蒂（Geoffrey Pattie）同样表达了对谈判前景悲观态度。他表示美国官员"前来哭诉和抱怨"欧方在某一产业领域的行为，而实际上美国在民用飞机制造业依旧占据绝对主导地位③。美方也不约而同地认为会谈是充满敌意的。会谈很快就陷入了无休止的争论，一位与会的美方人士回忆："这里没有友好的协商。④"另一位美方

---

① *Flight International*，7 Feb.，1987，p. 3.
② *New York Times*，15 May，1987，sec. D，p. 5.
③ *Flight International*，14 Feb.，1987，p. 4.
④ 引述自 1993 年 11 月在华盛顿对一位前 USTR 官员的采访。

负责人表示，欧洲媒体在"有计划地"反驳美方针对空客公司的指控①。

1987 年 5 月，撒切尔政府批准了价值 7.5 亿美金的贷款，以支持英国宇航公司继续参与空客 A330/A340 项目②。英国站队空客公司的决定令美国团队十分失望。英国长期以来都是空客联合体中最为摇摆的国家，同时又极为重视其与美国的特殊关系。虽然撒切尔政府表面上依旧宣称支持自由贸易，但是英国推进空客 A330/A340 项目的决心已经表露无遗。

麦道公司管理人员也从侧面对英国宇航公司进行过威胁。他们提醒英国宇航公司，如果贸易关系继续恶化，就会危及双方的合作关系，其中也包括哈里尔项目③。但是，无论是波音公司还是麦道公司都没有将民用飞机业务牵扯进公司对欧军售业务之中。1987 年初，正当与空客公司的争端愈演愈烈时，波音公司完成了对欧洲的预警机销售。

英国宇航公司通过大力施压政府以获取资金。新的空客飞机项目是英国宇航公司截至当时对民用飞机领域最大的一笔投入。如果无法为项目筹集足够的资金，英国宇航公司能否继续参与联合体的工作也会存疑。如果英国宇航公司不能参与空客公司的工作，那么公司的民机部门也就没有存在的价值了。与空客 A310 时期不同，美国企业这次没有向空客成员企业提供合作机会以弥补退出空客的损失。因此，英国宇航公司除了继续留在联合体内，并没有其他选项。考虑到国家最大的制造业企业面临裁员和商业损失的风险，撒切尔政府决定注资。

美国代表团在法国拜会了法国民用航空局和法国外贸部的官员，再次在同一问题上碰了钉子。法国向法国宇航公司提供了 48.6 亿法

---

① 引述自 1993 年 10 月在弗吉尼亚州夏律第镇对一位商务部官员的采访。
② *New York Times*，15 May，1987，sec. D，p. 5.
③ *Air Transport World*，24(6)，June，1987，p. 176.

郎（当时约 8.16 亿美元）的贷款以支持空客 A330/A340 项目，并允许企业以飞机销售收入进行偿还。法国政府同时还将给予斯奈克玛公司 9.06 亿法郎以支持斯奈克玛公司参与空客 A340 飞机配备的新型 CFM 发动机的研发①。斯奈克玛公司的合作伙伴是 GE 公司。

接下来，美国代表团访问了波恩，他们在那里拜会了迪特·沃尔夫（Dieter Wolf）。沃尔夫是德国经济部的官员，同时也是空客公司政府间委员会的德国代表。此外，他们还拜会了德国经济部部长迪特·冯·维岑（Dieter Von Wuerzen）。维岑告知美国代表团，德国政府决心支持空客项目，而且他们并不认同给予空客公司的支持违反了《民用航空器贸易协定》。维岑同时指出美国占据了全球民用飞机市场 80% 的份额，而且还通过军售收入补贴民用产品②。但是，他也表示德国正在寻求更多来自私有部门的资金以支持空客 A330/A340 项目。

美国似乎直接忽略了空客公司背后的政治层面的支持，因此低估了欧洲方面的决心。一次与空客公司高管的会谈对美方富有启示意义。在欧洲之行几个月后的巴黎航展上，"贸易打击小组"的部分成员见到了弗朗茨-约瑟夫·施特劳斯（Franz-Joseph Strauss）。施特劳斯本人事实上就反映出了欧洲政府对于空客公司的支持。施特劳斯是空客公司总裁，是德国政府的一位部长，同时也是巴伐利亚地区基督教社会联盟的领袖。基督教社会联盟当时是赫尔穆特·科尔（Helmut Kolh）领导的基民盟的盟友。施特劳斯历来是空客公司的坚定支持者，并且反对美国方面任何有关不公平贸易的指控。一位美国官员形容施特劳斯（的多重身份互相之间）存在着巨大的"利益冲突"，并对德国法律允许这种情况而感到惊讶。在这之前，美国代表团并不了解德国航空航天产业、德国政府以及几个包括施特劳斯大本营巴伐利亚在内的

---

① *Aviation Week and Space Technology*，126(22)，1 June，1987，p. 40.
② *Aviation Week and Space Technology*，9 Feb.，1987，p. 19.

钢铁工业区之间的紧密联系①。

在"贸易打击小组"返程的同时，英、法、德三国政府就其关于空客问题的立场发表了联合声明。声明中指出："成立空客公司是为了使欧洲拥有一个强大的、有竞争力的、独立自主的民用航空产业，以此来维持和确保欧洲飞机制造商与正在致力于形成单一垄断市场的美国飞机制造商展开竞争的能力。②"

欧洲政府正受到来自空客成员企业的巨大压力。空客公司为获取新项目的启动资金设计了一个明智的行动方案。让·皮尔森公开宣称对空客 A330/A340 项目的资金支持将会是政府对空客公司的最后一次大额资金注入③。在新机型进入市场后，空客公司有信心达到预设的30％的全球市场份额目标并实现公司的商业成功。皮尔森的话特意强调了政府对空客公司的持续支持是空客公司未来能否生存的关键。简而言之，如果没有政府对空客 A330/A340 项目的支持，空客公司就无法拥有完整的产品谱系，也就无法与美国企业展开竞争。同时，欧洲政府也将永远无法收回之前的投资。换言之，既然欧洲政府已经花了这么多钱让空客公司无限接近美国企业的竞争水平，他们又怎么会拒绝最后再帮助空客公司一次呢？此外，空客联合体崩溃后所引发政治分裂的潜在风险也促使欧洲政府向空客公司提供持续的支持④。

在双边谈判进行的同时，空客公司与麦道公司的销售战也在继续开展。对于麦道公司而言，留住现有 MD‑10 的客户非常重要。瑞士航空公司与一些传统的美国航空公司客户同意引进 MD‑11。截至

---

① 引述自 1993 年 10 月在弗吉尼亚州夏律第镇对一位商务部官员的采访。

② *Aviation Week and Space Technology*，9 Feb.，1987，p. 19.

③ *Air Transport World*，23(7)，July, 1986，p. 16.

④ Keith Hayward，"Airbus: Twenty years of European collaboration"，*International Affairs*，64(1)，Winter 1987/1988，p. 16.

1987 年 2 月，麦道公司共有 52 架 MD‑11 的确认订单，40 架选择权订单①。当斯堪的纳维亚航空（已与麦道公司签署 12 架 MD‑11 意向订单）因考虑空客 A340 的报价而推迟与麦道公司签订正式购机合同时，麦道公司的反应是激烈且愤怒的②。有传言称，空客 A340 的单机价格比 MD‑11 低 1 000 万美元③。除了与空客公司的竞争之外，MD‑11还面临着其他问题。当 MD‑11 的航程确定无法达到其预期目标时，项目遭受了巨大挫折。新加坡航空不仅直接取消了订单，而且还发生了一件令人尴尬的事。飞机首航时，一架美国航空的 MD‑11 因油量过低无法完成飞行任务而不得不在中途降落④。

空客 A330/A340 的营销是独立的，但是新机型与其他空客机型的高度通用性对航空公司而言极具吸引力。1987 年 5 月，美国西北航空同意引进空客 A330 和空客 A340，这对欧方来说是一次意义重大的销售胜利⑤。订单中包括 20 架空客 A340 和 10 架空客 A330，总价值 25亿美元，这令美国官员简直要"气得撞墙"⑥。此外，飞机还吸引了一众亚洲航空公司。截至 1987 年 5 月中旬，空客公司已取得 128 架空客 A330/A340 系列的确认订单。由于部分飞机预计配备 IAE 研发的超级扇发动机项目取消，其中部分订单最终能否落实取决于空客公司能否及时找到替代品⑦。

---

① *Air Transport Worlds*，24(2)，Feb. ，1987，p. 4.

② *Aviation Week and Space Technology*，126(14)，6 April，1987，p. 53.

③ *Aviation Week and Space Technology*，126(18)，4 May，1987，p. 34.

④ Laura Tyson，*Who's Bashing Whom? Trade Conflict in High-Technology Industries*，Washington：Institute for International Economics，p. 151。麦道公司在 1991年的年报中坦率地承认了 MD‑11 糟糕的表现，并明确了一系列提升产品表现的措施。

⑤ *Aviation Week and Space Technology*，126(15)，13 April，1987，p. 38.

⑥ 同上，p. 38。

⑦ *Aviation Week and Space Technology*，126(20)，18 May，1987，p. 33.

6.7 "301 调查"和空客公司

"贸易打击小组"的代表团两手空空地回到了美国。他们没有能够说服欧洲政府停止对空客公司的资金支持。但是，事情不会这样轻易结束。在 1987 年 2 月开始访问欧洲之前，美国贸易代表办公室就已经开始准备针对空客公司的"301 调查"。迈克尔·史密斯（Michael Smith）是这项工作的负责人。麦道公司在之前就已经向政府表示，公司希望在 1987 年夏天之前解决争端。这就意味着史密斯只有四个月的时间去争取开展"301 调查"所需的政治支持。

在调查过程中，史密斯可以仰赖商务部的帮助。商务部在 20 世纪 80 年代一直是美国高技术产业贸易利益的坚定保护者。商务部之前就对与日本合作研发 FSX 战斗机的项目持怀疑态度。同样，商务部对待空客公司的态度也是鹰派的强硬。商务部认为美国必须维持其在民用飞机制造业的技术和市场份额方面的统治地位。商务部也牵头完成了第一份关于空客公司受到政府支持的调查报告。它委托了一家私有咨询机构评估空客公司获取的政府补贴对美国制造商产生的影响。

国务院则对空客公司问题持不同看法。国务院官员在跟随美方代表团出访时，一直负责缓解美欧双方的冲突。国务院担心有关空客公司的问题会升级成为重大贸易矛盾。外交官们列出了因空客公司而与欧洲敌对可能引发的许多负面后果。比如，北约盟友间的关系可能会受损，撒切尔政府和里根政府的特殊关系也会被破坏。在实际操作层面，外交官们担心西伯利亚输油管道危机一类的事件可能会重现。当时，在美国政府宣布美国企业参加管道建设是非法行为后,跨大西洋盟友关系就受到了极大的损害。美国当初的举动直接危及到管道工程,而管道本身对于满足欧洲的能源需求和商业活动非常重要①。

但是,史密斯没能将"301 调查"继续进行下去,阻止他的恰是这一切的始作俑者——麦道公司。麦道公司对局势的突然升级感到担忧。公司迫切需要售出 MD-11,而与欧洲关系的恶化可能会对销售造成不利影响。在欧共体国家的国家航空公司中,汉莎航空公司和荷兰皇家航空公司都是 DC-10 的重要客户,也有可能在未来选择引进 MD-11。当汉莎航空公司流露出对空客 A330/A340 系列飞机的兴趣时,麦道公司就变得更为紧张。汉莎航空公司董事会当时在 3 月中旬召开会议,讨论关于替换 DC-10 机队的事宜②。麦道公司无法承受美国政府制裁空客公司所带来的风险,因为这有可能使得欧共体和德国政府进一步施压汉莎航空公司购买空客飞机。

经济政策委员会在 2 月中旬召开会议,讨论"贸易打击小组"提交的报告。讨论的重点之一就是是否继续推进针对空客公司的"301 调查"。在会议即将召开之前,交通部部长伊丽莎白·道尔(Elizabeth Dole)接到了麦道公司董事长桑迪·麦克唐纳(Sandy McDonnell)的电话。麦克唐纳告诉道尔,麦道公司不支持在当前阶段开启"301 调查",因为这有可能导致公司失去其欧洲客户。道尔随后在参加会议时向包括贸易代表办公室官员在内的与会者表示,针对空客公司的"301 调查"将不会继续。一位与会的贸易代表办公室官员回忆说:"这是我作为一名贸易官员的职业生涯中最为受挫的时刻。③"当然,会议也认可实施"301 调查"依然是未来可能的选项之一,但是必须在 5 月和 6 月的关

---

① 引述自 1993 年 11 月在华盛顿对一位前 USTR 官员的采访。
② *Air Transport Worlds*,24(3),Mar.,1987,p.4.
③ 引述自 1993 年 11 月在华盛顿对一位前 USTR 官员的采访。

贸总协定框架下的谈判结束之后再进行讨论①。经济政策委员会指示克莱顿·尤特，在与欧共体方面谈判时必须明确表明美方支持修订《民用航空器贸易协定》的立场②。总而言之，经济政策委员会决定不实施针对空客公司的报复性贸易行为。美国媒体认为这是美国针对欧洲威胁将对空客公司的制裁措施进行报复的一次让步③。

但是，商务部官员也指出欧方其实并没有发出明确的威胁信号。麦道公司的立场，以及部分内阁官员不愿将争论升级为对抗的态度使得美国最终做出了这样的决定。国务院的官员们担心继续在空客问题上施压会导致美欧同盟关系的全面恶化④。事实上，由于欧方宣布将葡萄牙和西班牙的农业经济整合进共同农业政策，美欧双方不久前就对美国输欧小麦的关税有过激烈的争论。

空客被移出"优先贸易问题"清单的速度是令人惊讶的。在经济政策委员会会议的数天后，"贸易打击小组"组长布鲁斯·斯玛特就在国会出席了有关贸易政策的聆讯。他表示政府将在贸易政策的问题上采取新的、更加激进的策略。美国将不再容忍贸易伙伴的不公平贸易行为。他表示："通过实施'301 调查'和反倾销调查，美国政府正在全方位打击不公平贸易行为。⑤"但是，空客公司自始至终没有出现在他的长

---

① *Major Issues in United States-European Community Trade*, Report prepared for the Subcommittee on Oversight and Investigations, House Committee on Energy and Commerce, Washington: USGPO, July, 1987, p. 8.

② *New York Times*, 14 Feb., 1987, sec. A, p. 36.

③ 同上。

④ 引述自 1993 年 11 月在华盛顿对一位前 USTR 官员的采访。另见 Steven Dryden, *Trade Warriors: USTR and the American Crusade for Free Trade*, Oxford: Oxford University Press, 1995, ch. 16。

⑤ 商务部副部长 Bruce Smart 的书面证词，"Trade and competitiveness", *Hearings Before the House Subcommittee on Commerce, Consumer Protection and Competitiveness*, Committee on Energy and Commerce, 100th Congress, 1st Session, Washington: USGPO, 25 Feb. and 3 Mar. 1987.

篇大论之中。

但是，美国政府也无法将空客问题完全抛在一边。随着波恩、伦敦、巴黎的会晤以失败而告终，国会对民用飞机贸易争端的兴趣也在不断提升。作为一段时间以来波音公司和麦道公司控诉空客公司的平台，国会要求斯玛特和史密斯汇报他们的工作情况。对于这两位而言，商务部和贸易代表办公室都希望空客问题保留在美国的政治议程之中。如果关贸总协定框架下的谈判最终失败，他们希望国会能够推动实施单边制裁行为。

欧方在 1987—1988 年期间大体上保持了一种防御性姿态。一位欧方官员表示，欧方的策略就是为空客联合体的发展争取时间①。能够阻止美国实施任何形式的制裁政策是最理想的结果，如果不能实现，至少也要拖延至空客 A330/A340 项目基本成熟。欧方清楚地知道空客 A320 会为联合体带来盈利，他们相信空客 A330 和空客 A340 同样也能够做到。

欧洲的谈判官们很了解美国企业不愿意见到更激进的制裁措施的心理，这也许对美方是最为致命的。在 1987 年 2 月的会议之后，麦道公司看上去已经决定从争端中抽身。在这之前，麦道公司的主要目标是阻止空客 A330/A340 项目的实施。但是，计划失败后，麦道公司似乎选择了接受现实。麦道公司的高管持续提醒美国官员不要火上浇油②。欧方官员也意识到了这一点，他们指出波音公司在 1987 年年中之后开始在整个问题中变得比麦道公司更加活跃③。但是，波音公司的立场也同样摇摆不定。一方面，波音公司希望美国制裁空客公司，但又担心制裁空客公司后可能引发的后果。一位欧方官员说："他们（波音

---

① 引述自 1993 年 4 月对一位欧共体官员的采访。
② *Flight International*, 7 March, 1987, p. 4.
③ 引述自 1995 年 1 月在伦敦对一位前 DTI 官员的采访。

公司)似乎非常在意欧洲的订单数量。"自始至终,欧方谈判官们都让美国企业认定禁止欧洲国家航空公司购买美国飞机是应对美国贸易制裁行为的选项之一①。

贸易代表办公室的官员们对两家美国企业失去了耐心。事实上,波音公司也的确担心美国的贸易制裁行为会影响其在欧洲的销售②。波音公司和麦道公司都曾公开声明支持美国政府,也曾派出官员配合布鲁斯·斯玛特和迈克尔·史密斯出席国会聆讯。但是,斯玛特指出,每次当美国政府要采取更为激进的政策时,产业界总会"升起黄色旗帜,并提醒我们小心行事"③。

布鲁斯·威尔逊也没能在日内瓦飞机委员会的内部谈判中取得任何进展。来自欧共体的代表直截了当地否认对空客 A330/A340 研发项目的支持违反了《民用航空器贸易协定》中的条款。欧方的核心论点是,他们正致力于构造协议中所提出的一个存在竞争的市场环境。

欧方在谈判方面做出的努力并不局限于飞机委员会内部。1987年 6 月和 7 月,空客公司已经决定披露更多有关公司本身和公司运营的信息。虽然在几个月之前,欧方官员们曾经否认空客公司收到过任何形式的政府补贴,但是这种虚假的说辞并不可能无限期地存在下去。美国商务部正在酝酿一份关于空客公司运营情况的详细报告。继续保持强硬的态度反而可能会产生负面效果。因此,空客公司指派其北美分公司的总裁阿兰·博伊德(Alan Boyd)前往美国国会接受美国官员和议员们的问询。任命博伊德为北美分公司的负责人是一个明智之举,博伊德在林登·约翰逊政府担任过交通部部长,并且十分熟悉华盛顿方面的政治规矩。此外,他还是一位民主党人,而国会有关委员会的

---

① 引述自 1993 年 4 月在布鲁塞尔对一位欧共体官员的采访。
② 引述自 1993 年 11 月在华盛顿对一位前 USTR 官员的采访。
③ Bruce Smart，"Competitiveness of the US commercial aircraft industry"，p. 31.

负责人恰恰也是民主党人。

博伊德的开场证词并不令美方满意。他不能抑或不愿讨论那些国会议员们感兴趣的话题，比如空客公司获取的资金支持以及空客公司偿还政府贷款的方式。他总是回避关键问题，看上去似乎对空客公司知之甚少。委员会主席吉姆·弗洛里奥（Jim Florio）甚至禁不住问博伊德："你在空客公司到底负责哪方面的工作？[①]"

当话题从空客公司的财政问题转移到民用飞机贸易方面时，博伊德的立场立刻就变得清晰起来。他提醒议员们，政府政策有时会引发贸易矛盾。例如，在美国轰炸利比亚时，美国对利比亚实施了制裁，而空客公司的美国供应商的利益随之受到了损害。由于飞机上的美国部件被禁止出口到利比亚，空客公司不得不停止向利比亚航空公司出售飞机[②]。美国在那时反而抱怨空客公司故意延迟交付这些配备美国部件的飞机[③]。这一事件使得空客公司在之后更倾向于与欧洲供应商合作[④]。在讨论有关飞机定价的问题时，博伊德则辩称用低于成本的售价抢占市场份额是企业的常规手段。他表示："宝洁公司曾这样做过，所有的企业都这样做过。如果你想进入一个新的市场，首先要保证产品的售价能够支持你进入市场，无论你们是否同意这个观点，这都是事实。[⑤]"

博伊德在回答部分空客飞机型号的盈利问题时显得非常坦诚。他表示空客公司内部存在一个共识，即空客 A300 和空客 A310 项目永远无法收回投资成本。但是，空客 A320 一定可以实现盈利，新研发的空

[①]　Alan Boyd，"Competitiveness of the US commercial aircraft industry"，p. 38.

[②]　Anastasia Pardalis，European political co-operation and the United States，*Journal of Common Market Studies*，25(4)，June，1987，pp. 288 - 289.

[③]　Boyd，"Competitiveness of the US commercial aircraft industry"，p. 40.

[④]　同上，p. 44。

[⑤]　Boyd，"Competitiveness of the US commercial aircraft industry"，p. 42.

客 A330 和空客 A340 飞机也很有希望实现盈利。博伊德之前任交通部部长的经历和其民主党员的身份在此时发挥了作用。他私下告诉美国政客空客公司正在努力实现盈利，而且美国企业没有必要去害怕来自欧洲的竞争者。史密斯说："我告诉波音公司和麦道公司抓紧做点什么去对付他（指博伊德），他实在是太厉害了。①"

几周后，法国民用航空局局长米凯尔·拉戈尔斯（Michel Lagorce）在美国国会演讲时的表态与博伊德相似。事实上，他的发言更加坦诚，他承认："空客 A300 项目的盈亏平衡点现在是'无穷大'。"当被问到欧洲政府为什么必须向空客公司提供资金支持时，拉戈尔斯回答称，欧洲私有信贷市场的规模和流动性无法承担 20 年飞机生产生命周期的财政风险。他同时也指出欧洲并没有意愿抢占美国市场。拉戈尔斯接着概述了法国政府对空客 A330 和空客 A340 飞机的支持政策。法国政府会向法国宇航公司提供金额为其所负担的新机型研发成本的 60% 的贷款。这笔总价大约为 29 亿法郎的贷款将通过飞机销售抽成的形式偿还。如果空客公司无法售出总数为 700 架的空客 A330 和空客 A340 飞机，那么法国政府将承担投资损失。美国的政策制定者们"很欣赏法方透明和合作的态度"②。

事实上，欧洲表现出的坦诚态度是为了阻止美国实施制裁政策。空客公司的成员企业和参与国向美方承认老机型无法实现盈亏平衡，但是新机型在未来可以做到这一点。这种表态是一种信号，即欧共体会在空客公司实现盈利之后开始考虑转变补贴政策。于是，美方在非正式场合设定的最后期限（1987 年 7 月）就这样悄悄地过去了，同时也并未采取进一步行动。考虑到美方在间接补贴问题上的让步，欧方也

---

① 引述自 1993 年 11 月在华盛顿对一位前 USTR 官员的采访。
② *Major Issues in United States-European Community Trade*，p. 7.

准备接受对直接补贴金额上限的限制[①]。这也成为美欧双方促成1992年双边协议的基本共识。

6.8 小结

1985—1988年这三年时间是美国向空客联合体施压的高峰期。但是无论如何，美国没有出台针对空客公司的制裁政策。

美欧同盟关系的确影响了最终的结果。国务院官员始终坚定反对实施强力的制裁措施，因为他们认为美国从制裁空客公司中能够获取的利益远远无法弥补制裁空客公司给美欧关系造成的损失。美国贸易代表办公室的官员也指出，当时的主流观点是不对空客公司实施制裁。但是，在同一时期美国与欧共体就西班牙和葡萄牙的农产品开展过正式谈判，而且也表示电信业等其他产业也属于双边贸易摩擦领域。那么，为什么空客公司是个例外呢？

形成这一局面的主要原因在于波音公司和麦道公司这两家美国飞机制造商。由于它们担忧自己的销售业务在欧洲受损，所以不愿意见到任何可能引起欧洲报复性措施的政策落地。欧方清楚地知道这一点，因此并不相信美方在过程中做出的威胁能够真正落到实处。此外，由于航空公司大量订购飞机，每家制造商的订单数在1988年开始大幅上升。这也使得对空客公司的补贴影响了美国企业收益的指控变得难以站得住脚。总之，美国政府始终没有得到产业界对强硬贸易制裁措施的一致支持。

欧共体在这一时期的主要目标是为空客 A330/A340 项目争取到

---

① 引述自1995年1月在伦敦对一位前DTI官员的采访。

足够的启动时间，这就需要拖延美国方面实施贸易制裁的时间点。美国企业自我限制的行为让这个目标变得更加容易实现。但是无论如何，在启动空客 A330/A340 项目时，欧共体在空客问题上的态度也趋于缓和。虽然欧共体加大了对美国间接补贴的抨击力度，但同时也低调地承认空客公司是政府补贴的受益方。这同时也向美方传递了一个信号，即欧方愿意搁置贸易争端，并继续就相关问题进行谈判。

第 7 章
1992 年美欧大型民用飞机贸易协议谈判

7.1 引言

1992 年，美欧大型民用飞机贸易协议谈判可能是本书中最为典型的国际合作案例[①]。美国和欧共体都一改之前在"空客争端"中的立场，最终达成了协议。双方最重要的让步在于欧共体接受对直接补贴的限制，而美国则同意对间接补贴行为加以规范。尽管 1992 年的协议并没有阻止这两个贸易伙伴之间的互相攻讦，但协议本身却提供了一个能够就贸易争端开展进一步谈判的机制。

本章所讨论的问题是：为什么谈判在 1992 年取得了成功，而在前几年却失败了？从某些角度来看，在 20 世纪 80 年代末解决这个问题可能更加符合我们的预期。在那个阶段，美国向欧共体施加了最大的压力，并要求其遵循美国 1979 年《民用航空器贸易协定》。此外，当时（美国）国会的支持力度很大，处于争端中心的企业（麦道公司）也在大力敦促美国政府尽快采取行动。

那么，我们应该怎样解释 1992 年（才签署的）协议背后的合作原因呢？在本章中，我们将提出促成协议的三个主要因素：首先，空客公司在商业上的成功显著减轻了欧洲对美国在该行业占据主导地位的焦

---

① 关于协定的准确名称有一些矛盾之处。欧共体将之视为 1979 年协定的延伸，而美国方面则将之称为"欧-美飞机协定"。最常用的名称是"空客协议"或"空客协定"。

虑,这使得欧洲各国政府能够接受削减其对空客公司的直接补贴。其次,美国成功地就德国宇航公司汇率补偿计划向德国政府提起了关贸总协定诉讼,这提高了空客补贴问题通过关贸总协定解决的可能性。由于欧洲不愿承担关贸总协定可能做出对其不利裁决的风险,因此宁可接受与美国的双边协议。最后,美国方面的目标从完全禁止直接补贴转变为限制直接补贴。

本章将分四个部分探讨这个问题。第一部分将回顾 1987—1990 年间蓬勃发展的民用飞机市场。市场环境对贸易争端的解决非常重要,这主要是出于两方面原因:一方面,活跃的市场使得空客 A330 和空客 A340 项目销售状况良好;另一方面,波音公司等美国企业的订单量也在同期大幅增长。第二部分将对德国的汇率补偿计划进行讨论,正是这一计划重新激起了美国对于空客问题的重视。第三部分将对促成 1992 年双边贸易协议成功签署的谈判过程进行分析。最后一部分将回到理论层面,探讨此次争端的化解对解决国际合作的学术争议有何理论价值。

7.2　空客公司销售的成功

美国贸易代表办公室官员 S. 布鲁斯·威尔逊(S. Bruce Wilson)曾指出,美国在民用飞机贸易争端中所面临的一个长期问题是美国难以证明空客公司损害了美国民用飞机产业的利益。空客 A320 进入市场时,波音公司和麦道公司的销量都在迅速上升。即使是在经营情况不好的年份,波音公司似乎也能创造 2 亿美元,甚至更多的利润[1]。

---

① Ian McIntyre, *Dogfight: The Transatlantic Battle Over Airbus*, Westport CT: Praeger, 1992, p. 201 and *The Economist*, 3 Jan., 1987, p. 43.

197

尽管如此,到了 1987 年,与空客公司的竞争明显已经开始影响到美国制造商从飞机销售中获得的利润率。1987 年度全球民用飞机销售成绩斐然,波音公司的销量甚至创下了新的纪录。然而,与空客公司的价格战却导致其营业利润从 1986 年的 6.65 亿美元下降到 1987 年的 4.8 亿美元[1]。空客公司在 1987 年度却迎来了企业自成立以来最为成功的一年,在这一年内获得了 327 架飞机的订单,总价值为 200 亿美元。储备订单更是上升到了 1 098 架,其中空客 A320 占了很大比例[2]。

在全球民用飞机机市场繁荣的背后,隐藏着令波音公司和麦道公司高管们感到担忧的两个趋势。第一,与空客公司的价格战压低了利润率。第二,飞机制造商被迫为每一笔飞机销售提供更大比例的金融支持。飞机制造商一向认为,制造飞机已是一项高风险活动,而如今销售飞机所带来的金融风险更是雪上加霜。然而,空客公司不是这一趋势的唯一责任人。虽然美国企业与空客公司的竞争的确是因素之一,但美国航空运输业放松管制永久性地改变了飞机的购买模式。

在 1978 年美国航空运输业放松管制之前,波音公司和麦道公司所处的销售环境是由财务情况稳定的大型美国航空公司和少数海外航空公司通过传统的付款方式购买飞机的,即在交付前先分期支付定金,交付时支付余款[3]。制造商在飞机销售时几乎不需要承担任何经济风险。如果航空公司取消订单,制造商只不过失去了飞机总价和已支付定金之间的差额。而一旦航空公司接手飞机,任何进一步的所有权变更都将是航空公司的责任。此外,飞机引进的资金是通过商业银行流转的,而非制造商的金融服务部门。

① *The Economist*, 3 Sept., 1988, p.7.
② *The Economist*, 30 Jan., 1988, p.50.
③ Keith Hayward, *International Collaboration in Civil Aerospace*, London: France Pinter, 1986, p.169.

飞机租赁公司的崛起标志着飞机销售模式的一个重大转变。类似健力士·皮亚特飞机公司(Guinness Peat Aviation,GPA)和国际租赁金融公司(International Lease Finance Corporation,ILFC)这样的飞机租赁公司开始向所有制造商下巨额订单。对于GPA而言,下大订单是一种旨在降低单位成本的成熟策略①。租赁公司和财政压力日渐增大的航空公司都要求制造商提供更加新颖和优惠的销售条件。包括不断施加压力,迫使制造商为自己销售的飞机先行垫资。他们还希望制造商接收航空公司的二手飞机以抵消部分购机款,从而使新飞机的销售更具吸引力。由此,可能会出现的一种情况是:波音公司会拥有一个由二手空客飞机组成的机队。

当然,空客公司也是促成环境改变的因素之一。为了获得更大的市场份额,长期以来空客公司似乎一直愿意采用创新的融资交易方式。美国对1978年美国东方航空公司租赁的空客A300飞机颇有微词。空客公司随后的多笔销售进一步激化了局势。1986年,空客公司向美国西北航空公司出售了100架空客A320飞机。美国西北航空公司随后以分批的形式,每批接收10~15架完成了飞机交付。与以往的飞机引进合同条款不同的是,美国西北航空公司可以随时取消订单②。

因此,麦道公司认为公司必须开发新的销售方式,以确保MD-80能与空客A320展开竞争。例如,麦道公司与美国航空公司签订了100架MD-80的购买协议中规定:尽管该订单需要数年时间才能完成,但是单机价格保持不变。同时,美国航空公司也有权取消订单,并在90天内归还飞机。此外,麦道公司还与其他航空公司达成了价格很有吸引力的协议。业界普遍认为麦道公司的价格太有吸引力,以至于相关

---

① *Air Transport World*, 23(7), July, 1986, p.37.

② *Aviation Week and Space Technology*, 125(14), 6 Oct., 1986, p.36.

航空公司无法拒绝[①]。简而言之，这三家飞机制造商都在融资方面承担了越来越大的风险。同时，制造商与航空公司一同设计了更加复杂、更量大价优的购机计划。

尽管如此，20 世纪 80 年代末激增的订单量使得飞机销售业务健康地向前发展。波音公司的销售量取得了惊人的增长。1988 年 5 月，波音公司创造了一个惊人的月度销售成绩。国际租赁金融公司订购了价值 37 亿美元的波音飞机，美联航和美国航空宣布购买价值 33 亿美元的波音飞机[②]。截至 1989 年底，波音的储备订单已上升至 1 600 架[③]。巨大的订单量使得波音的员工不得不加班加点才能完成交付任务。航空公司对部分机型（如，波音 747 - 400）的需求非常强劲，以至于交付时间将延长到 5 年。

波音公司致力于保护其波音 747 系列的最新型号波音 747 - 400 免受竞争带来的负面影响。波音 747 - 400 于 1988 年进入市场，专为当时快速增长的亚洲市场定制。该机型航程超过 8 000 英里，是一款 400 座级的飞机。启动客户是当时运营众多美国至亚洲航线的美国西北航空公司。不久之后，其他航空公司也迅速跟进。日本航空公司订购了 20 架，其他的亚洲主要航空公司——新加坡航空、国泰航空和大韩航空——也分别订购了飞机。之后，运营亚洲航线的欧洲航空公司也加入其中。英国航空公司和法国航空公司分别订购了 16 架 747 - 400[④]。

空客公司的表现也很不错。尽管麦道公司努力地通过 MD - 80 积极的定价策略来打压空客 A320 的销售，但 150 座级的空客 A320 的销

---

① *Air Transport World*，20(3)，March，1983，p. 49.
② *Air Transport Worlds*，25(7)，July，1988，p. 4.
③ *The Economist*，11 Nov.，1989，p. 107.
④ *The Economist*，30 July，1988，p. 75.

售继续保持良好态势。1988 年 7 月,加拿大航空公司订购了 54 架空客 A320[1]。此外,空客 A330 和空客 A340 也引起了市场的兴趣。1989 年 4 月,环球航空和国泰航空购买了价值 70 亿美元的空客 A330[2]。到了 1990 年,空客公司已经能够偿还从参与国政府处获得的部分资金。尽 管还款的金额很小,约为 9 亿美元,但其象征意义却是巨大的[3]。

空客公司总裁让·皮尔森相信未来公司将会获得更多的收入。公 司的成功证明了其飞机系列化战略的正确性。空客公司还表示,空客 A320 飞机未来的衍生型研发项目将通过私人渠道和公司自有现金流 完成融资。第一个衍生型号 A321 的生产成本约为 4.8 亿美元[4]。空 客公司指出,政府对每款飞机新型号的补贴比例呈稳步下降趋势。空 客 A300 飞机的研发成本完全由政府承担,而在后续型号的研发成本 中,政府出资的平均比例约为 75%。现在,空客 A320 衍生型号的研发 将不再需要政府资金的支持[5]。1991 年 6 月,空客 A321 项目一经推 出,空客公司就发行了价值为 1 500 亿里拉的债券,由此完成了大部分 研发资金的融资[6]。

麦道公司在 1986—1987 年期间一直是打压空客 A330/A340 项目 的急先锋,而在这之后波音公司在美国企业与空客公司的争端中接替 了麦道公司的角色。波音公司对空客公司在远程和大型客机市场上的 活动十分关注,这主要是出于三方面的考虑:首先,波音 747‑400 的市 场份额不能被空客 A340 所侵蚀。其次,波音公司的新机型波音 777 与

① "Civil Aerospace", *The Economist*, 3 Sept., 1988, p. 10.

② *The Economist*, 1 April, 1989, p. 75; 8 April, 1989, p. 87.

③ Keith Hayward, *The World Aerospace Industry: Collaboration and Competition*, London: Duckworth, 1994, p. 61.

④ 同上, p. 62。

⑤ 引述自 1995 年在图卢兹对一位空客高管的采访。

⑥ Airbus Industrie, *Airbus Update*, Blagnac: Airbus Industrie, July/August, 1991, p. 3.

空客 A330 和空客 A340 是竞争机型。而波音 777 在当时仍处于研发阶段，预计要到 20 世纪 90 年代中期才能投入运营，比空客 A340 晚了大约 12 个月。波音公司希望确保空客公司无法通过价格战夺取波音 777 飞机的市场份额。最后，在展望未来时，波音公司预测市场可能将需要比现有的波音 747 飞机更大、能够搭载约 600 名乘客的巨型客机。因此，波音公司决心阻止空客公司通过政府资金研发这类机型。

总之，尽管全球飞机市场一片欣欣向荣，但美国企业仍有足够的理由担心自己在与受政府补贴的空客公司的竞争中失败。就空客公司而言，公司十分满意在产品销售方面取得的巨大成功。这也给予了欧洲谈判代表在与美国进行谈判时所需的灵活性。此前，欧洲在直接补贴方面体现的灵活性仅限于发表公开声明，以此拖延美方惩罚性的贸易行为。但空客公司在商业上的成功使得欧洲能够在不影响空客公司核心利益的前提下向美国做出真正的让步。

7.3 德国的汇率补偿计划

空客公司的参与国政府总是巧妙地向空客公司提供补贴。关贸总协定规定允许政府提供产业补贴，而《民用航空器贸易协定》中则有制裁民用飞机产业补贴的条款。然而，德国政府计划补偿德国宇航公司因空客公司业务造成的汇率损失超出了美国可接受范围。这一补贴方案不仅太刻意，而且太明显，让美国无法忍受[1]。用一位美国贸易官员的话说，1989 年将德国空客公司出售给德国宇航公司是"压垮骆驼的最后一根稻草"，美国仅存的对于施压欧洲的顾虑就此荡然无存[2]。这

---

[1]　引述自作者与 William Wallace 于 1995 年 2 月在牛津的谈话。
[2]　引述自 1993 年 11 月在华盛顿对一位前 USTR 官员的采访。

次交易后,德国政府将空客公司的参与国拉入了与美国的气氛紧张的关贸总协定的争端之中。

德国汇率补偿计划始于1987年。彼时,空客公司在德国的分支德国空客公司(Deutsche Airbus,DA)的母公司梅塞施密特-伯尔科-布洛姆公司正在困境中绝望地挣扎,而戴姆勒-奔驰公司却正在野心勃勃地寻求扩张。德国政府竭尽全力为陷入困境的梅塞施密特寻找买家。然而,由于德国政府一向主张建立本国的航空航天产业,因此将梅塞施密特出售给外国企业并不是一个可行的选项。对政府来说幸运的是,由于戴姆勒-奔驰公司急于扩大其在航空航天领域的影响力,将梅塞施密特出售给戴姆勒-奔驰公司就成了一个理所当然的选择。

梅塞施密特的窘境并非一日之寒,企业组织层面的混乱可谓人尽皆知。一方面,公司拥有才智非凡的工程师团队;另一方面,公司的管理层由保守的官员组成,而他们严重依赖巴伐利亚州兰德政府的资助来获取资金[1]。公司内部两个阵营之间的紧张关系长期存在。其结果是,一个可以设计出良好工程方案的团队,却缺乏将这些想法转化为盈利产品的能力。

戴姆勒方面则正在推进一项雄心勃勃的多元化扩张计划,以减少公司对汽车业务的依赖,并期望在未来增长前景良好的高技术行业领域中建立自己的市场地位[2]。此前,戴姆勒-奔驰公司已经在稳步建立其在西德航空航天领域的地位。它已经获得了国家航空航天制造商、发动机制造商德国发动机与涡轮联合体(MTU)和支线飞机制造商道尼尔公司(Dornier)的控制权,并将它们与旗下全资航空航天公司德国宇航公司进行合并。公司董事长埃德扎德·鲁特(Edzard Reuter)也一直在背后力推这一公司战略。

① *The Economist*,27 April,1991,p.87.
② *The Economist*,16 Sept.,1989,p.110.

1986 年，德国空客公司陷入了严重的财务困境，因此只得向德国政府求助，并要求政府为空客 A330/A340 研发项目提供启动资金。德国空客公司直接威胁政府，如果没有新的政府资金支持，就无法按照约定偿还现有的贷款。联邦政府此前就已经为空客 A300、空客 A310 和空客 A320 项目提供了大约 20 亿美元的支持[①]。这个数字还不包括各种其他财政援助，如区域发展援助资金以及用于基础研究的资金。这家德国公司在空客 A330/A340 项目中所占的份额将需要大约 15 亿美元。

于是，联邦政府和戴姆勒-奔驰公司开始就戴姆勒-奔驰公司收购梅塞施密特公司的可能性进行正式谈判。谈判从一开始就碰到了一些障碍，由于地域矛盾，有人反对此次收购。梅塞施密特公司总部设在巴伐利亚，而德国空客公司总裁弗朗茨-约瑟夫·施特劳斯（Franz-Josef Strauss）同时也是巴伐利亚当地基督教社会联盟的领导人，他并不希望公司被总部位于巴登-符腾堡州的戴姆勒-奔驰公司接管。直到一家总部位于巴伐利亚的公司显然不准备接手梅塞施密特公司之后，施特劳斯才默许了这笔交易。

这次交易更严重的问题在于对市场竞争的不利影响。戴姆勒-奔驰公司已经是一家具有影响力的大型企业，而吞并梅塞施密特公司将进一步强化这种影响力。对戴姆勒收购案垄断性质的担忧有两方面的原因。一方面，人们普遍担心戴姆勒-奔驰公司在德国工业界的影响力已经如此之大，进一步强化这种影响力是否明智。同时，德意志银行与戴姆勒-奔驰公司颇有渊源，其持有戴姆勒-奔驰公司 20% 的股份。德意志银行董事长阿尔弗雷德·赫尔豪森（Alfred Herrhausen）曾鼓励戴姆勒-奔驰公司收购梅塞施密特公司。这使得人们担心德意志银行和

[①] Congressional Research Service, *Airbus: An Economic and Trade Perspective*, Washington：USGPO，1992，Table 6，p. 33.

戴姆勒-奔驰公司将会进一步控制德国经济。另一方面的担忧来自军方,他们担心如果收购案达成,那么同一家公司手中就会握有过多武器生产订单。如果梅塞施密特公司被收购,再加上戴姆勒-奔驰公司收购的其他产品(如 MTU 发动机、道尼尔飞机、AEG 电子产品)一起共有多达 40% 的德国军备都将由这家企业负责生产。

随着谈判的深入,反垄断办公室开始对审查这笔交易表现出了兴趣[①]。然而,德国政界人士却明确表示,收购将获准通过,而且将德国航空产业集中在戴姆勒-奔驰公司手中是必要的和有益的[②]。面对来自公众的反对,戴姆勒-奔驰公司和联邦政府不得不同意在收购完成前将部分业务部门从梅塞施密特公司中剥离出来。收购于 1989 年 9 月正式完成。

在处理该收购的反垄断争议的同时,双方还需就梅塞施密特公司提出的空客 A330/A340 项目的出资方案达成一致。梅塞施密特公司在空客公司中的财政义务是戴姆勒-奔驰公司和政府最大的担忧。戴姆勒-奔驰公司的想法很明确,虽然它想获得对梅塞施密特公司的控制权,但也不打算在没有政府支持的情况下承担高昂的空客项目费用。因此,德国政府决定拿出 27 亿美元来资助戴姆勒-奔驰公司(并购后)完成在空客公司中的义务[③]。这笔资金包括为保障德国空客公司履行对空客 A330/A340 项目的相关责任而向该公司提供的 10.5 亿美元的贷款担保[④]。

相较于在德国国内航空产业急于扩张的姿态,德国宇航公司并不担心国际航空市场中会发生不可预知的变化。戴姆勒-奔驰公司最急

---

① *The Economist*, 8 April, 1989, p. 88.
② 同上,pp. 88 - 89。
③ *New York Times*, 3 June, 1987, sec. D, p. 20.
④ *Aviation Week and Space Technology*, 126(22), 6 June, 1987, p. 17.

于让自己摆脱的是一个所有非美国企业都会面临的问题：由于国际飞机市场使用美元进行交易，德国宇航公司的收益以美元计，但成本以德国马克计，所以在任何情况下美元贬值都会导致公司收入的减少。

因此，德国宇航公司与德国政府达成了一项汇率担保协议作为完成收购的条件。德国政府承诺将以德国马克兑美元 1.60∶1 为触发条件，在美元跌破触发条件时，政府会补贴德国空客公司因美元贬值而造成的利润损失①。该协议规定，在德国马克对美元汇率升至 1.80∶1 时，对空客 A330/A340 飞机销售生效，在德国马克对美元汇率达到 2.00∶1 时，对空客 A300、空客 A310、空客 A320 飞机销售生效②。

在像民用飞机这样以美元计价的行业中，该协议为德国宇航公司提供了相当大的保障。长期以来，由于大部分成本都以本国货币计算，欧洲企业一直抱怨以美元计价进行销售时所面临的额外竞争劣势。在 20 世纪 70 年代，正是这个原因使得罗-罗公司在洛克希德公司的发动机的合同上损失了数百万美元。1987 年《卢浮宫协议》签署后，美元对其他货币的贬值使得德国宇航公司和其他空客成员企业开始担忧可能因此而产生的损失。解决美元贬值敞口问题的一种方法是提高美国企业在分包工作的占比。英国宇航公司在对空客 A330 和空客 A340 的机翼生产工作进行分包时采用了这种做法。美国德事隆宇航公司（Textron）获得了一份为空客 A330 供应机翼零部件的合同，总价值为 7 亿美元③。这样一来，这份合同除了能使英国宇航公司免受美元价值波动的影响外，还能将美国供应商的利益与空客飞机产品的命运连接起来。

---

① GATT, *German Exchange Rate Scheme for Deutsche Airbus*, Panel Report SCM/142, Geneva：GATT, 4 March, 1992, pp. 2 - 3；brackets added.

② GATT, *GATT Activities 1991*, Geneva：GATT, 1992, p. 60.

③ *New York Times*, 13 May, 1988, sec. D, p. 3.

英国宇航公司利用市场机制减少其外汇风险敞口的举动只会使德国汇率补偿计划在美国眼中显得更为不公平。德国政府长期以来一直承诺投入大量资金支持空客公司。一位英国官员指出："拥有如此雄厚财力的合作伙伴(德国)既是好事也是坏事。[①]"而由于戴姆勒–奔驰公司收购梅塞施密特公司的交易条件过于慷慨,以至于空客公司其他参与国都隐隐感觉到,美国插手阻止是不可避免的[②]。一些空客公司高管认为,设计这份汇率补偿计划时,德国并没有仔细考虑过如何尽可能地减少美国方面的不满[③]。

尽管德国政府强烈支持该汇率补偿计划,但也对美国方面可能出现的反应表示担忧。航空市场上如此明显的政府干预行为很可能引起美国的关注,而且空客公司必然将从梅塞施密特收购案中受益。因此,德国政府和德国宇航公司的官员提议尝试与美国企业组建合资企业,以防止美国对空客公司或德国政府采取行动,但这一想法并未实现[④]。

7.4　谈判

自 1979 年以来,关于空客补贴问题的谈判一直在进行。每次新一轮的谈判都由特定事件引发。1979 年,空客 A300 飞机的销售案促使美国启动了关贸总协定框架下的谈判,各国因而达成了《民用航空器贸易协定》。1988 年,德国的汇率补偿计划引发了新一轮谈判,在该谈判中美方旨在再度阻止欧洲政府对空客公司的支持。

---

① 引述自 1995 年 1 月在伦敦对一位前 DTI 官员的采访。
② 同上。
③ 引述自 1995 年在图卢兹对一位空客公司高管的采访。
④ 同上。

然而，有两方面的因素制约了欧洲关于美国新一轮施压的应对方式。一方面，人们越来越担心空客问题会对更加广泛的美欧关系产生破坏性影响。另一方面，空客公司在商业上的成功削弱了继续向空客公司提供补贴的合理性，同时也给予了欧方接受美国提议的可能性。

早在 1986 年欧洲决策层内部就已经对以上两方面进行了考虑，当时梅塞施密特公司的财务困境越来越严重。而在高调推出空客 A330 和空客 A340 飞机之后，欧方对空客补贴的态度开始转变。虽然欧共体在空客 A330/A340 飞机研发期间一直保持着坚定的支持立场，但却不愿再次实施这种贸易边缘化政策。只要空客公司仍然依赖国家的直接补贴，那么之前的情况就有可能再次发生。

空客公司的参与国政府都有自己的问题。长期以来，英国一向认为自己是空客参与国中最遵守自由市场规则的。他们认为政府向企业提供启动资金补贴是对现实的合理妥协，但并不认为这是帮助空客公司发展的最佳手段。英国宇航公司相对严格的还款条件反映出英国对于项目启动资金补贴的担忧。虽然英国政府一直在为空客项目筹集资金，但英国官员认为他们设置的还款条款是与商业贷款条款最接近的。英国的补贴形式是一种必须定期偿还的贷款。同时，对于法国政府对法国宇航公司进行资本注入以支持空客项目的做法，英国也持反对意见。英国对直接注资的厌恶源于自己国家的意识形态。相比之下，法国和德国向空客公司提供的资金远远多于英国。当时英国的态度表明，英国政府已经不太可能继续支持空客公司。考虑到美国方面同意对间接补贴行为进行限制，那么英国方面也会同意限制直接补贴的条款①。

正如我们所看到的那样，德国政府在如何继续支持空客公司这一

①　引述自 1995 年 1 月在伦敦对一位前 DTI 官员的采访。

问题上,遇到了一些特别的困难。截至当时,联邦政府已经向空客公司的项目投入了巨额资金。尽管德国对空客公司的支持态度并未动摇,但人们对空客方面看似"无底洞"般的资金需求感到担忧。此时,法国态度的转变推动了问题向前发展。长期以来,法国一直是民用飞机贸易争端中美国最为顽固的对手。然而,在空客 A330/A340 事件之后,法国政府中也有人认为,如果继续坚决捍卫直接补贴的权利可能会适得其反。法国金融委员会副主席吉尔伯特·高蒂埃(Gilbert Gaultier)警告说,欧洲不应低估美国的愤怒情绪。空客公司已成为全球航空领域的重要一员,与美国发生激烈的贸易冲突进而影响空客公司利益的行为是不明智的[①]。

此外,空客成员企业也开始担心空客公司过于激进的销售策略会危及他们自身。1984 年,空客公司向泛美航空公司出售空客 A320 和空客 A300 飞机曾被视为是一场大胜,但是各成员企业在之后才意识到,当时空客公司为了确保获取订单向航空公司提供了优厚的条件[②]。由此可见,除了引起美方的愤怒之外,空客公司还被认为在销售飞机时没有考虑对其成员企业的财务影响。德国和英国就尤其重视加强对空客公司客户关系的管控与监督[③]。

总而言之,空客联合体中的各参与国政府认为,空客公司已经成为跨大西洋关系的一个火药桶,可能会危及美欧盟友在其他领域的合作关系。一位欧洲官员表示,人们普遍担心空客争端对欧美贸易关系的影响[④]。为了防止美国采取进一步行动和降低自身在未来空客项目中

①　McIntyre, *Dogfight*, pp. 189 – 90.

②　Matthew Lynn, *Birds of Prey: Boeing v Airbus*, London: Heinemann, 1995, p. 178.

③　Pierre Muller, *Airbus Industrie*, *L'Ambition Européenne: Logique d'Etat*, *Logique de Marché*, Paris: Commissariat Général du Plan and L'Harmattan, p. 161.

④　引述自 1995 年 1 月在伦敦对一位前 DTI 官员的采访。

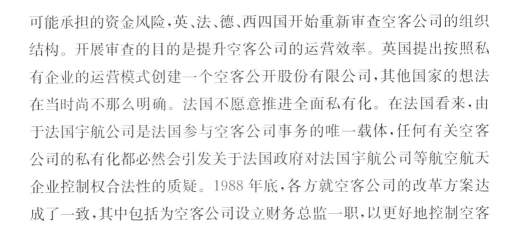

可能承担的资金风险，英、法、德、西四国开始重新审查空客公司的组织结构。开展审查的目的是提升空客公司的运营效率。英国提出按照私有企业的运营模式创建一个空客公开股份有限公司，其他国家的想法在当时尚不那么明确。法国不愿意推进全面私有化。在法国看来，由于法国宇航公司是法国参与空客公司事务的唯一载体，任何有关空客公司的私有化都必然会引发关于法国政府对法国宇航公司等航空航天企业控制权合法性的质疑。1988 年底，各方就空客公司的改革方案达成了一致，其中包括为空客公司设立财务总监一职，以更好地控制空客公司的运营成本。各参与国政府也将加强对空客公司的监管，并努力在各层级向空客公司灌输更强的商业意识①。

空客公司高层也开始敦促政府解决与美国的民用飞机贸易争端。这一态度的转变来源于其获得的商业成功。由于空客 A320 飞机销售火爆，而空客 A330 和空客 A340 看起来也前景光明，空客公司可以真正开始思考在没有大量政府补贴的情况下正常开展生产经营，而此时与美国关系的进一步恶化将会损害公司的利益。因此，空客公司对外事务总监米歇尔·德塞洛特（Michel Dechelotte）开始敦促欧洲各国政府解决此事。德塞洛特表示，在现有空客项目不受影响的前提下，空客公司可以在有限政府补贴的机制下正常运作②。

美国也在重新评估其在空客问题上的态度。从本质上说，这意味着美国也在试图接受不可能完全禁止欧洲政府对空客公司进行直接补贴的事实。最初（1986 年），美国认为欧洲的补贴是不公平的，应该被完全禁止；但而今美国的立场则更为实际，即欧方应该减少和限制直接

---

① 美国在一段时间内曾坚持要求空客公司放弃联合体的形式，重组为独立的企业。美国最后放弃这一要求的部分原因是美方发现空客公司内部对重组持积极的态度。引述自 1996 年 4 月作者与一位前 USTR 官员的信件交流。

② 引述自 1996 年 10 月在图卢兹对一位空客高管的采访。

补贴,但不需要完全取缔。美方也逐渐接受了欧洲给出的解释,即以往的补贴是为了解决产业培育问题和"竞争不平等性"[1]。美方的妥协并不是因为美国的谈判代表接受了新的经济理论,而是因为他们意识到彻底扼杀空客公司的时机已经过去。到了1991年,空客公司发展的脚步已无法阻挡。空客公司已经占据了相当比例的市场份额,并在欧洲获得了强大的政治支持,因此,美国已无法实现之前的目标。现在的目标不是取缔空客公司所有的补贴,而是达成一项可被美国制造商接受的、"令人愉快"的协议[2]。

新上台的布什政府对美国的谈判团队进行了人事调整。主要负责人是美国贸易代表办公室副主任林恩·威廉姆斯(Linn Williams),他有在空客的任职经历。威廉姆斯认为"空客争端"是可以被当作一个贸易问题解决的。于是,他很快恢复了与欧共体的对话。一位欧共体官员曾说,威廉姆斯确实给相关讨论带来了活力[3]。

波音公司也有兴趣达成协议。波音公司的主要目标是阻止空客公司利用政府资金研发波音747系列的直接竞争机型或(下一代)巨无霸客机。因此,设定某种直接补贴的上限是非常重要的。波音公司并不特别担心上限的具体水平,重点是空客公司要受到限制。波音公司采取了一种务实的态度:有协议总比没协议要好[4]。

双边谈判在空客A330和空客A340的项目融资完成不久之后正式恢复。该轮谈判于1987年10月下旬和1988年初举行。谈判之初,双方依然在互相指责。美方认为,空客公司的补贴违反了关贸总协定框架下的规定,因为这些补贴并非基于收回投资收益的合理预期而制

---

① Laura D'Andrea Tyson, *Who's Bashing Whom? Trade Conflict in High-Technology Industries*, Washington: Institute for International Economics, p. 205.

② 引述自1995年6月对一位商务部官员的电话采访。

③ 引述自1995年1月在伦敦对一位前DTI官员的采访。

④ Hayward, *The World Aerospace Industry*, p. 62.

定。美方还反对欧洲政府干涉空客公司对航空公司的销售，以及与分包商签订分包合同的行为。欧共体回应称，美国民用航空产业是军事采购和 NASA 项目巨额间接补贴的受益者，对空客公司的补贴旨在对抗美国政府对民用航空产业的这种间接补贴的行为。

从表面上看，谈判本身似乎并没有什么太大的变化，但是实际上双方都已开始改变立场。自 1988 年的谈判之后，美国人开始愿意就间接补贴的问题进行谈判①。这种意愿很重要。长期以来，美国拒绝承认其航空产业从政府支持中受益。因为承认国防部和 NASA 的项目与波音公司和麦道公司的商业成功有关系会有损美国的形象。相反，美国总是乐于将美国企业的高效商业行为与构思不周且浪费资源的空客项目进行对比。

那么，美国为什么要作出这个让步？第一，正如我们所看到的，美国人已经调整了他们与空客公司谈判的目标。第二，欧共体方面已经明确表示，对间接补贴采取一些有针对性的行动是必要的。在这一点上，空客参与国政府和欧共体团结一致，美国认为没有机会找出一个摇摆不定的政府，从而进一步分化欧洲内部的关系②。而美国制造商的态度是促使美方采取行动的催化剂。威廉姆斯向麦道公司和波音公司都提出了间接补贴的问题，并询问了他们的意见。两家公司都回答说，原则上他们能够接受对间接补贴的限制③。

双方谈判团队中的一小部分官员互相交换了各方的进展。美国方面的两名官员来自美国贸易代表办公室，他们分别是办公室副主任林恩·威廉姆斯和他的下属唐纳德·菲利普斯（Donald Phillips）。欧方的谈判代表主要是来自欧共体和英国工贸部的官员。英国在谈判中的

① *Air Transport World*，25(5)，May，1988，p. 8.
② 引述自 1995 年 1 月和 6 月对美国官员和欧洲官员的采访。
③ 引述自 1995 年 6 月对一位 USTR 官员的电话采访。

特殊地位源于美国人认为英国是空客参与国中提供补贴最少的国家。一位英国谈判代表指出："他们（美国人）对我们没有什么好挑剔的。①"然而，空客公司的任何立场都必须由空客公司的政府间委员会统筹考量，而委员会内的德国、法国和西班牙却各持己见。

尽管美国人在当时已经准备接受政府对空客公司进行直接补贴的行为，但双方在直接补贴的具体上限方面仍存在相当大的分歧。起初，美国希望将政府直接补贴限制在研发成本的 25％ 以内，并希望这一上限具有追溯（以往项目的）效力。而欧共体无法接受这一建议，拒绝了美国要求追溯直接补贴上限的要求。空客各参与国政府认为此举意在阻挠仍处于研发初期的空客 A330 和空客 A340 飞机的生产。欧共体已经准备好了与美国讨论补贴上限，但新的规定只适用于未来的机型项目。

欧共体注意到了波音公司在左右美方立场方面的作用。据一位英国官员称："尽管麦道公司对空客公司的抨击最为激烈，但实质上对谈判最感兴趣的是波音公司。我们认为，他们（波音公司）希望保护自己免受任何来自享受补贴的欧洲'巨无霸'飞机项目的威胁。②"一旦欧方不接受追溯补贴上限，确保对空客未来的机型项目设置补贴上限，那么空客未来机型项目对波音公司来说就变得非常重要。

除了波音公司和空客公司，已有的证据表明其他企业几乎没有行动。欧洲制造商通过空客公司和各参与国政府、谈判代表保持着密切联系，但在很大程度上他们授权欧共体主导谈判，且并没有提出过多少要求。大西洋两岸的零部件供应商也都不积极。唯一的例外是发动机制造商，主要是 GE 公司、普惠公司和罗-罗公司。罗-罗公司向英国官员表示乐于见到美欧双方对发动机研发实施补贴上限的规则。美国

① 引述自 1995 年 1 月在伦敦对一位前 DTI 官员的采访。

② 同上。

（发动机制造商）企业想要的则恰恰相反：它们向谈判代表明确表示，发动机补贴是一个独立的问题①。罗-罗公司长期以来一直抱怨，自己的两家竞争对手都拥有双重优势。一是可以获得美国军方用于发动机研究的拨款；二是作为大型工业集团的一部分，他们可以在集团不同产品部门之间获得交叉补贴②。GE 公司还通过与法国斯奈克玛公司共同组建 CFM 国际公司，从而获得了法国政府的资金支持。

空客公司各参与国政府同意讨论补贴上限的决定意味着谈判向前迈出了重要一步。然而，到了 1989 年年底，两件事情的出现几乎让所有谈判终止。第一件事情是戴姆勒-奔驰公司收购梅塞施密特公司，特别是德国政府给予戴姆勒-奔驰公司的汇率补偿，激怒了美方。第二件事是，除了空客参与国之外的其他欧洲国家，如意大利和荷兰等，开始担忧自己国家的航空航天产业发展受到谈判协议的影响。

1989 年 3 月，欧共体委员会批准了作为梅塞施密特公司并购协议一部分的德国汇率补偿计划。美国要求立即就此事与欧共体进行关贸总协定磋商。美国认为应根据《补贴守则》而不是《民用航空器贸易协定》来推进申诉流程③。美国声称，德国的汇率补偿计划违反了《补贴与反补贴措施协定》中有关出口补贴的规定。

德国汇率补偿计划让民用飞机贸易的谈判别生枝节。同时，也在空客各参与国的内部引起了相当大的混乱。尽管空客公司是一个联合体，但其成员企业与参与国政府对各自用于集团产品研制的资金依然拥有相当大的自主权。这种灵活性有其自身的优势，但德国这次却把其他国家拖入了一场与它们无关的争议中。事实上，根据现有的证据

---

① 引述自 1995 年 1 月在伦敦对一位前 DTI 官员的采访。
② GE 航空发动机公司是 GE 公司子公司。普惠公司是联合技术公司子公司。
③ Congressional Research Service, *Airbus Industrie*, p. 38 and GATT, *German Exchange Rate Scheme for Deutsche Airbus*, p. 2.

显示,德国政府没有向其他空客参与国政府提供有关梅塞施密特公司并购条款的完整信息。一名欧共体官员还是从一名美国谈判代表那里得知了汇率计划的全部细节①。一位英国官员也表示:"汇率计划的细节是'一点一点逐渐出现的'②。"尽管如此,英、法、西并没有将矛盾扩大化。在与美国的谈判中,保持统一战线是很重要的。此外,各方也能够理解德国政府出售梅塞施密特公司的必要性。因此,德国政府需要让收购梅塞施密特公司成为一项有吸引力的投资(所以必须附加汇率补偿计划)③。令人不安的是,随着细节的浮出水面,收购计划显得太有吸引力了,这必然会引起美方的愤怒。

这个问题让空客公司和欧共体感到非常不安。尽管可能性并不大,但是关贸总协定对汇率补偿计划的裁定可能会危及梅塞施密特公司的收购提案。更加可能出现的一种情况是,美国将更大胆地利用关贸总协定争端解决程序,并通过《补贴守则》的争端解决机制解决空客公司的直接补贴问题。欧共体长期以来一直反对这种做法,欧方认为既然航空委员会负责监督《民用航空器贸易协定》的实施,那么所有关于空客公司的问题都应该通过航空委员会解决。

欧共体所面临的第二个问题也变得更为显著。随着补贴上限谈判的推进,其他欧洲国家开始意识到,它们的航空航天产业也将受到这类协议的约束。直到1990年,欧共体和美国的谈判代表们在补贴上限问题上取得了重大进展。双方就直接补贴问题达成了谅解协议,同意将上限控制在45%的范围内④。

然而,欧共体的谈判方案却遭到了反对。在欧共体第113次委员

---

① 引述自1993年4月在布鲁塞尔对一位欧共体官员的采访。
② 引述自1995年1月在伦敦对一位前DTI官员的采访。
③ 同上。
④ 引述自1995年4月和1996年10月在图卢兹对空客公司高管的采访。

会会议上，欧共体向各国通报了空客谈判的最新进展，一些欧洲国家不仅表示反对设置补贴上限，同时还对空客参与国在与美国谈判过程中的主导地位提出了异议。意大利和荷兰都担心设置补贴上限会对它们的航空航天项目产生不利影响[①]。尤其是荷兰方面的问题尤为突出，因为任何可能达成的协议都将直接影响正在进行的福克飞机项目。谈判所涉及的机型范围是 100 座级以上的飞机，而福克公司正在研发的一款支线飞机恰好就在这个范围之内。

这场欧共体内部的争端导致了两个后果：

第一，尽管欧方代表团仍由空客参与国政府主导，但代表团也会更加细致地征询其他国家的看法。考虑到双边协定符合欧共体成员国的共同利益，其他成员国最终接受了谈判结果，但这段插曲使得欧方内部产生了龃龉，从而延缓了接下来谈判的进程。

第二，一份在当时可能通过的协议最终走向破裂。由于欧共体无法兑现自己的承诺，美国无功而返。林恩·威廉姆斯感到非常失望。他在 1988 年重启谈判，并为解决争端投入了相当大的精力。在欧共体内部争端公开前，他一度以为协议即将达成。欧共体官员曾在 1991 年 2 月邀请威廉姆斯和他的团队飞往欧洲，以期形成协议方面的共识。而当他们抵达欧洲时，尴尬的欧共体官员向美方表示，欧方暂时没有意向性的工作协议。之后威廉姆斯退休，由迈克尔·莫斯科（Michael Moskow）接替美国贸易代表办公室副主任的职务，美欧谈判的前景就变得愈发渺茫起来。空客公司也对未能达成协议懊悔不已，因为美国今后可能再也不会接受设置 45% 的直接补贴上限了[②]。

到 1991 年年中，谈判的主要成果是双方各自做出让步，并在原则上同意对直接补贴和间接补贴进行限制，但在协议的具体文本和措辞

---

① 引述自 1995 年 1 月在伦敦对一位前 DTI 官员的采访。
② 引述自 1996 年 10 月在图卢兹对一位空客公司高管的采访。

上几乎没有进展,依然存在多处争议。

第一,在直接补贴的问题上,双方无法就补贴上限或透明度问题达成一致。美国坚持认为,如果一方给予了企业直接补贴,那么就必须设置一个机制以保证信息透明。

第二,欧共体正在研究一种计算间接补贴的方法。尽管美国原则上已经接受了间接补贴的上限,但欧洲担心美国这样做的原因只是因为美方认定欧共体无法设计出有效的机制来约束间接补贴[①]。这一点对于空客各参与国政府来说至关重要。欧方认为必须限制美国飞机制造商从美国军方和 NASA 处获得资金支持,不然欧共体无法接受任何协议。

第三,关贸总协定对德国汇率补偿计划的裁定结果将直接影响双边谈判的进程。欧共体担心,在将汇率补偿计划纳入争端解决程序后,美国会将空客公司的补贴问题提交给关贸总协定解决,以加大对欧共体的施压力度[②]。这一担忧在 1991 年 5 月得到了证实,当时美国确实要求关贸总协定就空客补贴问题组织美欧双方进行磋商。虽然美方没有要求成立专门的争端解决小组,但其目的仍是向欧共体施压[③]。

关贸总协定争端解决程序可能对谈判产生的影响,在美国和欧共体的决策层内部均存在分歧。关贸总协定官员对美欧在关贸总协定中的争端感到不满,因为这可能会影响乌拉圭回合的谈判结果。这些官员甚至还私下游说美方,敦促他们不要将德国汇率补偿计划或空客补贴问题纳入关贸总协定的争端解决程序[④]。一些美国官员担心,如果美国在关贸总协定争端中败诉,就将不会再有任何机会与欧共体达成协

---

① 　引述自 1995 年 1 月在伦敦对一位前 DTI 官员的采访。
② 　引述自 1995 年 1 月在伦敦对一位前 DTI 官员的采访。
③ 　Congressional Research Service, *Airbus Industrie*, p. 40.
④ 　引述自 1995 年 6 月对一位商务部官员的电话采访。

议，因为欧方将失去继续谈判的动机。然而，最终还是支持继续使用关贸总协定机制的一方占据了上风。

空客各参与国的政府官员也经历过类似的辩论。虽然有些人认为关贸总协定的争端解决程序是一种去浊留清的手段，并且可以巩固空客公司在国际上的地位，但是大多数人认为，只要补贴问题被纳入关贸总协定程序中，欧共体的软肋就暴露无遗①。此外，欧共体还有另一个有关关贸总协定的问题。在乌拉圭回合的谈判中，欧共体认为飞机贸易应该单独设立问题板块进行讨论，因此不受新的补贴法规的约束。而如果美国成功地将空客补贴问题提交给《补贴与反补贴措施协定》小组，那么欧方之前的努力就付诸东流了。此外，这样也会形成单独的产业补贴规定遵照一般补贴法案执行的判例。这样一来，美国就没有必要与欧方继续就民用飞机制造业的补贴金额进行谈判了②。

在民用飞机贸易争端紧张局势明显加剧的背景下，一小部分的谈判人员继续开展有关工作。欧共体和美国的谈判代表之间开始了频繁的非正式接触。事实上，在 1991 年，双方建立了一个有趣的"后台通道"，波音公司在其中发挥了重要的作用。波音华盛顿办事处的法律顾问理查德·坎宁安（Richard Cunningham）是一个重要人物。由于当时双方正在致力于解决透明度和补贴水平的问题，坎宁安便成为欧方的联系人。同时，他也是波音公司与美国贸易代表办公室谈判团队的主要联系人。通过坎宁安，欧方可以向美方传递试验性的协议方案。欧方在沟通过程中得出了一个结论：既然任何协议都需要波音公司同意，那么与波音公司保持联系是明智的选择③。

1991 年 10 月，欧方已经准备好提出一个涉及直接补贴数额的新提

---

① 引述自 1995 年 1 月在伦敦对一位前 DTI 官员的采访。
② 引述自 1995 年 6 月对一位商务部官员和一位前 USTR 官员的电话采访。
③ 引述自 1995 年 1 月在伦敦对一位前 DTI 官员的采访。

案。英国工贸部航空航天处负责人、空客政府间委员会英国代表安东尼·尼杜辛斯基（Anthony Nieduszynski）和欧共体首席谈判代表彼得·卡尔（Peter Carl）起草了这份文件。该提案提出，欧方愿意降低45％的直接补贴上限，并同意将上限目标范围定为30％～39％[1]。美国贸易代表办公室团队与美国航空产业代表共同就这份提案进行了讨论，他们一致认为这是欧共体做出的一项重大让步。因此，考虑到欧方的诚意，美国目前不会在关贸总协定的谈判中进一步讨论空客补贴的问题[2]。

然而，欧共体在间接补贴方面仍需要有进一步的突破。空客政府间委员会需要制定一个计算间接补贴的方法，并取得美方的同意。尼杜辛斯基和卡尔提议，应该限制间接补贴的数额在占协议签署国航空产业总产值的一定数额的百分比以内。尽管在这一点上欧洲内部存在一些分歧，但提交给美国的数据——签署国行业产值的3％～5％——是通过计算1991年美国NASA预算占美国行业总产值的百分比得出的[3]。令欧方略感意外的是，美国同意考虑这一提议。即便如此，欧方还是对美方欣然接受这一提议的态度感到不安。

一些欧洲谈判代表认为，是美国产业界说服了美国贸易代表办公室谈判小组接受该提议。由于间接补贴协议在实际层面很难执行，因此美国没有必要为此拖延谈判的进度[4]。此外，美国产业界并不认为欧方提议的间接补贴上限，即行业总产值的4％或任何私有企业总营业额的5％，会成为一个严重的问题。无论是麦道公司还是波音公司都不认

---

[1] 引述自1995年1月在伦敦对一位前DTI官员的采访。

[2] Congressional Research Service, *Airbus Industrie*, pp. 40 - 41.

[3] General Accounting Office, *International Trade: Long-Term Viability of the US-European Union Aircraft Agreement Uncertain*, Washington: USGPO, 1994, pp. 24 - 25.

[4] 引述自1995年1月在伦敦对一位前DTI官员的采访。

为他们的研发项目所得到的政府支持资金达到了这个水平。无论如何，美方官员都认为，根据行业总产值的百分比设置间接补贴上限对美方有利，因为美国的总产值远远高于任何一个欧共体国家①。

随着谈判的推进，一个关贸总协定的调查小组也正着手审查德国的汇率补偿计划。美方认为这一次他们抓住了德国的把柄，因为汇率补偿在《补贴与反补贴措施协定》管理规定的附件中是被明令禁止的。通过让《补贴与反补贴措施协定》小组而不是航空委员会来审查此案，美方成功避免了使用 1979 年《民用航空器贸易协定》中模棱两可的规则作为此案的法律依据②。

欧共体对美国的说辞提出了两点反对意见。第一，欧共体认为，由于该计划是欧共体内部贸易的一部分，而欧共体的内部贸易不受关贸总协定的约束，因此汇率补偿计划不应该受到关贸总协定的审查。第二，欧共体认为，德国空客公司制造的零部件本身并不构成出口。相反，它们只是从空客公司的一个成员企业（德国空客公司）转移到另一个成员企业（法国宇航公司）。所以，空客公司没有从德国空客公司或其他任何空客成员企业那里购买零部件，一切只是公司内部的运作流程③。

美国否定了这些说法。美国代表认为，无论从哪方面看，德国空客公司向空客公司（法国宇航公司）运送零部件都构成了出口行为——产品从一个司法管辖区（德国）运送到另一个司法管辖区（法国）。而且，空客公司事实上也为这些零部件向德国空客公司支付了费用。此外，即使德国空客公司没有向空客公司出口零部件，德国政府也已经通过

① General Accounting Office, *International Trade*, p. 34.

② Aerospace Daily, GATT: *What It Is and What It Means to Aerospace*, Washington DC: McGraw-Hill, 1994, p. 8.

③ GATT, *German Exchange Rate Scheme far Deutsche Airbus*, p. 15.

汇率补偿计划对空客公司进行了补贴。而且毫无疑问的是，空客公司的确出口了成品飞机[①]。该计划的全部目的就是让戴姆勒-奔驰公司履行对空客公司的财政义务。因此，德国政府补贴戴姆勒-奔驰公司的行为也构成了对空客公司的补贴行为。美国要求德国废除这一汇率补偿计划。

双方的陈述于1991年10月结束。审查小组于1月初发布了一份初步报告。有迹象表明，关贸总协定将要求欧共体敦促德国政府修改汇率补偿计划，从而与《补贴守则》中的规则保持一致，但这实际上就意味着该项计划的终结。当然，在几个月后的最终报告发布之前，欧共体还不需要面对以上这种情况。

欧共体所担忧的问题并不是汇率补偿计划能否继续实施。法国和英国从一开始就对该项计划感到担忧。从某种意义上说，他们乐于见到这种裁定，因为这将消除美欧双方谈判中的障碍。正如一位欧共体官员所说："当该项计划被裁定为非法时，其他空客参与国都没有流下眼泪，哪怕一滴眼泪。[②]"然而，欧共体担忧的是美国会继续利用关贸总协定的争端解决机制来质疑欧洲对空客公司的补贴。最坏的情况是，欧共体可能会被要求全面取消或者至少调整其对空客公司的支持计划。虽然这种情况发生的可能性很小，但却时时萦绕在欧方代表们的心头。欧共体当然可以无视关贸总协定的任何裁定，但这可能就意味着争端将进一步升级。欧共体对《民用航空器贸易协定》的解释与美国存在分歧是一回事，而无视关易总协定审查小组的裁定则是另外一回事。

1992年初，双方进行了一轮密集的谈判。虽然欧共体仍对裁定有异议，但是德国的汇率补偿计划最终还是被关贸总协定确认为非法，德

---

① GATT，*German Exchange Rate Scheme far Deutsche Airbus*，p. 23。
② 引述自1993年4月在布鲁塞尔对一位欧共体官员的采访。

国政府也于 1992 年 1 月 1 日结束了该项计划。尽管谈判中仍然存在障碍，但美国人希望能够克服这些障碍。为了继续推进谈判进程，美国最后一次向欧共体施压。美国商务部宣布，谈判最晚将持续到 3 月 31 日。在此之后，美国会将空客公司的补贴问题提交至关贸总协定，或者根据美国的反倾销法律予以回击①。

在这一轮谈判中，双方代表都试图进一步推动问题解决。美国试图将直接补贴上限在 30%～39% 的基础上进一步降低。美国商务部副部长迈克尔·法伦(J. Michael Farren)表示，美国理想的直接补贴上限是 20%。法国从一开始就提出，能否签署任何关于空客公司的协议都取决于美国是否在电信和影视产品出口等其他贸易问题上做出让步。然而，双方最终都没有就以上想法进行过实质性讨论。参与空客谈判的法国代表安德烈·杜·布列松(Andre du Bresson)拒绝将空客问题与其他贸易问题联系起来②。同时，美国商务部也放弃了直接补贴上限为 20% 的要求。根据现有的证据显示，这两项提议都没有影响到谈判的进展。4 月 2 日，美国和欧共体正式宣布达成协议。

该项协议被称为《美欧大型民用飞机贸易协议》，其中包含三个关键性条款③：第一，政府对飞机研发的直接补贴不得超过研发总成本的 33%，同时规定了直接补贴的还款条件。第二，协议明确了对间接补贴的限制。政府提供的包括军用技术研发支出在内的间接补贴可以用来补贴民用产品的研发，但有两个上限：资助不得超过协议一方民用航空产业总产值的 3%，或该国企业民用飞机总销售额的 4%。第三，协议决定成立双边专项小组，并定期组织会议监督合规情况④。

---

① *Aviation Week and Space Technology*，136(9)，2 March，1992，p. 17.

② 引述自 1995 年 1 月在伦敦对一位前 DTI 官员的采访。

③ Text reprinted as "Council decision"，(92/496/EEC) in，*Official Journal of the European Communities*，No. L 301/31，17 Oct.，1992.

④ *New York Times*，2 April，1992，sec. A，p. 1.

美国内部对该项协议的反应褒贬不一。虽然限制直接补贴的做法令人欣慰，但也有人担心在间接补贴问题上的让步可能会影响美国本国的飞机研发。为此，美国军方首次介入了民用飞机贸易争端，表明了对航空航天产业国际规则的担忧。直接补贴与军方无关，空客公司如何获得资金来生产飞机也不是军方关心的问题。军方担心的是对间接补贴的限制可能会影响美国的军事计划[①]。

美国政界也存在反对的声音。华盛顿州参议员斯莱德·戈登（Slade Gorton）原则上支持该项协议，他认为有协议总比没有协议好。而密苏里州参议员丹福斯（Danforth）则表示反对，他认为该项协议通过了本应该被完全取缔的"扭曲贸易的补贴"[②]。

欧共体从该项协议中获得了什么好处呢？第一，美国承认了自己国家的航空产业确实受益于间接补贴，而现在这种补贴行为已经有了国际标准加以约束[③]。第二，直接补贴的做法得到了认可。虽然协议的大部分内容都在强调直接补贴的上限，但相较之下，如果美国成功地禁止所有的直接补贴，欧共体所要面临的情况会变得糟糕得多。

然而，对该项协议的批评仍然存在。同时，双方在几项条款上依然存在分歧。其中，一个关键性分歧涉及对间接补贴上限的确切解释。一些美国人认为，"上限"根本不是一个"上限"，而是一个"门槛"，一旦间接补贴的数额超过"门槛"，美欧双方就需要就特定的间接补贴项目进行协商。这种观点认为，协议本身只是为了保障信息透明，但不构成对政府向行业注入资金的实际限制[④]。然而，协议内容并没有被修改，而且协议的确迫使各国减少了对航空航天领域的直接补贴。自协议生

---

① *Aviation Week and Space Technology*，136(15)，13 April，1992，p. 32.
② 同上，p. 32。
③ 这些规定能否有效实施是另一个问题了。
④ 引述自 1995 年 6 月对一位商务部官员的电话采访。

效以来,空客公司没有再得到任何政府的资金补贴。同时,考虑到空客公司暂时没有推出"空中巨无霸"的计划,公司的商业成功意味着空客公司可能也并不需要政府的资金以维持企业的运转。

7.5　小结：1992 年的协议与合作

本章解释了 1992 年《美欧大型民用飞机贸易协议》是什么,以及为什么能够达成。我们认为,这个案例是本书覆盖的时间跨度内最典型的国际合作的案例。为什么谈判在经历了 12 年的失败之后,在 1992 年却取得了成功?为什么美国和欧共体最终选择了合作?我们认为其中存在三个关键因素:空客公司不断取得的商业成功、美国同意在一定程度上限制间接补贴以及关贸总协定的作用。

20 世纪 80 年代末,飞机订单数量普遍上升。波音公司、麦道公司和空客公司的销量都有了大幅增长。这使得美国企业很难游说美国政府出台针对空客公司的贸易保护性政策。对波音公司而言,如果订单已经积压了五年之久,那么去游说国会就会显得异常奇怪。

更为重要的是,订单数量的上升使得空客公司既可以通过自有资金支持新型号项目的研发,也可以从私人渠道融资获得资金。到了1990 年,空客公司已经快要实现其占据 30% 全球客机市场份额的目标。之前,空客公司认为超过 30% 的市场份额就意味着空客公司的运营可以持续下去。因此,空客公司有理由宣称自己已经从一个新兴企业转变为波音公司和麦道公司的成熟的竞争对手。欧共体官员曾表示,从 1986 年开始,欧共体的谈判策略就是为空客公司争取更多时间完善企业的产品谱系。而这一策略显然成功了。

虽然空客公司在商业上的成功给了欧共体谈判的空间,但是出于对关贸总协定会给予不利裁决的担忧,欧共体被迫采取了行动。欧共体谈判代表和空客公司高管担心,无视关贸总协定对德国汇率补偿计划或补贴限制(如果真的出现的话)的裁决,将会对欧共体产生不利影响。当然,欧共体可以抵制关贸总协定的任何裁定,但这可能引起美国使用国内的贸易法律实施报复性措施。诚然,波音公司和麦道公司也不太愿意采取贸易制裁措施,但欧共体不能保证它们的立场不会发生变化。同时,欧洲人还担心另一种可能出现的情况,即一旦空客补贴问题被纳入关贸总协定争端解决程序,飞机贸易独立的产业规则就将受到影响。随着空客公司在商业上的成功,如何取舍便不再是个问题了。

美国在"空客争端"上的合作态度也受到美国企业立场的影响。正如我们自始至终所看到的那样,美国的飞机制造商,有时还有发动机制造商的立场,直接影响到美国对空客公司的态度。波音公司在1992年协议的谈判过程中发挥了关键作用。事实上,美国谈判立场的核心正是波音公司战略的关键——防止空客公司研发出747系列的直接竞争机型。

那么跨大西洋盟友关系在其中扮演了什么角色?有证据表明,由于美欧双方都害怕破坏跨大西洋盟友关系,因此都在积极寻求解决问题的办法。有迹象表明,欧洲谈判代表担心拖延空客争端问题的解决可能会损害联盟关系。而加入这层考虑后,双方就会更倾向于达成协议,但这并不足以解释协议的具体条款和达成协议的时间点。因此,我们也需要了解企业立场以及关贸总协定对欧共体思维的影响。

第 8 章

结语：空客公司与
国际合作

本书始于一个疑问：为什么美欧双方没有在 1970—1992 年期间因空客问题而开启一场贸易战？诚然，为此发动贸易战看上去是合乎情理的。航空航天产业对美国整体国民经济运行来说举足轻重，它不仅仅对国防体系建设至关重要，航空航天产品贸易产生的大量贸易顺差也为美国国际收支差额做出了巨大贡献。对于欧共体而言，空客公司象征着欧洲合作的成功。空客公司在其成立的 20 年间完成了没有任何一家欧洲企业可以完成的任务，并在与美国企业的竞争中成功售出了大量的民用客机。简而言之，双方都极为重视保护自身的民用飞机产业。

我们认为，研究美国与空客公司的贸易争端对国际合作理论的学术争议有启示意义。在第 1 章中，我们介绍了当代学术界关于国际合作的三种主要理论：新自由主义、新现实主义和国内政治。其中，新现实主义对国际合作前景的看法是最消极的。新现实主义认为国家出于对自身安全的考虑，往往会更倾向于选择单边行动而非国际合作。

相比新现实主义，新自由主义将国际合作视为一种更加普遍和稳定的国际关系的形式。新自由主义者认为主权国家能够通过参与国际制度机制下的活动来获取利益。由于国际制度可以降低交易成本和国家关系中的不稳定性，因此在新现实主义者的眼中，合作当中发生的作弊和背叛的风险也会相应减少。此外，国际制度可以通过制定规则和规范来限制参与国的国家行为。

国内政治对国际合作的分析则并不仅仅聚焦于国与国之间的关

系。以米尔纳的著作为代表的国内政治视角下的学术作品认为，经济活动的全球化限制了各国政府实施贸易保护主义政策的可能性。这是因为各国依赖出口的企业担心本国的保护主义政策会引发别国的报复性行为，进而影响企业的出口贸易。因此，企业在越来越国际化的同时就会加大对政府的游说力度，鼓励其支持开放的国际贸易体系。

8.1 变量

想要判断这些理论是否准确、合理，我们需要对这一时期内美欧的贸易外交关系进行详细的分析。本书试图通过评估三个变量在政府决策中的作用来研究美国与空客公司的贸易争端，这三个变量分别是：企业贸易偏好、联盟关系和国际制度（主要是关贸总协定，也包括国际经合组织）。我们认为通过研究这三个变量是否（以及怎样）影响美国与空客贸易争端的结果，可以更加了解以上三种国际合作学术理论的优劣。

关于企业贸易偏好的问题，我们以全球化为基础展开讨论。目前，航空航天产业越发将组建国际企业联盟视为一种企业战略。这样做是为了分摊大型客机研发项目不断上升的各类风险，同时又能够保障产品的市场准入。我们在开展本研究前曾认为次级供应商可能是促使双边贸易保护主义得到缓和的主要角色。这是因为我们发现，在贸易战中，零部件供应商的损失最大。类似航电系统供应商霍尼韦尔公司这样的美国企业希望空客公司能够生存下来并得到发展，这是因为霍尼韦尔公司负责向空客产品提供航电系统。同样，欧洲的供应商企业，包括道蒂航空航天公司（Dowty Aerospace）和卢卡斯航空航天公司（Lucas Aerospace）在内，与美国制造商之间也有着大量的商业往来。

我们也思考过航空公司是否也参与了这一争端。作为民用客机的主要买家，航空公司乐于见到制造商竞争带动产品价格下降。但是在最后，通过研究米尔纳的学术作品，我们发现波音公司（包括空客公司）这样的飞机制造商对出口的高度依赖性使得它们畏惧别国的报复性贸易政策，因此也就不愿意推动本国采取贸易保护主义措施。

我们考虑的第二个变量是美欧之间的跨大西洋联盟关系。我们假设空客问题依然遵循"安全胶水"这一原则，即双方不会为了民用飞机这类单一产业而破坏联盟内部的团结。这意味着美国或欧洲（也有可能两者都是）会愿意为了维持健康稳定的联盟关系而避免做出一些过于以自身利益为中心的行为。从这个方面看，联盟关系的确能够影响国家对于自身利益的评估，而并不仅仅是国家利益的一种表现形式。正如亚瑟·斯坦恩（Arthur Stein）所指出的那样，他们（指盟国）承诺不会采取单边行动，也不会在没有考虑到其他盟友利益的情况下擅自行动。这样的联盟关系包含了集体利益、支持和团结①。

斯坦恩的观点适用于航空产业领域。空客公司的成员企业、波音公司和麦道公司都是重要的武器制造商，因此保护双方的军工企业对维持跨大西洋盟友的军事实力极为关键，从而也就限制了双方实施激进贸易政策的可能性。同时，关于民用飞机的争论也可能波及其他产业（比如电信和农业）。如果发生这种情况，那么就会大大加剧由一场贸易战引发的政治和经济方面的不良后果。

最后，我们研究了国际机制的影响力引领国际合作的可能性。本书中的主要研究对象是关税贸易总协定，此外也研究了经济合作与发展组织的出口信贷体系。国际机制可能会从两个方面影响国际合作：一方面，国际机制为各国举行讨论和谈判提供了一个平台；另一方面，

---

① Arthur Stein, *Why Nations Cooperate: Circumstance and Choice in International Relations*, Ithaca: Cornell University Press, 1990, p. 154.

它又为各国提供了一系列解决争端的规定和规范。此外，国际机制还有可能从其他方面影响国际合作。尽管各成员国在决定遵守国际机制的规定时发现部分规则与国家利益相冲突，但是各成员国会更加重视参与国际机制所带来的长期利益。如果上述是正确的，那么空客问题中所牵涉的国家应该尽可能地遵守关贸总协定的规则。它们会认为关贸总协定的存在是有价值的，而通过不合作行为削弱关贸总协定的权威性与国家整体利益不符。

8.2　本书的发现

本书聚焦美欧之间一系列关于民用飞机贸易问题的谈判。这些谈判大体可以分为两个阶段，其中的大部分谈判的直接起因是空客公司启动新机型研究项目。相关谈判的结果可以分为两种：第一种是双方间歇性地（1979 年和 1992 年）就强化民用航空器国际贸易规则这一议题达成协议；第二种则是持续性的分歧（1983—1984 年和 1986—1987年）。我们尝试去理解为什么谈判一直没有中断过，而又是什么原因导致了双方在 1992 年选择了积极合作。此外，每一种变量各自在一系列关于空客公司的谈判中发挥了什么作用？

关于企业在谈判中的作用，我们发现全球化影响了企业的决策，但是其中并不包括零部件供应商。除了发动机制造商之外，其他零部件供应商并没有直接参与商用飞机贸易谈判。我们的受访人都表示航电系统供应商，或是其他的零部件供应商从未表达过自己的意见。此外，相关行业协会也没有牵扯进争议当中。例如，英国宇航公司协会就在有关问题上始终保持沉默。英国宇航公司协会认为关于空客公司的争议仅仅涉及英国宇航公司一家企业，因此并不会对其他成员单位造成影响。美国航空航天工业协会虽然协助制造企业把问题反映给国会，但是其对美国贸易政策的影响微乎其微。以上情况在 1992 年协议中得到了集中体现。在推动美欧双方达成 1992 年协议的过程中，波音公司是所有非政府组织的核心，而当时波音公司并没有得到美国航空航天工业协会的帮助。

发动机制造商是唯一一个就空客问题进行游说的主要供应商群体。这些企业同时与欧洲和美国的政策制定者保持联系。但是，它们的游说活动基本上是防御性的。例如，为了防止航空发动机被限制补贴上限，普惠公司和 GE 公司都介入了 1992 年的谈判。而罗-罗公司介入的原因却恰恰相反。尽管担心关贸总协定后续会将发动机补贴限制延伸到军用航发领域，但罗-罗公司依然希望将发动机纳入补贴限制的适用范围之内。这种游说活动之所以出现并不是因为发动机制造商担心空客争端会演变为影响发动机销售的贸易战，而是因为担心飞机贸易争端解决方案可能会对发动机公司的研发计划产生不利影响。诚然，当美国政府在 1985 年后考虑实施贸易制裁行为时，普惠公司和 GE 公司确实提醒过美国政府在这件事情上保持谨慎。然而，总体来看，发动机制造商在争端中并不活跃。它们认为贸易战爆发的可能性不大，因此还不至于采取强有力的干预手段。

我们曾经设想航空公司会在争端中发挥重要作用。我们认为，航空公司可以从由空客公司进入市场导致的价格竞争中获益，因此极有可能会阻止有损企业商业利益的贸易政策落地。但是，几乎没有证据表明欧洲航空公司进行过积极的游说。至于美国的航空公司，有证据表明它们在其中扮演了不同寻常的角色。尽管几乎没有迹象表明他们曾经进行过游说，但美国政策制定者似乎已经意识到航空公司可能会反对对进入美国市场的空客飞机征收关税。因此，航空公司事实上用了一种隐性的方式影响了贸易争端的结果，它们潜在的反对立场限制了美国可使用的政策工具范围。

　　企业中的核心角色是美欧两地的飞机制造商。欧洲方面是空客联合体中的主要成员企业：德国宇航公司、法国宇航公司和英国宇航公司。美国方面，麦道公司和波音公司都积极参与了"空客争端"的全过程。事实上，现有证据显示，波音公司对 1992 年的协议十分重要。麦道公司在整个贸易争端期间承受的压力更大，尤其是在 1985—1988年，它是贸易争端中最核心的美国企业。在当时，麦道公司的新产品MD‐11 即将推出，因此它并不希望看到空客 A330 和空客 A340 项目削弱其新产品的盈利前景。1987 年初，造访伦敦和波恩的美国代表团访问了空客成员企业所在国的政府，他们提出的细长航线的市场特征意味着只有一种机型可以实现商业成功，两种机型竞争在商业上是不可行的。但是，欧洲各国政府并没有接受美方的观点。

　　在空客公司宣布启动空客 A330 和空客 A340 研发项目之后，美国确实考虑过采取单边的贸易制裁行为。1987 年初，美国贸易代表办公室就着手准备开展针对空客公司的"301 调查"。在 1987 年美国代表团赴欧谈判失败后，经济政策委员会曾召开会议审议此事。美国贸易代表办公室副代表迈克·史密斯（Mike Smith）出席了这次会议，他负责空客问题并针对"301 调查"进行了发言。但是，如上文所述，麦道公司董事长桑迪·麦克唐纳（Sandy McDonnell）在会议开始前的几分钟致电交通部部长伊丽莎白·道尔（Elizabeth Dole），请求美国政府不要使用"301 调查"这一手段。此前曾支持"301 调查"的麦道公司也担心这样做会影响 MD‐11 未来的欧洲市场份额。此后，麦道公司成为两家美国主要制造商中更为小心谨慎的那个，而波音公司则重新成为空客公司的主要对手。

　　如前文所述，波音公司的第一反应是在市场上直面空客公司的挑战，包括推出波音 767 飞机来对抗空客 A300 和空客 A310，以及推出波音7J7以应对空客A320（即使波音7J7这款机型最终没有被研发出来）。波音公司在应对空客A320的挑战时犯了两个错误：第一，波音公司低估了短程喷气式飞机的市场规模。在这件事上，波音公司没有听取美国航空公司客户的建议。第二，当波音公司决定进入短程市场时，公司试图通过在波音7J7上应用桨扇发动机技术来击败空客A320。等到波音公司最终发现这项技术没有前景时，空客A320已经收到了大批订单。公平地说，波音公司在过去的成功使公司难以快速应对新出现的挑战。当空客A320还在研发的时候，波音公司的生产线正忙于生产波音737、波音747、波音757和波音767飞机。我们必须明白，即使波音公司是全球最大的航空航天企业，其资源也是有限的。

从1988年开始，波音公司对空客公司的行为感到愈发愤怒。空客A330和空客A340项目虽然并未对波音构成直接威胁，但有人担心这些项目预示着空客公司将进军波音747的细分市场。因此，波音公司在最后不得不认真评估欧洲国家的航空公司在发生贸易战时拒绝购买美国飞机的潜在风险。只要波音747是市场上唯一可用的大型远程客机，波音公司就有能力在这种情况下降低损失，这是因为运营远程航线的航空公司必须购买波音747。但是，空客A340可以替代执飞某些航线的波音747飞机。比如，空客A340的远程航线能够与波音747-400系列竞争。该系列是波音公司为亚洲市场专门设计的，而在亚洲，远程航线占航空公司总航班数的很大一部分。从长期来看，更令人担忧的是空客公司可能会利用政府资金研发能够搭载700人的"空中巨无霸"。在这种情况下，波音747飞机将在市场上被空客A340从下方挤压同时被欧洲的"空中巨无霸"从上方挤压。正是由于空客公司对波音公司利润最高的产品构成了威胁，波音公司才毅然决定加入到这场争端之中。

纵观波音公司和麦道公司在整个贸易争端中的行为我们可以发

现，尽管它们针对空客公司提出了尖锐的指控，但由于害怕被报复它们又不愿支持强有力的贸易制裁措施，比如"301调查"。两家企业都担心：如果空客公司因美国的行动而受损，欧盟将阻止欧洲的航空公司购买美国飞机。美国企业的这种长期的谨慎态度最终使一些美国政府官员相信，美国采取单方面行为不是一个可靠的做法①。

空客联合体的成员企业的态度与政府官员的态度基本一致。这其实也是空客公司自身企业架构的产物。空客公司不仅仅是一家企业，其监事会由四个成员国政府的官员组成。空客公司的企业战略反映出政府与企业间无比紧密的联系。这种联系意味着欧洲方面制定政策的程序远比美方的更加严谨。值得注意的是，与波音公司和麦道公司活跃的表现不同，没有任何一家空客公司的成员企业就贸易争端发表过公开声明，而是将有关问题全权托付给空客公司高管、政府和欧共体。事实上，欧洲方面发言最频繁的企业高管总是空客公司的高管，比如让·皮尔森。

空客公司的高管们确实认识到关于补贴的争议可能会引发贸易战。让·皮尔森表示，为了避免美国垄断民用飞机市场，欧共体将使用一切可用的合法武器来保护空客公司。他接着指出，空客公司在1991年已经成为"欧洲工业新发展和新繁荣"的象征②。尽管如此，空客公司的高管还是小心翼翼地避免过分强调这一事实。也正是在皮尔森向美国国会预警贸易战可能性的那次演讲中，他透露欧共体已经同意对政府直接补贴的限制必须成为未来任何协议的一部分。空客的官员也不希望看到关于民用飞机的贸易争端进入关贸总协定的争端解决机制。空客公司的成功经验使其更倾向于通过合作来解决问题。1991年，空客公司的生存已不再是燃眉之急。与早些年相比，接受美国提出的限

① 引述自1995年6月对一位前USTR官员的电话采访。
② Jean Pierson，*Airbus Update*，May/June，1991，pp. 1-2.

制政府补贴的规定并不意味着企业前途的终结，空客 A320 优秀的销售成绩已经证明了空客公司的市场竞争力。但是，企业本身的成功意味着风险也随之产生。空客公司正竭尽全力获得美国的航空公司客户。美国的贸易制裁措施会使空客公司失去这些客户。正如米尔纳指出的那样，空客公司的成功带来了企业贸易偏好的转变。与美国制造商相似，如果欧洲本土市场上出现贸易保护主义措施，那么对出口的依赖会使空客公司非常担忧有可能出现的贸易报复性行为。

本书不仅展示了企业的贸易偏好，同时也展现了这些偏好是如何随着时间的流逝而发生变化的。麦道公司和波音公司对空客公司的态度并不是一成不变的。他们的态度会根据他们对两项指标的评估发生转变，这两项指标分别是：空客公司的整体销售水平以及特定空客机型对它们自己产品构成威胁的大小。在整个"空客争端"期间，至少有两次美国企业是受到空客公司特定产品的威胁而主动介入贸易争端的。第一次是关于 MD－11，由于担心空客 A330 和空客 A340 将与MD－11 直接竞争，而细长航线市场的规模又不足以使两种同质机型同时盈利，麦道公司迫切地希望空客公司终止这两个型号的项目。事实上，DC－10 与洛克希德 L－1011 的激烈竞争对麦道公司而言就是前车之鉴。DC－10 从未达到预期的销售量，最终只是依靠美国空军及时出手采购该飞机的军用型号才避免生产线全部被关停。麦道公司的高管认为历史正在重演，因此他们不得不积极地开展行动，而美方谈判代表在 1986—1988 年期间的谈判中也引用了麦道公司对竞争形势的判断。第二次美国企业强力介入谈判进程是波音公司于 1992 年促成美欧双方达成协议。正如我们之前所提到的，波音公司关注的焦点问题是其在远程客机市场中的地位。这意味着要确保空客公司不能利用政府资金来研发波音 747 飞机的直接竞争机型。按照这一说法，波音公司要求完全禁止政府直接补贴不是更好吗？在这个问题上，我们必须考虑企业偏好如何因外部环境的变化而发生改变。

1988 年，美国方面对"空客争端"的诉求发生了重大转变。此时，美方已经清晰地认识到一个事实，那就是空客公司已经发展成为一个强大的长期竞争对手。过去禁止政府直接补贴的诉求旨在完全摧毁空客公司，而一旦确认这种方式无法使空客公司崩溃之后，谈判的重心就发生了变化。美国政策制定者和业界所面临的问题不再是如何阻止空客公司发展，而是如何应对空客公司的挑战。因此，协议的目标也变得不再那么雄心勃勃。10 多年来，美国一直试图迫使全球航空产业接受美国单方面对于市场竞争概念的定义。但是现在，美国决定建立一个更加透明的国际制度，而这个制度将接受直接补贴在业界常态化。正如一位商务官员指出的那样，美国在 1992 年会谈时的目标是达成一项"可行的协议"①。

与美国企业在"空客争端"过程中对何为适当的贸易政策的理解做出动态调整相似，空客公司与欧洲政府也经历了这一过程。空客公司在争端后期同意接受在协议中加入对直接补贴的限制，而这一转变与美方立场的转变几乎同时发生。在针对空客 A330 和空客 A340 的激烈争论结束之后，欧洲人意识到这种贸易边缘政策可能不会继续奏效。到 1990 年，空客公司对发展完整产品谱系的坚持已经开始给予企业回报。空客 A320 的成功和远程机型的销售前景意味着空客公司不再像过去那样需要大量政府资金直接注入。可以说，通过支持空客公司完善企业自身的产品谱系，欧共体在 1986—1988 年不合作的强硬态度恰恰构成了 1992 年双方达成协议的前置条件。

那么本书中的第二个变量——联盟关系又在其中发挥了什么作用呢？如果这个变量发挥了作用，那么相关国家就会极力避免让"空客争

---

① 引述自 1995 年 6 月对一位商务部官员的电话采访。

端"升级为跨大西洋贸易战，进而损害西方联盟关系。如果盟国将航空之外的产业牵扯进"空客争端"，或者军事合作因争端而受到某种程度的威胁，这种情况就可能发生，代价将是盟友间的团结受损和外交关系的紧张。

关于贸易争端扩大到航空产品以外的可能性，有证据显示连锁政治理论可以解释双方普遍克制的贸易行为。更准确地说，双方都避免将空客争端与其他贸易问题联系起来。美国方面，国务院不断提醒决策者"西伯利亚管道争议"曾经对跨大西洋关系造成的损害，试图利用这一事件提醒美国政策制定者不要忽视干涉欧洲贸易政策所带来的风险。里根时期的国务卿乔治·舒尔茨（George Schultz）曾直言不讳地批评对空客公司采取强硬立场的行为。即使是美国各部门中最敌视空客公司的商务部也承认，局势从未紧张到美国公开威胁对欧洲采取贸易报复性行为的程度。

欧洲方面同样意识到"空客争端"可能会给跨大西洋关系带来压力。一位英国官员将"对普遍贸易关系的担忧"描述为推进双边谈判的动力。在欧共体中，只有法国人明确将空客公司与其他贸易问题联系起来。但是在1992年谈判期间，空客政府间委员会的法国代表安德烈·杜·布列松拒绝了法国贸易官员提出的根据农业和音响产品贸易的谈判情况决定飞机贸易谈判进展的要求，后续法方也没有继续坚持这一点。

双方努力将这场争端与其他贸易问题隔开，以此来避免矛盾，这是令人吃惊的。简而言之，空客公司在当时的政治格局中并没有占据足够重要的地位，因此也就没有成为美欧关系中的严重风险点。事实上盟友关系并没有对争端中的任何一轮谈判产生具体的影响，只是作为一个"类型参数"限制各方升级争端的意愿。

保持美欧企业间的国防产品研发的协作也是限制争端升级的一个

因素。正如一位欧洲官员解释的那样，谈判双方默契地将国防产品研发作为另一个独立的问题进行考虑，从而限制了谈判中涉及的补贴类型。此外，双方都同意涉军项目不应被纳入任何关贸总协定争端解决机制之中①。因此，最直接的手段就是以双边谈判的形式解决问题。军方之所以担忧补贴问题扩大化是出于两个方面的考虑：一是限制间接补贴可能会影响跨大西洋企业在军事计划上的合作（如麦道公司和英国宇航公司在 Harrier 上的合作），二是限制间接补贴可能会影响国内企业进行研发的能力。我们现有的证据不足以支持我们对此做出判断。一些受访者也拒绝提供有关军方影响或参与间接补贴问题谈判的信息。

第三个变量，即关贸总协定等国际贸易制度或经合组织在争端中发挥了什么作用？假设制度变量确实发挥了作用，那么我们就应该看到争端各方遵守关贸总协定中的规定。各方不会抛弃关贸总协定的争端解决机制，也不会无视其关于飞机贸易问题的裁定。我们还应该看到，各方会意识到他们正在通过"空客争端"破坏关贸总协定的权威性。落实到飞机补贴这一具体问题上，维持制度规则比争取有利结果更为重要。

研究发现，关贸总协定是 1992 年协定缔结的核心因素。关贸总协定做出反对德国政府汇率补偿计划的裁定对美国而言是一个巨大的成功。这一裁定非常重要，它不仅意味着完全禁止了一种政府对空客公司的支持手段，而且关键在于关贸总协定专家组的裁定显示出关贸总协定的补贴守则适用于审理关于飞机贸易的案件，因此 1979 年的《民用航空器贸易协定》并不是唯一的参考依据。这对欧共体而言则是一个重大打击。长期以来欧共体一直认为，关于空客公司的争论应该依

---

① 　引述自 1995 年 1 月在伦敦对一位前 DTI 官员的采访。

照专门的飞机贸易协定来做出裁决，该协定中从未限制政府向空客公司提供资金。因此，欧共体持这样的立场就不足为奇了。

这一裁定从不同层面影响了欧方对于局势的判断。一方面，由于关贸总协定专家组对德国宇航公司的裁决对美方有利，他们认为美国人可能会完全避开《民用航空器贸易协定》，并进一步推动解决整个供应链管理方面的补贴问题。因此，可想而知，政府对空客公司的各种支持形式都可能会被裁定为非法。

另一方面，裁定破坏了欧洲在乌拉圭回合中的努力。欧共体一直主张任何新出台的或修订的补贴法规不应适用于民用飞机产业。相反，欧共体希望维持以单一的飞机贸易协定管理飞机贸易的现状。关于汇率补偿计划的裁定使欧共体对是否能维持现状产生了怀疑。如果让空客补贴争端继续作为关贸总协定机制下的案件进行审理，那么欧共体的处境也许会变得更为艰难。因此，欧共体没有继续冒险与美国在关贸总协定的机制下做进一步争论，反而开始试图尽快解决这个问题。

8.3 关于国际合作的理论

最后，我们可以开始讨论"空客争端"与国际合作理论之间的联系。本书采用归纳式结构，首先开展实证研究，在这之后才考虑其中的理论内涵。我们之所以这样做在很大程度上是因为关于"空客争端"的学术研究不多，因此对事件本身进行研究具备学术价值。无论如何，这场争端必然会引发对国际政治经济领域合作本质的质疑。当然，研究结论必须是试探性的，因为在单个案例研究的基础上进行概括总结具有局限性。此外，人们也有理由认为由于航空产业过于专业和独特，这个案例是非典型的。对此,我们认为每个行业在某种程度上都是非典型的,毕竟每个行业的特征都各不相同,因此对单一案例进行详细的分析也能够对国际经济合作的理论加以完善。

8.3.1 新现实主义

新现实主义在所有主流理论中对国际合作前景的看法最为悲观。新现实主义认为只有在特定环境中,国际合作的机会才有可能出现。这样的环境主要有三种:第一种是在单一霸权体系下;第二种是在国家联盟的内部;第三种则是在相对收益的矛盾减少的时候。

从表面上看,航空产业应属于在单一霸权体系下开展国际合作的产业,因为美国企业在该行业中占据着压倒性优势。波音公司和麦道公司占有大型民用客机市场约 70% 的份额。美国发动机制造商 GE 公司和普惠公司同样主导着发动机市场。即便不占主导地位,美国的分包商在其细分市场中也占有大量份额。此外,美国的主导地位不单单建立在其市场份额的基础之上。美国目前仍然是民用客机最大的单一市场,因此进入美国市场对任何制造商而言都至关重要。另一方面,美国的军事霸权也支撑着其在航空产业中的主导地位,主要体现在以下两个方面:第一,由于军事技术研发成果可被应用于民用客机,美国航空产业可以从政府资助的军事技术研发项目中获益。第二,美国军事力量在全球的扩张可以支撑其民用飞机的销售,因为购买美国的商品有利于维护与美国的良好关系。简而言之,如果真有一个行业美国可以在其中设置并施行对自己有利的贸易制度,那么可能没有比航空产业更加适合的产业了。

在研究"空客争端"时,新现实主义者可能想论证当收益平衡转向更公平的分配时,"空客争端"中的国际合作就会出现。换言之,当欧洲在民用飞机产业的相对收益不再受到美国在行业中的统治地位的影响时，欧共体就会同意接受一项限制使用直接补贴的协议。新自由主义者也会用类似的逻辑解释 1979 年关贸总协定机制下关于民用飞机贸易的谈判。欧共体之所以在当时的谈判中拒绝将美国对自由贸易的理解加入协议条款，正是因为担心美国企业会利用这种情况获取相比欧洲企业不成比例的收益。

新现实主义者可能会认为他们能够解释美国为何不愿就空客公司的行为制裁欧洲的原因，此处似乎恰好凸显了盟友关系的作用。新现实主义者认为，跨大西洋联盟在其中的作用与新现实主义理论保持一致，正是由于这种联盟关系的存在，欧洲从民用飞机产业中获取收益的行为不会令美国感到国家安全受到威胁。

但是，事实上"空客争端"的具体情况与新现实主义理论是相左的。其中最为关键的一点是，"空客争端"几乎不支持任何新现实主义中关于霸权的论点。正如我们在之前分析多边贸易谈判时发现的那样，美国在全球航空领域的主导地位只是更加坚定了空客公司和有关欧洲政府的信念，即美国不应该将其商业规范强加于其他国家。当然，从另一个角度看，霸权理论似乎也有一些说服力。新现实主义者也可以辩解称，正是因为美国的霸权（或害怕它），欧共体才下定决心发展自己的民用航空制造业。

关于相对利益的论点也存在问题。有一种关于新现实主义与新自由主义之争的批评是，相对收益和绝对收益之间的区别并不明确①。相对收益可能只是在不同时间维度上的绝对收益，因此，从长期来看相对收益和绝对收益就变得更加难以区分。这一点对于新现实主义理论而言尤为不利。新自由主义对国际合作的思考建立在一个更加宽泛的框

---

① Duncan Snidal，"Relative gains and the pattern of international cooperation"，in David Baldwin（ed.），*Neorealism and Neoliberalism: The Contemporary Debate*，New York：Columbia University Press，1993，p. 172.

架之上，在这个框架中，由于国际组织中的合作机制有助于塑造国家的贸易偏好，因此新自由主义者可以用国际组织解释国际合作形成的原因。然而，新现实主义则是基于一种狭隘的观点，即对相对收益的担忧是形成国家对合作的态度的关键因素。

相对收益理论的问题在于难以将欧共体对相对收益和绝对收益的态度进行区分。欧共体在获得 30％ 的绝对市场份额之前，一直采取不合作的态度，而一旦实现了这一"绝对收益"的目标，合作就变得更容易了。但是从另一个角度看，相对收益又似乎变成了问题的核心。欧共体担心，在空客公司获得 30％ 份额之前达成的任何协议都会为美国产业界带来相对更大的收益。新现实主义理论的局限性在于无法提供一种完全不同于绝对收益的基于相对收益的论述。

另一个与之相关的问题则出现在平衡收益方面。格里克（Grieco）在他关于关贸总协定的学术著作中指出，如果谈判各方无法就可接受的"收益交换"达成一致，国际合作就无法出现[1]。如果另一个国家从一项协议中可以获得更多的收益，那么其他国家就不会愿意合作。格里克认为，这一逻辑不仅仅适用于国家安全领域，在经济利益交换方面同样适用。在空客公司的案例中，空客公司获得 30％ 市场份额意味着欧共体可以考虑在政府补贴问题上与美国合作。

新现实主义的问题在于，这种平衡收益的谈判过程与新自由主义的论点类似，即互惠有助于合作[2]。当然，空客公司的市场成功为欧共体谈判提供了自由空间，这致使欧共体最终与美国人达成更加平衡的协议。如果新现实主义者承认收益让步是建立合作的部分前提，那么

① Joseph Grieco, Cooperation Among Nations: Europe, America and Non-tariff Barriers to Trade, Ithaca: Cornell University Press, 1990, ch. 8.

② Helen Milner, International theories of cooperation among nations: strengths and weaknesses, *World Politics*, 44(3), April, 1992, p. 471.

他们对于形成合作的原因分析就与新自由主义者没有区别了。

新现实主义的联盟理论也存在一定问题。我们的研究发现，跨大西洋盟友关系的健康稳定是影响空客公司高管决策的一个因素。但是，新现实主义的问题在于，这种影响主要源于对联盟团结的广泛呼吁，而不是从狭义的军事能力或相对收益的角度来看。与相对收益一样，呼吁建立广泛的联盟关系也很像新自由主义关于联结效应促进合作形成的论点。

8.3.2　新自由主义

在对国家行为的认知上，新自由主义与新现实主义有许多相似之处。两者都将国家视为任何有关国际合作的研究的主要分析对象。在此情况下，国家被假定为理性行为者。也就是说，国家能够形成特定偏好，并且在其中选择预期收益最大的偏好。

但是，新自由主义者对国际合作的前景和可能性持更加乐观的态度。新自由主义者认为国际组织或制度在国际体系中发挥着至关重要的作用。类似于关贸总协定这样的制度体系通过减少不确定性来促进合作。他们所提供的共识和规则能够裁定国家的违规行为，增加了透明度，从而减少了各国对达成合作协议的顾虑。

如果新自由主义理论可以被应用到对"空客争端"的分析中，那么有关国家的官员就必须根据国际制度的限制制定自己的决策。同时在这一假想情况下，关贸总协定也应该促进欧美合作方面发挥强大的影响力。首先，双方在"空客争端"中所依据的协议是1979年的《民用航空器贸易协定》。这一协定本应提供一套规则和框架来解决因空客公司发展而造成的贸易紧张局势。其次，在另一方面，关贸总协定能够连接谈判各方。事实上，关贸总协定的规则覆盖了欧共体和美国贸易代表办公室中的各个经济领域，本应产生缓和贸易紧张局势的效果。因而新自由主义者认为，如果各国希望在各领域继续进行磋商，那么它们在单一问题领域的协议上作弊的意愿就会下降。

新自由主义理论在"空客争端"中显得时灵时不灵。一方面，有大量证据表明，国际贸易体系的规则确实对欧共体施加了一些压力，促使其在 1992 年达成一项协议。然而，新协议形成的原因恰恰在于，12 年前达成的协议以及协议设置的规则显然与双方的期待有很大差距，是一个失败的体系。

关贸总协定在促进 1992 年协议缔约中的作用在之前章节中已有过论述。欧共体似乎不能完全拒不执行关贸总协定对德国汇率补偿计划的裁决。此外，空客公司和欧共体都认为，针对该计划的不利裁决将鼓励美国通过关贸总协定的各种程序寻求取消所有对空客公司的补贴。欧方的态度显示出其对于关贸总协定权威性的尊重。

美国一直将关贸总协定作为其谈判途径之一。甚至在空客公司成为一个重要的贸易问题之前，美国就发起了 1979 年《民用航空器贸易协定》的谈判。此外，在随后的每一轮关于空客问题的谈判中，美国都将关贸总协定作为谈判的平台。最后，美国也是向关贸总协定提出关于 DASA 汇率补偿计划中存在的问题，从始至终美方都没有绕开关贸总协定采取过单方面行动。

那么，就空客这一案例而言，新自由主义是否是一种强有力的国际合作理论？新自由主义所面临的一个严重问题是它无法解释 20 世纪 80 年代关于空客问题的激烈争论。在此期间，美国和欧共体对 1979 年《民用航空器贸易协定》关键内容的解释存在严重分歧。更有甚者，美国指责欧盟故意无视协议中的关键条款，以继续维持政府对空客公司的援助。

我们无法判断美国人对事件的解释是否正确。要弄清这一点，我们必须确定欧洲官员理解并接受美国对 1979 年协议的解释，但选择故意无视它们，将对空客公司提供补贴凌驾于任何遵守国际贸易规则的义务之上。现有证据不支持这一点。事实上，1979年协议的解释存在多种可能性。欧共体确实提出，其成员国向空客公司提供资金是出于对非经常性成本将得到补偿的合理预期，完全符合协议要求。虽然美国不赞同欧共体制订并施行的还款计划，但计划本身不存在问题。

新自由主义的批评者们会指出，双方对1979年协议的解释大相径庭说明新自由主义理论存在问题。国际组织和机制的重要性就在于它们能够影响国家对自身利益的评估①。因此，如果空客案中的合作达成与否取决于各国是否有意愿接受关贸总协定中的规则，那么新自由主义就不是一个令人信服的理论。

8.3.3　国内政治理论

我们考察的第三种合作理论将重点从单一地对政府的分析转移到对政府-社会关系的考察。海伦·米尔纳认为，研究企业在合作问题上的偏好可以弥补新现实主义/新自由主义争论中的一个缺陷，即总是关注收益回报，而很少关注最初企业和政府是如何形成合作偏好的。

米尔纳指出，那些高度依赖出口的国际化企业是20世纪70年代美国和法国抑制贸易保护主义抬头的关键角色。尽管各国内部经济形势普遍艰难，激发了一定的贸易保护主义情绪，但是企业依然阻止了贸易保护政策的实施。这种反保护主义态度的关键在于：如果企业的所属国设置贸易壁垒，这些公司就很容易受到别国的贸易报复性行为。因此，这些企业更加拥护自由贸易而非保护主义②。

---

① Helen Milner, International theories of cooperation among nations: strengths and weaknesses, *World Politics*, 44(3), April, 1992, p. 492.

② Helen Milner, *Resisting Protectionism: Global Industries and the Politics of International Trade*, Princeton: Princeton University Press, 1988, p. 290.

米尔纳后来与约菲（Yoffie）合作，通过研究包括民用飞机在内的特定高技术产业的美国贸易政策，进一步发展了约菲的理论①。近年来，美国在高技术产业的优势被欧共体和日本侵蚀；欧洲和日本创建了新的贸易理论体系，以支持其对整体产业发展目标和相关企业进行补贴。米尔纳和约菲认为，近期的形势变化使得只简单地使用自由贸易与保护贸易（二元论）判定国家贸易偏好变得并不那么有效。相反，美国企业需要更加复杂的政策组合，为其参与国际竞争提供公平的环境。

他们的理论强调政府干预，但是不支持政府采取保护主义措施。针对商用飞机产业，米尔纳和约菲预测：国外企业的持续成功应该会推动美国业界要求美国政府加大支持力度，与国外政府保持一致。

米尔纳的著述与我们对空客公司的研究互相呼应。由于担心遭到欧方报复，美国企业确实阻止了保护主义政策出现。麦道公司和波音公司都认为，如果美国政府对空客公司采取贸易保护行动，它们的欧洲客户将会流失。

同样的顾虑似乎也影响了空客公司对合作的态度。我们注意到，空客公司正非常努力地打入美国市场。在引发激烈争论的空客 A330/A340 项目启动之后，空客公司及有关欧洲政府也开始考虑在直接补贴政策的问题上做出让步。

在"空客争端"中，企业的偏好是以不同的方式呈现出来的。总体上看，我们发现了解公司的企业战略对理解他们在谈判中所持的立场至关重要。例如，波音公司积极推动 1992 年协议达成的原因是为了保护波音 747 飞机在市场中的地位。因此，波音公司希望限制直接补贴的金额，以阻止空客公司研发自己的 500～700 座级客机。

---

① Helen Milner and David Yoffie，Between free trade and protectionism：Strategic trade policy and a theory of corporate trade demands，International Organization，43（2），Spring 1989，pp. 239 - 272.

米尔纳的批评者可能会认为，由于波音公司长期以来一直希望限制直接补贴，因此 1992 年的事件并不代表其态度的转变。但也必须认识到，在 1992 年，当时的波音公司和美国政府都认为已不可能将空客公司完全排除在市场之外。相反，必须将重点放在如何在未来与空客公司展开竞争。这样的考虑促使波音公司从 1988 年开始着手进行谈判，并且首先着眼于保护他们利润最高的产品。

8.4 结论

企业的贡献在部分程度上确实促成了"空客争端"的和解及国际合作的形成。通过研究我们发现，我们之前设想的一些论点并不成立，全球化浪潮下的分包机制并没有抑制激进的贸易行为。相反，飞机主制造商才是争端中的主要角色。供应商在大部分时间中都被排除在争端之外。这一结果表明全球化并不能作为国际合作的一种结构性解释。国际化的供应关系本身并不能推动国际合作形成。相反，我们的研究结果证明，米尔纳之前关于出口依赖性会防止企业倒向保护主义的观点是正确的。

本研究还发现，在分析企业与政府在贸易问题上的互动时，我们必须注意希望通过合作解决的问题与相关企业宏观战略之间的关系。企业可以从一系列或多或少的合作性贸易选项中进行选择，而最终的选择取决于公司的战略目标。麦道公司和波音公司都没有强烈反对欧洲研发空客 A320 飞机，这是因为这两家美国企业都认为自己研发的产品一定优于空客 A320。而如果不考虑波音公司保护波音 747 飞机市场地位的意愿，就无法理解波音公司参与 1992 年谈判的逻辑。此外，空客公司的战略目标也是重要因素之一。任何关于 1992 年合作达成的解读都绕不开空客公司自身的商业成功。当空客公司的市场份额达到30％时，就为欧共体提供了在补贴问题上妥协的余地。

　　1992 年的协议仍然是管理全球大型民用客机贸易的主要协议。实际上，该协议达成后，双方对贸易和产业政策的零星抱怨依然存在，但协议似乎起到了约束双方作用。如果我们在本书中的分析是正确的，那么欧洲和美国的主要航空企业，而不是它们的政府，将决定这一新机制未来的命运。

参考文献

Aerospace Industries Association, *Maintaining a Strong US Aerospace Industry*, Washington: AIA, 1991.

Aho, M., 'America and the Pacific century: trade conflict or cooperation?', *International Affairs*, 69(1), Winter 1992 – 93, pp. 19 – 37.

Aho, M. and M. Levinson, *After Reagan: Confronting the Changed World Economy*, New York: Council on Foreign Relations, 1988.

Airbus Industrie, *Airbus Industrie*, Blagnac: Corporate publication, 1986.

——, *Airbus Update*, Blagnac: Corporate publication, (various years).

Arnold & Porter (consultants), *US Government Support for the US Commercial Aircraft Industry*, processed, 1991.

Artis, M. and S. Ostry, *International Economic Policy Coordination*, London: Routledge & Kegan Paul, 1983.

Axelrod, R., *The Evolution of Cooperation*, London: Penguin Books, 1990.

Baldwin, D., *Economic Development and American Foreign Policy, 1943 – 1962*, Chicago and London: University of Chicago Press, 1966.

Baldwin, D. (ed.), *Neorealism and Neoliberalism: the Contemporary Debate*, New York: Columbia University Press, 1993.

Baldwin, R., *Trade Policy in a Changing World Economy*, London: Harvester Wheatsheaf, 1988.

——, 'Are economists' traditional trade policy views still valid?', *Journal of*

Economic Literature, 30(2), June 1992, pp. 804 – 29.

Benecke, L., U. Kraft, F. Meyer Zu Natrup, 'Franco-West German technological cooperation', *Survival*, 28(3), May/June 1986, pp. 234 – 44.

Bhagwati, J., *Protectionism*, *Cambridge* MA: MIT Press, 1988.

Boeing Airplane Company, *Annual Report*, Seattle: Boeing, 1991.

——, *Annual Report*, Seattle: Boeing, 1992.

Boulton, D., *The Lockheed Papers*, London: Jonathan Cape, 1978.

Brander, J. and B. Spencer, 'Export subsidies and international market share rivalry', *Journal of International Economics*, 18(1/2), Feb. 1985, pp. 83 – 100.

Chadeau, E., *De Blériot Dassault: Histoire de l'Industrie Aéronautique en France*, *1900 – 1950*, Paris: Fayard, 1987.

Church, C. and D. Phinnemore, *European Union and European Community: a Handbook and Commentary on the Post-Maastricht Treaties*, London: Harvester Wheatsheaf, 1994.

Cline, W. (ed.), *Trade Policy in the 1980s*, Washington: Institute for International Economics, 1983.

Commission of the European Communities, *Action Programme for the European Aeronautical Sector*, Luxembourg: Offices for Official Publications of the European Communities, 1975.

Conybeare, J., *Trade Wars: the Theory and Practice of International Commercial Rivalry*, New York: Columbia University Press, 1987.

Cowhey, P. and Aronson, J., *Managing the World Economy: The Consequences of Corporate Alliances*, New York: Council on Foreign Relations, 1993.

Curzon Price, V., *1992: Europe's Last Chance? From Common Market to Single Market*, London: Institute for Economic Affairs, 1988.

Destler, I. M., *American Trade Politics: System Under Stress*, Washington and New York: Institute for International Economics and the Twentieth Century

Fund, 1986.

——, *American Trade Politics*, 2nd edn, Washington and New York: Institute for International Economics and the Twentieth Century Fund, 1992.

——, *American Trade Politics*, 3rd edn, Washington and New York: Institute for International Econonmics and the Twentieth Century Fund, 1995.

Dixit, A., 'International trade policy for oligopolistic industries', *Economic Journal*, 94(supplement), 1984, pp. 1 – 16.

Doleys, T., *The Political Economy of Strategic Trade: Airbus and the International Trade in Commercial Aircraft*, MA Thesis, Department of Government, University of Virginia, 1992.

Dowty Aerospace plc, *Dowty Aerospace*, Corporate publication, 1992.

Dryden, S., *Trade Warriors: USTR and the American Crusade for Free Trade*, Oxford: Oxford University Press, 1995.

Dunning, J., *The Globalization of Business*, London: Routledge, 1993.

El-Agraa, A. M., *The Economics of the European Community*, 3rd edn, London: Phillip Allan, 1990.

Emerson, M., M. Aujean, M. Catinat, P. Goybet, A. Jacquemin, *The Economics of 1992: the EC Commission's Assessment of the Economic Effects of Completing the Internal Market*, Oxford: Oxford University Press, 1988.

Evans, P., H. Jacobson, R. Putnam, (eds), *Double-Edged Diplomacy: International Bargaining and Domestic Politics*, Berkeley: University of California Press, 1993.

Feinberg, R., *Subsidizing Success: the Export-Import Bank and the US Economy*, Cambridge: Cambridge University Press, 1982.

Forsberg, R. (ed.), *The Arms Production Dilemma: Contraction and Restraint in the World Combat Aircraft Industry*, Cambridge MA: MIT Press, 1994.

Gardner, C., *British Aircraft Corporation: a History*, London: B. T. Batsford, 1981.

GEC-Marconi, *GEC-Marconi*, Corporate publication, 1991.

GATT, *The Tokyo Round Agreements*, Geneva: GATT, 1986.

——, *International Trade*, *1990 –91*, Geneva: GATT, 1991.

——, *Trade Policy Review: The European Communities*, Geneva: GATT, 1991.

——, *German Exchange Rate Scheme for Deutsche Airbus : Report by the Panel*, SCM/142, Geneva: GATT, 4 Mar. 1992.

Gilpin, R. , *US Power and the Multinational Corporation*, New York: Basic Books, 1975.

——, *The Political Economy of International Relations*, Princeton: Princeton University Press, 1987.

Goldstein, J. , 'The impact of ideas on trade policy: the origins of US agricultural and manufacturing policies', *International Organization*, 43(1), Winter 1989, pp. 31 – 71.

Golich, V. , *The Political Economy of International Air Safety: Design for Disaster?*, Basingstoke and London: Macmillan, 1989.

——, 'From competition to collaboration: the challenge of commercial-class aircraft manufacturing', *International Organization*, 46 (4), Autumn 1992, pp. 899 – 934.

Gowa, J. , 'Bipolarity, multipolarity and free trade', *American Political Science Review*, 83(4), Dec. 1989, pp. 1245 – 56.

Gowa, J. and E. Mansfield, 'Power politics and international trade', *American Political Science Review*, 87(2), June 1993, pp. 408 – 20.

Grieco, J. , *Cooperation Among Nations: Europe, America and Non-Tariff Barriers to Trade*, Ithaca: Cornell University Press, 1990.

Gunston, B. , *Airbus*, London: Osprey Books, 1988.

Hart, J. , *Rival Capitalists: International Competitiveness in the United States, Japan and Western Europe*, Ithaca: Cornell University Press, 1992.

Hayward, J. (ed.), *Industrial Enterprise and European Integration: From National to International Champions in Western Europe*, Oxford: Oxford University Press, 1995.

Hayward, K., *International Collaboration in Civil Aerospace*, London: Frances Pinter, 1986.

——, *The British Aircraft Industry*, Manchester: Manchester University Press, 1989.

——, *The West German Aerospace Industry and Its Contribution to Western Security*, London: Royal United Services Institute for Defence Studies, 1990.

——, *The United States Aerospace Industry*, London: Royal United Services Institute for Defence Studies, 1990.

——, *The World Aerospace Industry: Collaboration and Competition*, London: Duckworth, 1994.

——, 'Airbus: twenty years of European collaboration', *International Affairs*, 64 (1), Winter 1987/88, pp. 11 – 26.

——, 'European Union policy and the European aerospace industry', *Journal of European Public Policy*, 1(3), 1994, pp. 347 – 66.

Hills, J., 'Dependency theory and its relevance today: telecommunications and structural power', *Review of International Studies*, 20 (2), Apr. 1994, pp. 169 – 86.

Humbert, M. (ed.), *The Impact of Globalization on Europe's Firms and Industries*, London: Frances Pinter, 1993.

——, 'Strategic industrial policies in a global industrial system', *Review of International Political Economy*, 1(3), Autumn 1994, pp. 445 – 64.

Hunter, R., W. Berman and J. Kennedy (eds), *Making Government Work: From White House to Congress*, Boulder CO: Westview Press, 1983.

Irving, C., *Wide-Body: the Making of the 747*, London: Hodder & Stoughton, 1993.

Jackson, J. , *The World Trading System*, Cambridge MA: MIT Press, 1989.

Jacquemin, A. , 'The international dimension of European competition policy', *Journal of Common Market Studies*, 31(1), Mar. 1993, pp. 91 – 101.

Jacquemin, A. and D. Wright, 'Corporate strategies and European challenges Post-1992', *Journal of Common Market Studies*, 31 (4), Dec. 1993, pp. 525 – 37.

Jennings, M. and S. Jennings, *The French Aircraft Industry of the 1980s*, Paris: De la Paix International, 1987.

Johnson, C. , *MITI and the Japanese Miracle: the Growth of Industrial Policy, 1925 – 1975*, Stanford: Stanford University Press, 1982.

Johnson, C. , L. Tyson, J. Zysman, *Politics and Productivity: How Japan's Development Strategy Works*, New York: Harper Collins, 1990.

Kahler, M. , 'European protectionism in theory and practice', *World Politics*, 37 (4), Apr. 1985, pp. 475 – 502.

Keohane, R. , *After Hegemony: Cooperation and Discord in the World Political Economy*, Princeton: Princeton University Press, 1984.

——, (ed.), *Neorealism and Its Critics*, New York: Columbia University Press, 1986.

Keohane, R. and J. Nye, *Power and Interdependence*, 2nd edn, New York: Harper Collins, 1989.

King, G. , R. Keohane, S. Verba, *Designing Social Inquiry: Scientific Inference in Qualitative Research*, Princeton: Princeton University Press, 1994.

Kolodzeij, E. , *Making and Marketing Arms: the French Experience and Its Implications for the International System*, Princeton: Princeton University Press, 1987.

Krasner, S. (ed.), *International Regimes*, Ithaca: Cornell University Press, 1983.

Krugman, P. , *Strategic Trade Policy and the New International Economics*, Cambridge MA: MIT Press, 1986.

——, *Rethinking International Trade*, Cambridge MA: MIT Press, 1990.

——, 'Competitiveness: a dangerous obsession', *Foreign Affairs*, 73 (2), Mar. /Apr. 1994, pp. 28 – 44.

Krugman, P. and M. Obstfelt, *International Economics: Theory and Policy*, 2nd edn, New York: Harper Collins, 1991.

Kuttner, R. , *The End of Laissez-Faire*, New York: Alfred A. Knopf, 1991.

Lake, D. , *Power, Protection and Free Trade: International Sources of US Commercial Strategy, 1887 – 1939*, Ithaca: Cornell University Press, 1988.

Lawrence, R. and C. Schultze (eds), *An American Trade Stategy: Options for the 1990s*, Washington: The Brookings Institution, 1990.

List, F. , *The National System of Political Economy*, New York: Augustus M. Kelly, 1966 [1885].

Low, P. , *Trading Free: the GATT and US Trade Policy*, New York: Twentieth Century Fund, 1993.

Lowi, T. , 'American business, public policy, case studies and political theory', *World Politics*, 16(4), July 1964, pp. 677 – 715.

Lynn, M. , *Birds of Prey: Boeing v Airbus*, London: Heineman, 1995.

March, A. , 'The US commercial aircraft industry and its foreign competitors', in *Working Papers of the MIT Commission on Industrial Productivity* vol. 1 , Cambridge, MA: MIT Press, 1989.

Martin, L. , 'Institutions and cooperation: sanctions during the Falklands Islands conflict', *International Security*, 16(4), Spring 1992, pp. 143 – 78.

Mastanduno, M. , 'Do relative gains matter? America's response to Japanese industrial policy', *International Security*, 16(1), Summer 1991, pp. 73 – 113.

Mayes, D. (ed.), *The European Challenge: Industry's Response to the 1992 Programme*, London: Harvester Wheatsheaf, 1991.

McDonnell-Douglas Corporation, *Annual Report*, St. Louis: McDonnell-Douglas, 1991.

——, *Annual Report*, St Louis: McDonnell-Douglas, 1992.

McIntyre, I., *Dogfight: the Transatlantic Battle Over Airbus*, Westport CT: Praeger, 1992.

Milner, H., 'International theories of cooperation among nations: strengths and weaknesses', *World Politics*, 44(3), Apr. 1992, pp. 466 – 96.

——, *Resisting Protectionism: Global Industries and the Politics of International Trade*, Princeton: Princeton University Press, 1988.

Milner, H. and D. Yoffie, 'Between free trade and protectionism: strategic trade policy and a theory of corporate trade demands', *International Organization*, 43(2), Spring 1989, pp. 239 – 72.

Moran, T. and D. Mowery, 'Aerospace', *Daedalus*, 120(4), Autumn 1991, pp. 135 – 54.

Moravcsik, A., 'Disciplining trade finance: the OECD export credit arrangement', *International Organization*, 43(1), Winter 1989, pp. 173 – 205.

——, 'The European armaments industry at the crossroads', *Survival*, 32(1), Jan./Feb. 1990, pp. 65 – 85.

Morgan, R., and C. Bray (eds), *Partners and Rivals in Western Europe: Britain, France and Germany*, Aldershot: Gower, 1986.

Mowery, D., and N. Rosenberg, *Technology and the Pursuit of Economic Growth*, Cambridge: Cambridge University Press, 1989.

Muller, P., *Airbus Industrie, L'Ambition Européenne: Logique d'Etat Logique de Marché*, Paris: Commissariat General du Plan and L'Harmattan, 1989.

National Research Council, *The Competitive Status of the US Civil Aviation Manufacturing Industry*, Washington: National Academy Press, 1985.

Nelson, R. and G. Wright, 'The rise and fall of American technological leadership: the postwar era in historical perspective', *Journal of Economic Literature*, 30(4), Dec. 1992, pp. 1931 – 64.

Newhouse, J., *The Sporty Game*, New York: Alfred A. Knopf, 1982.

Noble, G., 'Takeover or makeover? Japanese investment in America', *California Management Review*, 34(4), Summer 1992, pp. 127 – 47.

Nollen, S. and D. Quinn, 'Free trade, fair trade, strategic trade and protectionism in the US Congress, 1987 – 88', *International Organization*, 48 (3), Summer 1994, pp. 491 – 525.

Odell, J., 'Understanding international trade policies: an emerging synthesis', *World Politics*, 43(1), Oct. 1990, pp. 139 – 67.

OECD, *The Export Credit Financing Systems in OECD Member Countries*, 3rd edn, Paris: OECD, 1987.

——, *The Export Credit Financing Systems in OECD Member Countries*, 4th edn, Paris: OECD, 1990.

——, *Strategic Industries in a Global Economy: Policy Issues for the 1990s*, Paris: OECD, 1991.

Office of Technology Assessment, *Holding the Edge: Maintaining the Defense Technology Base*, Washington: USGPO, 1989.

——, *Competing Economies: America, Europe and the Pacific Rim*, Washington: USGPO, 1991.

——, *Multinationals and the National Interest: Playing By Different Rules*, Washington: USGPO, 1993.

——, *Multinationals and the US Technology Base: Summary of the Multinationals Final Report*, Washington: USGPO, 1994.

Ohmae, K., *The Borderless World*. London: Fontana, 1990.

Ostry, S., *Governments and Corporations in a Shrinking World: Trade and Innovation Policies in the United States, Europe and Japan*, New York and London: Council on Foreign Relations, 1990.

Oye，K.（ed.），*Cooperation Under Anarchy*，Princeton：Princeton University Press，1986.

Pardalis，A.，'European political co-operation and the United States'，*Journal of Common Market Studies*，25(4)，June 1987，pp. 271 – 94.

Peterson，J.，'Technology policy in Europe：explaining the Framework Programme in theory and practice'，*Journal of Common Market Studies*，29 (3)，Mar. 1991，pp. 269 – 90.

Piper，S.，'Unique sectoral agreement establishes free trade framework'，*Law and Policy in International Business*，12(1980)，pp. 221 – 42.

Prestowitz，C.，*Trading Places: How We Are Giving Our Future to Japan and How to Reclaim It*，New York：Basic Books，1989.

Porter，M.，'Changing patterns of international competition'，*California Management Review*，23(2)，Winter 1986，pp. 9 – 40.

Putnam，R.，'Diplomacy and the logic of two-level games'，*International Organization*，42(3)，Summer 1988，pp. 427 – 60.

Rallo，J.，'The European Communities industrial policy revisited：the case of aerospace'，*Journal of Common Market Studies*，22(3)，Mar. 1984，pp. 245 – 67.

Reich，R.，'Beyond free trade'，*Foreign Affairs*，61(4)，Spring 1983，pp. 773 – 804.

——，'Who Is Us?'，*Harvard Business Review*，68 (1)，Jan./Feb. 1990，pp. 53 – 64.

——，*The Work of Nations: Preparing Ourselves for 21st Century Capitalism*，London：Simon & Schuster，1991.

Richonnier，M.，'Europe's decline is not irreversible'，*Journal of Common Market Studies*，22(3)，Mar. 1984，pp. 227 – 43.

Rivers，R. and J. Greenwald，'The negotiation of a code on subsidies and countervailing measures：bridging fundamental policy differences'，*Law and*

Policy in International Business, 11(1979), pp. 1447 – 95.

Rodriguez, R. (ed.), *The Export-Import Bank at Fifty: the International Environment and the Institution's Role*, Lexington: D. C. Heath, 1987.

Rosenberg, N., *Inside the Black Box: Technology and Economics*, Cambridge: Cambridge University Press, 1982.

Sampson, A., *Empires of the Sky: the Politics, Contests and Cartels of World Airlines*, Sevenoaks: Coronet Books, 1985.

Sandholtz, W., *High-Tech Europe: the Politics of International Cooperation*, Berkeley: University of California Press, 1992.

Sandholtz, W., M. Borrus, J. Zysman, K. Conca, J. Stowsky, S. Vogel, S. Weber (eds), *The Highest Stakes: the Economic Foundations of the Next Security System*, Oxford: Oxford University Press, 1992.

Schattschneider, E. E., *Politics, Pressures and the Tariff*, New York: Prentice Hall, 1935.

Sharp, M. and K. Pavitt, 'Technology policy in the 1990s: old trends and new realities', *Journal of Common Market Studies*, 31 (2), June 1993, pp. 129 – 51.

Skilling, G. and F. Griffiths (eds), *Interest Groups in Soviet Politics*, Princeton: Princeton University Press, 1971.

Smith, M. and S. Woolcock, *The United States and the European Community in a Transformed World*, London: Frances Pinter, 1993.

Spar, D., 'Co-developing the FSX fighter: the domestic calculus of international cooperation', *International Journal*, 47(2), Spring 1992, pp. 265 – 92.

Staniland, M., 'The United States and the external aviation policy of the EU', *Journal of European Public Policy*, 2(1), Mar. 1995, in mimeo.

Stein, A., *Why Nations Cooperate: Circumstance and Choice in International Relations*, Ithaca: Cornell University Press, 1990.

Stern, R. (ed.), *US Trade Policies in a Changing World Economy*, Cambridge

MA: MIT Press, 1987.

Stein, J. and L. Pauly (eds), *Choosing to Cooperate: How States Avoid Loss*, Baltimore: Johns Hopkins University Press, 1993.

Stopford, J. and S. Strange with J. Henley, *Rival States, Rival Firms*, Cambridge: Cambridge University Press, 1991.

Thomson-CSF, *Thomson-CSF Annual Report 1991*, Corporate publication, 1991.

Thurow, L., *Head to Head: the Coming Economic Battle Among Japan, Europe and America*, London: Nicholas Brealey, 1993.

Tucker, J., 'Partners and rivals: a model of international collaboration in advanced technology', *International Organization*, 45 (1), Winter 1991, pp. 83 – 120.

Tyson, L., 'Managing trade by rules and outcomes', *California Management Review*, 34(1), Autumn 1991, pp. 115 – 43.

——, *Who's Bashing Whom? Trade Conflict in High-Technology Industries*, Washington: Institute for International Economics, 1992.

United States Congress, 'Export policy', *Hearings Before the Subcommittee on International Finance*, Senate Committee on Banking, Housing and Urban Affairs, 95th Congress, 2nd Session, Washington: USGPO, Mar. /Apr. 1978.

——, 'Multilateral trade negotiations', *Hearings Before the Subcommittee on Trade*, House Committee on Ways and Means, 96th Congress, 1st Session, Washington: USGPO, Apr. 1979.

——, 'Oversight hearings on the Export-Import Bank', *Hearings Before the Subcommittee on International Trade, Investment and Monetary Policy*, House Committee on Banking, Finance and Urban Affairs, 96th Congress, 1st Session, Washington: USGPO, May 1979.

——, 'Agreements negotiated under section 102 of the Trade Act of 1974 in the multilateral trade negotiations: submitted on June 19, 1979, for approval by Congress', Senate Committee on Finance, 96th Congress, 1 st Session,

Washington: USGPO, July 1979.

——, 'Trade Agreements Act of 1979', *Hearings Before the Subcommittee on International Trade*, Senate Committee on Finance, 96th Congress, 1st Session, Washington: USGPO, July 1979.

——, 'Private advisory committee reports on the Tokyo round of multilateral trade negotiations', Senate Committee on Finance, 96th Congress, 1st Session, Washington: USGPO, August 1979.

——, 'Export-Import Bank programs and budget', *Hearings Before the Subcommittee on International Finance*, House Committee on Banking, Housing and Urban Affairs, 96th Congress, 2nd Session, Washington: USGPO, February 1980.

——, 'Ansett loan and Export-Import aircraft financing policies', Hearings before the Senate Committee on Banking, Housing and Urban Affairs, 96th Congress, 2nd Session, Washington: USGPO, May 1980.

——, 'Oversight hearings on the Export-Import Bank', *Hearings Before the Subcommittee on International Trade, Investment and Monetary Policy*, House Committee on Banking, Finance and Urban Affairs, 96th Congress, 2nd Session, Washington: USGPO, June 1980.

——, 'Export-Import Bank budget authorization', *Hearings Before the Subcommittee on International Trade, Investment and Monetary Policy*, House Committee on Banking, Finance and Urban Affairs, 97th Congress, 1st Session, Washington: USGPO, Mar. 1981.

——, 'Nomination of William Draper III', *Hearings Before the Senate Committee on Banking, Housing and Urban Affairs*, 97th Congress, 1 st Session, Washington: USGPO, June 1981.

——, 'US trade policy phase 1: administration and other public agencies', *Hearings Before the Subcommittee on Trade*, House Committee on Ways and Means, 97th Congress, 1st Session, Washington: USGPO, Nov. 1981.

——, 'Industrial policy', *Hearings Before the Committee on Economic Stabilization*, House Committee on Banking, Finance and Urban Affairs, 98th Congress, 1st Session, Washington: USGPO, July 1983.

——, 'Oversight activities of the Export-Import Bank', *Hearings Before the Senate Committee on Banking, Housing and Urban Affairs*, 99th Congress, 1st Session, Washington: USGPO, Feb. 1985.

——, 'United States-European Community trade relations: problems and prospects for resolution', *Hearings Before the Subcommittee on Europe and the Middle East*, House Committee on Foreign Affairs, 98th Congress, 2nd Session, Washington: USGPO, 1986.

——, 'Competitiveness of US commercial aircraft industry', *Hearings Before the Subcommittee on Commerce, Consumer Protection and Competitiveness*, House Committee on Energy and Commerce, 100th Congress, 1st Session, Washington: USGPO, June 1987.

——, 'Trade and competitiveness (part 1)' *Hearings Before the Subcommittee on Commerce, Consumer Protection and Competitiveness*, House Committee on Energy and Commerce, 100th Congress, 1st Session, Washington: USGPO, 1987.

——, 'Major issues in United States-European Community trade', *Report Prepared for the Subcommittee on Oversight and Investigations*, House Committee on Energy and Commerce, 100th Congress, 1st Session, Washington: USGPO, 1987.

——, 'Internationalization of the aerospace industry', *Hearings Before the Committee on Economic Stabilization*, House Committee on Banking, Finance and Urban Affairs, 101st Congress, 1st Session, Washington: USGPO, 1989.

——, 'Trip report on congressional delegation Bentsen', Senate Committee on Finance, 102nd Congress, 1st Session, Washington: USGPO, 1991.

——, 'Unfair trade practices', Hearings before the Senate Judiciary Committee,

102nd Congress, 2nd Session, Washington: USGPO, 1992.

——, 'Europe and the United States: competition and cooperation in the 1990s', Study Papers for the House Committee on Foreign Affairs, 102nd Congress, 2nd Session, Washington: USGPO, 1992.

United States Congressional Research Service, *Effects of Federal Economic Policies on US Industries*, Washington: USGPO, 1988.

——, *Airbus Industrie: an Economic and Trade Perspective*, Washington: USGPO, Feb. 1992.

United States Department of Commerce, *An Assessment of US Competitiveness in High Technology Industries*, Washington: USGPO, 1983.

United States Department of Commerce, *US Industrial Outlook. 1992*, Washington: USGPO, 1992.

United States Export-Import Bank, *Annual Report 1978*, Washington: USGPO, 1978.

——, 'Summary of commercial jet aircraft authorizations', Eximbank internal document, no date.

United States General Accounting Office, *International Trade: Longterm Viability of the US-European Union Aircraft Agreement Uncertain*, Washington: USGPO, Dec. 1994.

van der Groeben, H., *The European Community: the Formative Years*, Luxembourg: Office for Official Publications of the European Communities, 1986.

Vander Meulen, J., *The Politics of Aircraft: Building an American Military Industry*, Lawrence: University of Kansas Press, 1991.

Vaughan, B., 'Technical analysis of the civil aircraft agreement', *Law and Policy in International Business*, 12(1980), pp. 243–53.

Viner, J., *Studies in the Theory of International Trade*, New York: Harper & Brothers, 1937.

Wallace, W., 'Rescue or retreat? the nation state in western Europe, 1945 – 1993', *Political Studies*, 42(special issue), 1994, pp. 52 – 76.

Walter, A., *World Power and World Money*, Hemel Hempstead: Harvester Wheatsheaf, 1993.

Walters, R., and D. Blake, *The Politics of Global Economic Relations*, Englewood Cliffs: Prentice-Hall, 1992.

Webb, M. and S. Krasner, 'Hegemonic stability theory: an empirical assessment', *Review of International Studies*, 15 (2), Apr. 1989, pp. 183 – 98.

Williams, R., *European Technology: the Politics of Collaboration*, London: The Croom Helm, 1973.

Winham, G., 'Negotiation as a management process', *World Politics*, 30(1), Oct. 1977, pp. 87 – 114.

——, *International Trade and the Tokyo Round Negotiation*, Princeton: Princeton University Press, 1986.

Woods, N. (ed.), *International Relations Since 1945: Theory and History*, Oxford: Oxford University Press, 1995.

Woolcock, S., *Market Access Issues in EC-US Relations: Trading Partners or Trading Blows?*, London: Frances Pinter, 1991.

——, 'The European *acquis* and multilateral trade rules: are they compatible?', *Journal of Common Market Studies*, 31(4), Dec. 1993, pp. 539 – 58.

Yao-Su Hu, 'Global or stateless corporations are national firms with international operations', *California Management Review*, 34 (2), Winter 1992, pp. 107 – 26.

Zysman, J., 'US power, trade and technology', *International Affairs*, 67(1), Jan. 1991, pp. 81 – 106.

Zysman, J. and S. Cohen, *Manufacturing Matters*, New York: Basic Books, 1987.